HANDBUCH FLAGGEN

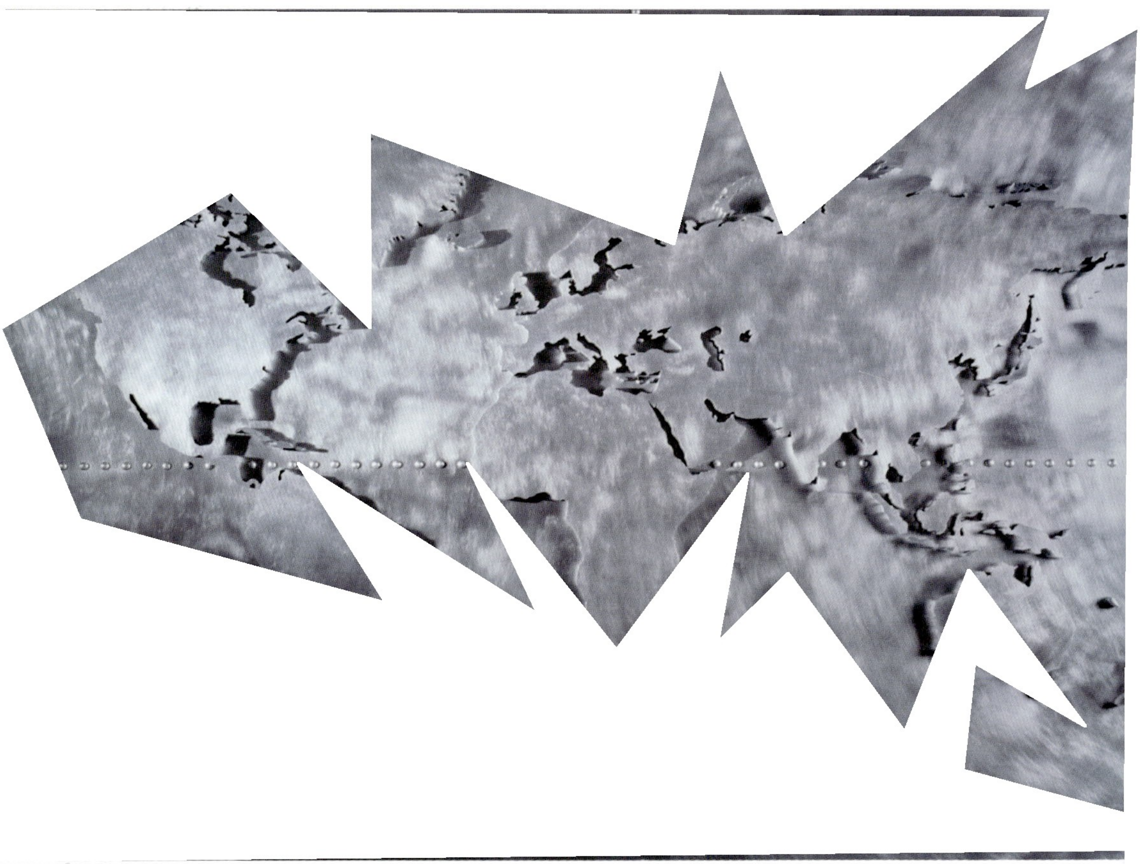

HANDBUCH FLAGGEN

Über 200 Flaggen aus aller Welt

MARIA COSTANTINO

Bassermann

Der Text dieses Buches entspricht den Regeln der neuen deutschen Rechtschreibung.

ISBN 3 8094 1721 1

Originaltitel: The Illustrated Flag Handbook

Umschlaggestaltung: Atelier Versen, Bad Aibling
Übersetzung: Berliner Buchwerkstatt, Elisabeth Reschat
Redaktion: Berliner Buchwerkstatt, Vera Olbricht
Layout und Gestaltung: Berliner Buchwerkstatt, Britta Dieterle

Printed in China
817 2635 4453 6271

Inhalt

Einführung

Seit über 5000 Jahren verwenden die Menschen in aller Welt Flaggen und Banner in vielfältigsten Formen, Typen und Farben. Zuerst dienten Flaggen wohl im Krieg zur Unterscheidung der kämpfenden Parteien, aber zweifellos wurden sie auch für religiöse Zeremonien gebraucht.

Die ersten flaggenartigen Objekte waren Vexilloide, feste Embleme in Form von Vögeln oder abstrakten Symbolen, die an der Spitze hoher Stangen getragen wurden. Weil sie zum Himmel hinauf wiesen, schienen diese Vexilloide mit mystischen Kräften ausgestattet zu sein, von denen man glaubte, dass sie die Träger beschützen und ihnen den Sieg bringen würden. Die römischen Legionen benutzten Vexilloide in Form von Adlern, aber sie waren auch die Ersten, die Banner aus Stoff hatten.

Heraldische Flaggen

Die Gestaltung der meisten modernen Flaggen hat ihren Ursprung in den heraldischen Symbolen des Mittelalters – den Wappen als Erkennungszeichen von Königen und Fürsten. Einige dieser Wappen tauchen auf modernen Flaggen auf, da sie in ihrer ursprünglichen Form jedoch sehr komplex sind (zu ihrer Beschreibung gibt es ein eigenes heraldisches Vokabular), erscheinen sie auf Flaggen der Neuzeit oft in vereinfachter Form.

Ein häufiges Motiv auf Flaggen ist das Kreuz. Unter diesem Symbol vereinten sich die verschiedenen europäischen Nationen im 12. und 13. Jahrhundert zu den Kreuzzügen ins Heilige Land. Das Kreuz ist ein geeignetes Symbol für Christen, während andere Religionen, wie Islam, Judentum oder Buddhismus, ihren Glauben mit anderen Emblemen zum Ausdruck bringen.

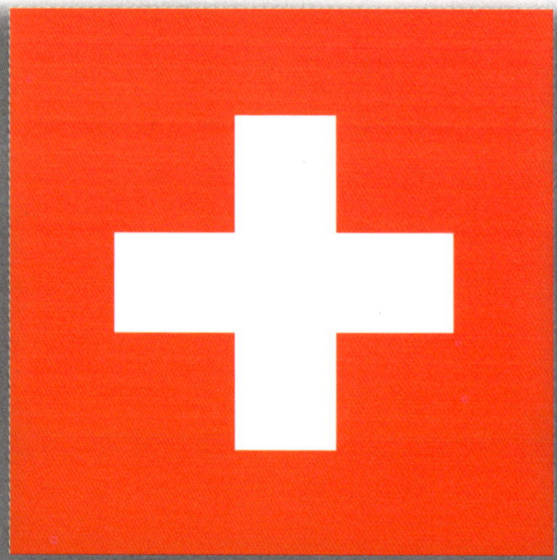

Switzerland

Nationalflaggen

Nationalflaggen haben sich erst in jüngerer Zeit entwickelt. Beim Lesen der Begleittexte werden Sie feststellen, dass viele Nationen in ihrer heutigen Form erst im 18., 19. oder 20. Jahrhundert entstanden sind – und in Zukunft werden sicher weitere neue Nationen entstehen.

Swasiland

Inspirierende Flaggen

Ghana

Viele der heute verwendeten Flaggen haben ihren Ursprung in nationalen und revolutionären Bewegungen, und es gibt mehrere Flaggen, die mit der niederländischen *Prinsenvlag* verwandt sind, einer Trikolore in Orange, Weiß und Blau, die zuerst um 1600 von den Niederländern verwendet wurde, als sie für ihre Unabhängigkeit von Spanien kämpften. Noch größere Bedeutung erlangte eine andere Trikolore – Rot, Weiß, Blau – durch ihre Verbindung mit der Französischen Revolution von 1789.

Mit der Entwicklung unabhängiger Staaten wurden Flaggen wichtige politische Instrumente. Viele unabhängig gewordene Staaten haben Nationalflaggen in den Farben der politischen Parteien gewählt, die das Land in die Unabhängigkeit führten. Andere moderne Flaggen verdanken ihre Gestaltung den Flaggen der Föderationen, deren Mitglied der Staat war. Die Flaggen vieler mittelamerikanischer Nationen z. B. beruhen auf der Flagge der 1823 gebildeten Republik der Vereinigten Provinzen von Mittelamerika. Die Flaggen vieler moderner arabischer Staaten beruhen auf den Flaggen des Arabischen Aufstandes 1917 bzw. der Ägyptischen Befreiungsfront (1953), während viele afrikanische Nationen für ihre Flaggen die panafrikanischen Farben der Flaggen von Äthiopien und von Marcus Garvey gewählt haben, die durch Ghana popularisiert wurden.

Symbolische Farben

Albanien

Die Farben moderner Flaggen sind oft symbolisch, wobei man bedenken muss, dass die Bedeutung der Farben in verschiedenen Kulturen unterschiedlich sein kann. Rot ist traditionell die Farbe des Sozialismus, kann aber auch den Kampf einer Nation um ihre Unabhängigkeit symbolisieren. Im islamischen Kulturkreis gilt Grün als die Farbe des Propheten Mohammed und dient als Bekenntnis des Glaubens. In diesem Buch wird nach Möglichkeit auf die besondere Bedeutung oder Assoziation bestimmter Farben in den Flaggen eingegangen.

Flaggenprotokoll

Formen, Proportionen, Farben, Anordnung und Embleme von Flaggen sind im Allgemeinen in den Gesetzen jeder Nation festgeschrieben, und protokollarische Vorschriften regeln ihre Verwendung. Die »Stars and Stripes« der Vereinigten Staaten z.B. werden zum Salut nicht gesenkt, und sie dürfen die Erde nicht berühren. (Geschieht es doch, muss die Flagge durch eine neue ersetzt und die »beschmutzte« Flagge ordnungsgemäß beseitigt werden, in dem man sie z.B. der Amerikanischen Legion übergibt, die dafür Sorge trägt, dass sie ehrenhaft behandelt wird.)

Der »Union Jack« dagegen ist nie offiziell als Flagge des Vereinigten Königreichs gesetzlich festgeschrieben worden! Er ist, streng genommen, eine königliche Standarte, die durch fortgesetzten Gebrauch zur britischen Nationalflagge geworden ist. Auf See dagegen ist der Union Jack die offizielle Flagge der British Royal Navy sowie das Rangabzeichen eines Flottenadmirals. Für zivile Schiffe ist es demzufolge ungesetzlich, diese Flagge zu hissen. Sie müssen stattdessen das Red Ensign verwenden (eine rote Grundfläche mit dem Union Jack im Obereck). Regierungsschiffe müssen den Blue Ensign und Marineschiffe den White Ensign verwenden.

Einige Flaggen haben Vorrang vor anderen. Wenn eine nationale Flagge z.B. zusammen mit der Flagge der Vereinten Nationen gehisst wird, geht die UN-Flagge vor. Die Anwesenheit des Internationalen Komitees des Roten Kreuzes, die durch die Flaggen des Roten Kreuzes und des Roten Halbmonds angezeigt wird, muss beachtet und respektiert werden; Missbrauch dieser Symbole gilt als Kriegsverbrechen.

Alle Nationalflaggen sind Symbole der Identität und der Ideale einer Nation. Es ist eine Forderung des Anstandes, die Flagge einer anderen Nation mit der gleichen Achtung zu behandeln, die für die Flagge des eigenen Landes erwartet wird.

Die Teile der Flaggen

OBERECK heißt das obere Viertel auf der Stockseite.

WAPPENBILD ist ein Emblem im Obereck oder in der Grundgestaltung der Flagge.

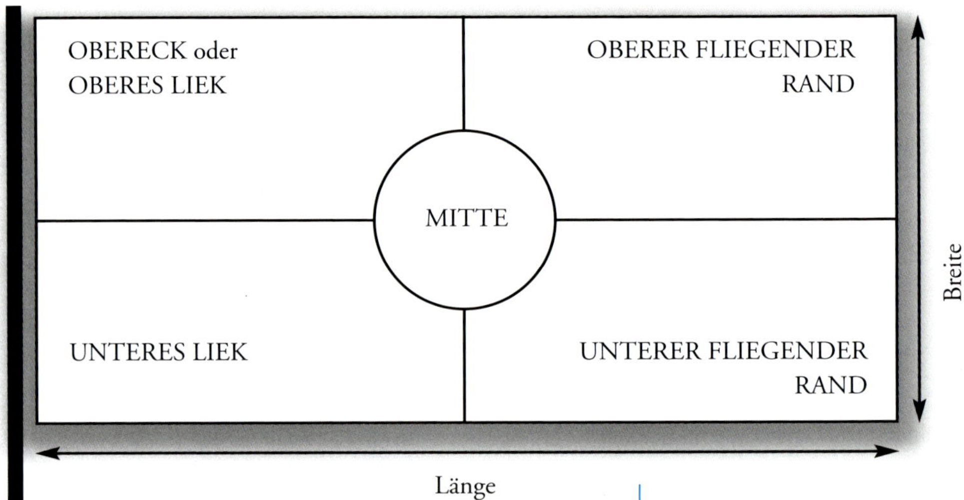

LIEK ist der am Stock anliegende Teil der Flagge sowie der Teil, der zum Hissen der Flagge dient.

STOCK ist der Mast, an dem die Flagge gehisst wird.

GRUNDFLÄCHE ist die Hintergrundfläche einer Flagge.

FLIEGENDER RAND ist der vom Liek abgewandte Rand der Flagge, der Teil, der im Wind »fliegt«.

Eine Flagge mit zwei horizontal oder vertikal angeordneten Streifen verschiedener Farben

Indonesien

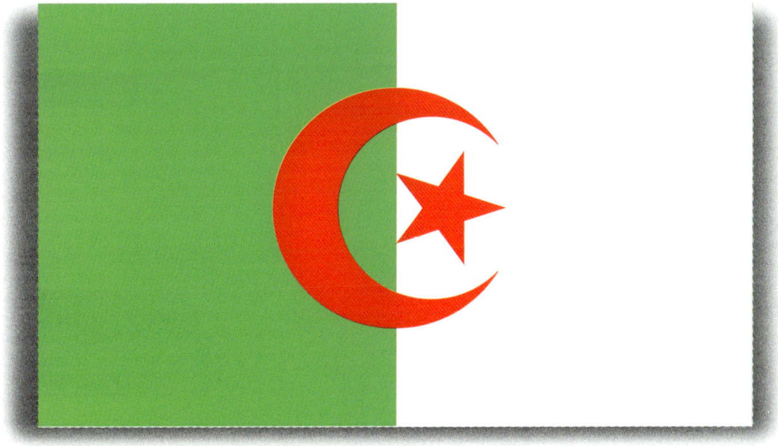

Algerien

Triband

Eine Flagge mit drei horizontal oder vertikal angeordneten Streifen in zwei Farben

Barbados

Österreich

Eine Flagge mit drei horizontal oder vertikal angeordneten Streifen in drei Farben

Belgien

Afghanistan

Ein Kreuz ist vertikal und mittig ausgerichtet, und seine Balken reichen über die ganze Grundfläche.

England

Skandinavisches Kreuz

Ein Kreuz, dessen senkrechter Balken zum Liek hin verschoben ist

Finnland

Schrägbalkenkreuz

Ein diagonales Kreuz, dessen Balken in alle vier Ecken reichen

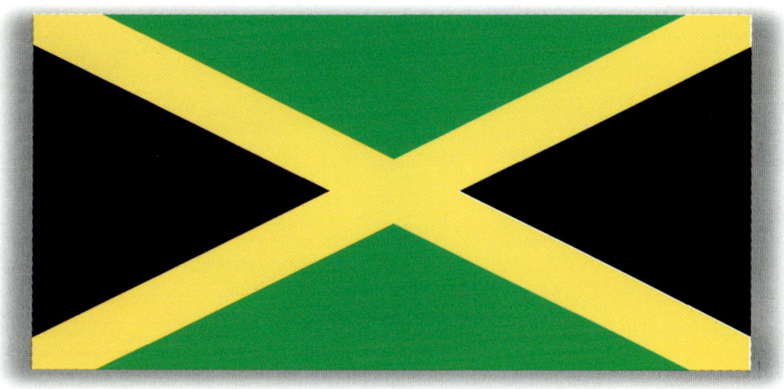

Jamaika

Schwebendes Kreuz und schwebendes Schrägbalkenkreuz

Schwebend ist ein Kreuz oder Schrägbalkenkreuz, dessen Balken nicht bis an die Ränder bzw. in die Ecken reichen.

Schweiz

Versetzt

Ein Wappenbild so auf die Schnittlinie zwischen zwei Farben gelegt, dass diese umgekehrt werden

Vereinigtes Königreich

Gezahnt

Zwei Farben einer Flagge werden durch eine Zackenlinie getrennt.

Bahrain

Abgesetzt

Breitere Streifen oder größere Farbflächen werden durch schmale Farbstreifen getrennt.

Guyana

Dreieck

Djibouti

Eine Flagge wird durch ein Dreieck von anderer Farbe geteilt, meist am Liek gelegen.

Gerändert

Grenada

Eine Flagge, bei der eine Farbe in der Mitte von einen anderen Farbe eingerahmt ist

Eine Flagge wird in vier gleiche Teile von abwechselnden oder unterschiedlichen Farben oder Mustern geteilt.

Dominikanische Republik

Glossar

Abgesetzt sind die Farbfelder oder Streifen einer Flagge, wenn sie durch schmale Streifen oder Kanten von den anderen Farben getrennt werden.

Avers ist die Vorderseite der Flagge, die Seite, die man sieht, wenn das *Liek* vom Betrachter aus links ist. Siehe auch *Revers*.

Bikolore heißt eine aus zwei Farbstreifen bestehende Flagge. Die Streifen können horizontal oder vertikal angeordnet sein.

Breite ist das Maß der Flagge parallel zum Stock gemessen.

Dreieck ist eine meist am Liek gelegene dreieckige Fläche von anderer Farbe, welche die Flagge teilt. Beispiele sind die Bahamas (siehe Seite 40), der Sudan (siehe Seite 190) und Kuba (siehe Seite 111).

Embleme dienen oft als Wappenbilder auf einer Flagge, können aber auch allein verwendet werden. Embleme stehen für Nationen oder Städte, aber auch für Familien und Organisationen.

Ensign heißt die *Nationalflagge*, die am Heck von Schiffen gehisst wird. Manche Länder haben einen zivilen Ensign zum Gebrauch auf Passagier- und Handelsschiffen, einen Staats-Ensign für nichtmilitärische Schiffe und einen Marine-Ensign zum Gebrauch auf Kriegsschiffen.

Fliegender Rand heißt der äußere Rand der Flagge, der Teil, der im Wind »fliegt« und am weitesten vom Stock entfernt ist.

Gerändert ist eine Flagge, wenn die Farbe in ihrer Mitte mit einer anderen Farbe umrahmt ist, z. B. die Flaggen der Malediven (siehe Seite 125) und Sri Lankas (siehe Seite 188).

Gezahnt ist eine Flagge, wenn zwei Farbflächen sich an einer Zickzacklinie treffen, z. B. Bahrain (siehe Seite 41) und Katar (siehe Seite 102).

Geviert ist eine Flagge mit vier gleichen Feldern, von denen jedes einfarbig oder dekoriert sein kann. Beispiele sind Panama (siehe Seite 157) und die Dominikanische Republik (siehe Seite 63).

Grundfläche Die Grundfläche ist der Hintergrund einer Flagge (oder eines Schildes).

Jack ist die Bezeichnung für eine kleine Flagge am Schiffsbug, mit der die Nationalität des Schiffes angezeigt wird.

Länge ist das Maß der Flagge im rechten Winkel zum Stock gemessen.

Liek heißt der Rand der Flagge, der am Flaggenstock anliegt und an dem die Flagge gehisst wird.

Nationalflagge ist dasselbe wie *Zivilflagge.* Die Nationalflagge ist die vertraute Flagge, die international gebraucht wird, kann aber von der Staatsflagge abweichen.

Obereck nennt man bei einer Flagge die obere linke Ecke oder das obere Liek.

Provinzflaggen sowie Flaggen einzelner Territorien und Bundesstaaten gibt es in vielen Ländern zusätzlich zur Nationalflagge. Die Vereinigten Staaten z. B. haben die »Stars and Stripes« (siehe Seite 218) als Nationalflagge, 50 Staatsflaggen und dazu Flaggen für selbstverwaltete Schutzgebiete wie Amerikanisch-Samoa, Guam, die Jungferninseln, Puerto Rico und die Nördlichen Marianeninseln. Kanada hisst die Ahornblattflagge (siehe Seite 99) als Nationalflagge, verwendet aber auch den Canadian Red Ensign (mit dem Union Jack im Obereck), und jede kanadische Provinz hat ihre eigene Flagge.

Revers ist die Rückseite oder »falsche Seite« einer Flagge, die man sieht, wenn der Stock rechts ist.

Schnitt ist das Verhältnis der Breite zur Länge. Die offiziellen Proportionen jeder Flagge werden als Verhältniszahl angegeben, bei der kanadischen Flagge (siehe Seite 99) z. B. 1 : 2, d. h., die Flagge ist doppelt so lang wie breit.

Schrägbalkenkreuze erstrecken sich diagonal von Ecke zu Ecke einer Flagge.

Staatsflagge ist die zu Lande von der Regierung und offiziellen Organisationen verwendete Nationalflagge. Im Unterschied zur Zivilflagge trägt die Staatsflagge meist das National*wappen*. Alle in diesem Buch abgebildeten Flaggen sind Zivilflaggen.

Triband heißt eine Flagge mit zwei Farben in drei Streifen, die horizontal oder vertikal angeordnet sein können. Beispiele sind Österreich (siehe Seite 151), Lettland (siehe Seite 115) und Nigeria (siehe Seite 147).

Trikolore heißt eine Flagge mit drei Streifen in drei verschiedenen Farben. Die Streifen können vertikal oder horizontal angeordnet sein. Beispiele sind Frankreich (siehe Seite 71), Deutschland (siehe Seite 60) und Kolumbien (siehe Seite 106).

Versetzt ist eine Flagge, wenn die Anordnung von zwei Farben zu beiden Seiten einer Linie umgekehrt ist, wie z. B. bei der Flagge des Vereinigten Königreichs (siehe Seite 219), wo die Kreuze von St. Andreas und St. Patrick versetzt wurden.

Vexillologie ist die Wissenschaft von den Flaggen und ihrer Geschichte. Das Wort kommt vom lateinischen *vexillum*, der quadratischen Flagge der römischen Kavallerie. Ein Vexilloid ist ein *Emblem*, das starr sein kann – wie eine Standarte der römischen Legionen – oder aus Stoff, z. B. eine Flagge.

Falls Sie Vexillologe werden, also Flaggen und ihre Geschichte studieren wollen, können Sie überall auf der Welt vexillologische Gesellschaften und Verbände finden. Deren Dachverband, die Internationale Föderation Vexillologischer Verbände (F.I.A.V.) hat seine Zentralstellen in Houston, Texas, und in London, und natürlich seine eigene Flagge! Die F.I.A.V. organisiert regelmäßig Konferenzen über Flaggen, ihre Geschichte, ihre Verwendung, Gestaltung und Entwicklung. Suchen Sie im Internet nach Ihrem nächstgelegenen Flaggenverband; dort erhalten Sie sicher Informationen, wie Sie Mitglied werden können, und es gibt Links zu anderen Flaggen-Seiten.

Wappen sind die heraldischen Symbole von Nationen oder Familien. Sie enthalten einen Schild mit charakteristischen Farben und Figuren, Halter (Menschen, Tiere oder Fabelwesen) auf jeder Seite des Schildes, eine Helmzier (ein heraldisches Symbol) über dem Schild und manchmal noch andere Insignien. Wappen erscheinen oft in vereinfachter Form auf Flaggen, manchmal wird auch nur der Schild verwendet.

Wappenbild nennt man die Figur, das Symbol oder *Emblem* in der *Grundfläche* der Flagge.

Wimpel ist eine kleine, spitz zulaufende oder dreieckige Flagge, die als Schiffs-Signalement dient. Zivilflaggen werden in solcher Form oft als Souvenirs oder Dekoration hergestellt. Die aus zwei Wimpeln gebildete Zivilflagge von Nepal (siehe Seite 142) ist in ihrer Form einzigartig.

Zivilflagge heißt die von privaten Bürgern an Land verwendete *Nationalflagge*.

Im folgenden alphabetischen Flaggenverzeichnis
zeigt bei jeder Flagge eine Übersichtskarte
die Lage des betreffenden Landes.

Flaggen von A bis Z

AFGHANISTAN

Offizieller Name:
Dowlat-e Eslami-ye Afghanestan
(Islamischer Staat Afghanistan)

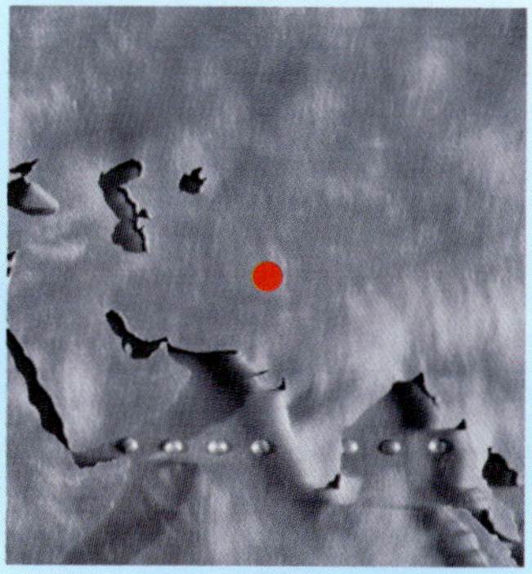

Hauptstadt:
Kabul

Lage:
Südliches Mittelasien

Währung:
1 Afghani = 100 Puls

Sprachen:
Paschtu, Dari (Persisch)

Religionen:
Sunnitische und schiitische Muslime

Flagge eingeführt:
2. Dezember 1992

Schnitt:
1:2

Das 1926 in Afghanistan errichtete Königtum wurde 1973 gestürzt und eine Republik ausgerufen. Einer Zeit innerer Unruhen und politischer Instabilität folgten ein von der Sowjetunion unterstützter Putsch und die Invasion von 1979 bis 1989. Danach rissen 1992 die *Mujaheddin* (Heilige Krieger) die Macht an sich und führten die grün-weiß-schwarze Trikolore mit goldenem Wappen als Nationalflagge ein.

Der schwarze Streifen erinnert an die afghanische Flagge der Vergangenheit, während Grün als »Farbe des Propheten« gilt und für den islamischen Glauben steht. Das Wappen stellt eine Moschee in einem Ährenkranz zwischen zwei gekreuzten Schwertern dar. Zwischen den Spitzen der Ähren steht das muslimische Glaubensbekenntnis *shahada*. Darunter steht *Allahu Aqbar* (Gott ist groß) und unten am Kranz der Name »Islamischer Staat Afghanistan«. Die Muslimsche Jahreszahl 1371 direkt darüber entspricht 1992, dem Jahr des Sieges der *Mujaheddin*.

ÄGYPTEN

Offizieller Name:
Jumhuriyat Misr al-'Arabiyah
(Arabische Republik Ägypten)

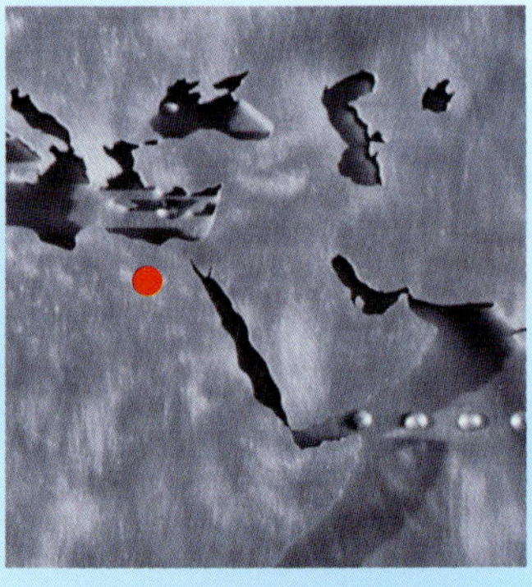

Hauptstadt:
Kairo

Lage:
Nordafrika

Währung:
1 Ägyptisches Pfund = 100 Piaster

Sprache:
Arabisch

Religionen:
Sunnitische Muslime, koptische Christen

Flagge eingeführt:
4. Oktober 1984

Schnitt:
2:3

Die ägyptische Geschichtsschreibung reicht bis etwa 3100 v. Chr. zurück. Das Land war bis 1953 Königreich, obgleich sich im Laufe seiner langen Geschichte mehrere Dynastien ablösten. Die erste Nationalflagge des modernen Ägypten wurde durch königliches Dekret 1923 eingeführt, als das Land nominell von Großbritannien unabhängig wurde. Diese Flagge war grün, mit einem weißen Halbmond und drei Sternen in der Mitte.

1952 wurde König Farouk in einem Putsch gestürzt und ein Jahr später die Republik ausgerufen. 1958 schlossen sich Ägypten und Syrien in der Vereinigten Arabische Republik (VAR) zusammen, woraufhin die Flagge der »Freiheitsversammlung« angenommen wurde, die den Aufstand 1952 bis 1953 geführt hatte. Die Flagge der VAR war eine Trikolore aus Rot, Weiß und Schwarz mit zwei grünen Sternen in der Mitte des weißen Mittelstreifens. Als 1972 die Föderation Arabischer Republiken gebildet wurde, änderte Ägypten seine Flagge, indem es die Sterne durch den goldenen Falken der Quraish (Stammesemblem des Propheten Mohammed) ersetzte. Dieser Falke wiederum wurde 1984 durch einen Adler abgelöst, das Symbol Saladins (Saladinadler), des ägyptischen und syrischen Sultans im 12. Jahrhundert. Der Adler trägt einen Schild in den ägyptischen Landesfarben auf der Brust.

ALBANIEN

Offizieller Name:
Republika e Shqipërisë
(Republik Albanien)

Hauptstadt:
Tirana

Lage:
Südosteuropa

Währung:
1 Lek = 100 Qindars

Sprache:
Albanisch

Religionen:
Christen, sunnitische Muslime

Flagge eingeführt:
7. April 1992

Schnitt:
5:7

Vom 4. Jahrhundert n. Chr. bis 1347 gehörte Albanien zum Byzantinischen Reich, danach folgten Jahrzehnte mit immer neuen Invasionen – durch die Bulgaren, Serben, Venezianer und 1385 schließlich durch die Türken. Den Kampf um die Unabhängigkeit in den 1440er-Jahren führte George Castriota (1403–68), auch als Skanderberg oder Iskander Bey bekannt, ein albanischer Christ und ehemaliger türkischer General. 1443 hisste Skanderberg erstmals eine rote Flagge mit einem doppelköpfigen Adler (der albanische Name des Landes, *Shqipërisë*, bedeutet »Land des Adlers«). 1478 wurde Albanien Teil des Osmanischen Reiches.

Als das Land 1912 die Unabhängigkeit errang, wurde die rote Flagge mit dem Adler offiziell angenommen. 1925 erklärte Albanien sich zur Republik, doch 1928 wurde Präsident Ahmed Zogu unter dem Namen Zog zum König ausgerufen. Im Zweiten Weltkrieg fielen Deutschland und Italien in Albanien ein, und Teile des italienischen Wappens wurden in die albanische Flagge eingefügt. 1942 erhielt die Flagge zwar wieder ihre ursprüngliche Form, aber 1946 wurde Albanien eine Republik mit streng kommunistischer Regierung, die der Flagge einen golden abgesetzten roten Stern als Symbol der kommunistischen Herrschaft hinzufügte. 1991 fanden Mehrparteienwahlen statt, und das neue albanische Parlament ordnete die Entfernung des Sterns aus der Flagge an, wodurch sie wieder ihre Form von 1912 erhielt.

ALGERIEN

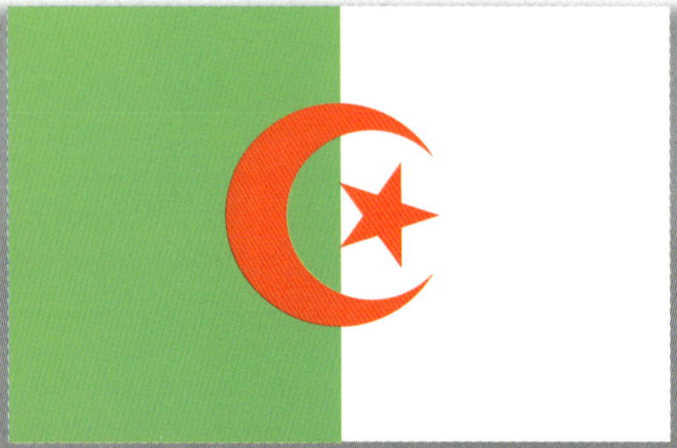

Offizieller Name:
Al Jumhuriyah al Jaza'iriyah ad Dimuqratiyah ash Shabiyah
(Demokratische Volksrepublik Algerien)

Hauptstadt:
Algier

Lage:
Nordwestafrika

Währung:
1 Algerischer Dinar = 100 Centimes

Sprachen:
Arabisch, Berbersprachen

Religion:
Sunnitische Muslime

Flagge eingeführt:
3. Juli 1962

Schnitt:
2:3

Im 18. Jahrhundert war Algerien ein blühender Piratenstützpunkt, und unter dem Vorwand, seinen Handel und seine Schiffe zu schützen, fiel Frankreich 1830 in das Land ein. Bis 1869 hatten die Franzosen den Großteil des Landes unter ihre Kontrolle gebracht. 1954 begann die *Front de Libération Nationale* (FLN) einen Aufstand, aus dem ein bitterer Krieg wurde, der schließlich 1962 mit Algeriens Unabhängigkeit endete.

Es wird angenommen, dass die algerische Flagge eine abgewandelte Form der schon 1928 geschaffenen Flagge der Befreiungskräfte ist. Sie wurde dann von der FLN angenommen und von 1958–62 von der provisorischen Exilregierung verwendet. Mit Erreichung der Unabhängigkeit wurde diese Flagge, bestehend aus einem grünen und einem weißen Rechteck mit rotem Stern und Halbmond auf der Trennlinie, offiziell eingeführt. Die grüne Farbe des Lieks ist die traditionelle Farbe des Islam, die weiße Farbe des fliegenden Randes symbolisiert Reinheit. Stern und Halbmond sind bekannte Symbole des Islam, und Rot steht für das Blut der nationalen Befreiungshelden. Die Spitzen des Halbmondes, die länger sind als gewöhnlich, stehen für Glück und Wohlstand.

ANDORRA

Offizieller Name:
Principat d'Andorra
(Fürstentum Andorra)

Hauptstadt:
Andorra-la-Vella

Lage:
Südwesteuropa (zwischen Frankreich und Spanien)

Währung:
1 Euro = 100 Cents

Sprachen:
Katalanisch, Französisch, Spanisch

Religion:
Katholiken

Flagge eingeführt:
1866

Schnitt:
2:3

Das andorranische Gebiet war im 9. Jahrhundert vom Kaiser des Heiligen Römischen Reichs, Karl dem Großen, zu einem freien Staat erklärt worden. 1278 kam es unter die gemeinsame Herrschaft eines geistlichen Fürsten, des spanischen Bischofs Urgel, und eines weltlichen Fürsten, ursprünglich des Grafen von Foix, dessen Anspruch 1589 an das französische Staatsoberhaupt überging. 1993 wurde in dem Fürstentum mit der bis dahin ungefestigten Demokratie eine Verfassung angenommen, die dem Land praktische Unabhängigkeit, Eingang in die Vereinten Nationen und den Schutz seiner äußeren Sicherheit durch Frankreich und Spanien brachte.

Andorra fügte in die vorhandene, 1866 angenommene gelbrote Flagge ein blaues Feld ein. Damit waren Frankreich und Spanien mit je zwei Farben vertreten: Frankreich mit Rot und Blau, Spanien mit Rot und Gelb. Im Zentrum des gelben Mittelstreifens befindet sich das Wappen von Andorra. Die Embleme auf dem geviertelten Schild stehen für die traditionellen Schutzherren von Andorra; Mitra und Hirtenstab symbolisieren den Bischof von Urgel und drei vertikale rote Streifen die Grafen von Foix. Katalonien ist durch vier rote Streifen auf gelbem Grund vertreten und Béarn, eine Provinz in Südwestfrankreich, durch zwei Kühe. Das ist ein Bezug auf das Wappen der Grafen von Béarn, die neben den Grafen von Foix an der historischen französischen Herrschaft beteiligt waren. Unter dem Schild steht die Devise *Virtus Unita Fortior* (Einigkeit macht stark).

ANGOLA

Der Großteil des heutigen Angola gehörte zu den Königreichen Kongo und Ndongo, als 1491 die Portugiesen kamen, eine Kolonie gründeten und mit dem Sklavenhandel begannen. Nach Jahrhunderten der Fremdherrschaft und Unterdrückung begann die Volksbewegung für die Befreiung Angolas (MPLA) 1956 den Freiheitskampf. Der MPLA folgten zwei weitere nationale Bewegungen: die Nationale Front für die Befreiung Angolas (FNLA) und die Nationale Union für Vollständige Unabhängigkeit Angolas (UNITA). Politische Proteste führten 1961 zum Guerillakrieg. 1975 erreichte das Land schließlich die Unabhängigkeit von Portugal, aber Bürgerkrieg und Guerillakämpfe zwischen rivalisierenden Gruppen haben nicht aufgehört.

Die gegenwärtige Nationalflagge Angolas ähnelt der, die 1975 von der herrschenden MPLA verwendet wurde, jedoch wurde ein gelber Stern als Symbol für Kommunismus und Internationalismus eingefügt. Die Flagge hat zwei horizontale Farbstreifen. Der obere, rote Streifen bedeutet das im Freiheitskampf vergossene Blut, während der untere, schwarze Streifen Afrika symbolisiert. Ein halbes Zahnrad und eine Machete sind deutlich von Hammer und Sichel der sowjetischen Flagge inspiriert und wurden als Embleme von Industrie und Landwirtschaft hinzugefügt. Die gelbe Farbe der Embleme soll die reichen Bodenschätze Angolas repräsentieren.

Offizieller Name:
República de Angola
(Republik Angola)

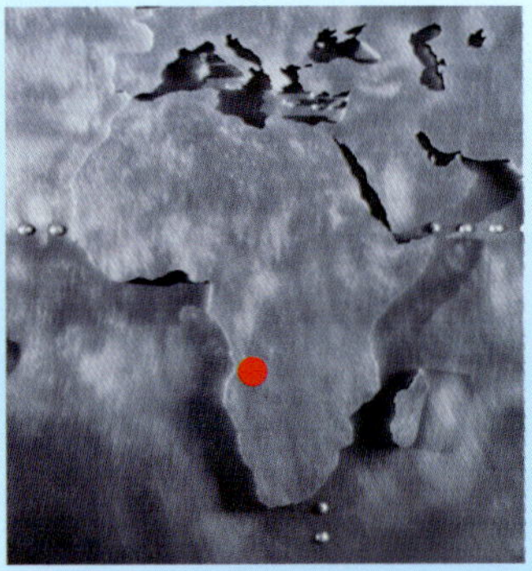

Hauptstadt:
Luanda

Lage:
Südwestafrika

Währung:
1 Neue Kwanza = 100 Lwei

Sprachen:
Portugiesisch, Bantu

Religionen:
Katholiken, Naturreligionen

Flagge eingeführt:
11. November 1975

Schnitt:
2:3

ANTIGUA & BARBUDA

Offizieller Name:
Antigua und Barbuda

Hauptstadt:
St. John's

Lage:
Östliche Karibik

Währung:
1 Ostkaribischer Dollar = 100 Cents

Sprache:
Englisch

Religion:
Protestanten

Flagge eingeführt:
27. Februar 1967

Schnitt:
2:3

Der unabhängige tropische Inselstaat umfasst drei der Leeward Islands: Antigua, Barbuda und die felsige, unbewohnte Insel Redonda. Christoph Kolumbus kam 1493 als erster Europäer nach Antigua, ging aber nicht an Land. Antigua blieb unkolonisiert bis 1632, als die Briten eine Siedlung gründeten, und Barbuda wurde 1661 von Antigua aus kolonisiert. 1967 wurde aus Antigua und Barbuda ein selbstverwalteter Staat, dessen Verteidigung und auswärtige Angelegenheiten in der Zuständigkeit Großbritanniens blieben. Die volle staatliche Unabhängigkeit erlangten Antigua und Barbuda am 1. November 1981.

Die Nationalflagge entstand 1967 mit Einführung der Selbstverwaltung und ist das Ergebnis eines Wettbewerbs, den der Künstler und Lehrer Reginald Samuel gewann. Zwei außen liegende rote Dreiecke symbolisieren die Dynamik des Volkes und bilden ein V für »Victory« (Sieg). Die goldene Sonne, die sich vor dem schwarzen Hintergrund der afrikanischen Vorfahren des Volkes erhebt, symbolisiert die Morgendämmerung einer neuen Ära. Der blaue Streifen steht für das Wasser des Karibischen Meeres und das Weiß gleichermaßen für den Sand der Inselküsten wie auch für die Hoffnung.

ÄQUATORIALGUINEA

Offizieller Name:
República de Guinea Ecuatorial
(Republik Äquatorialguinea)

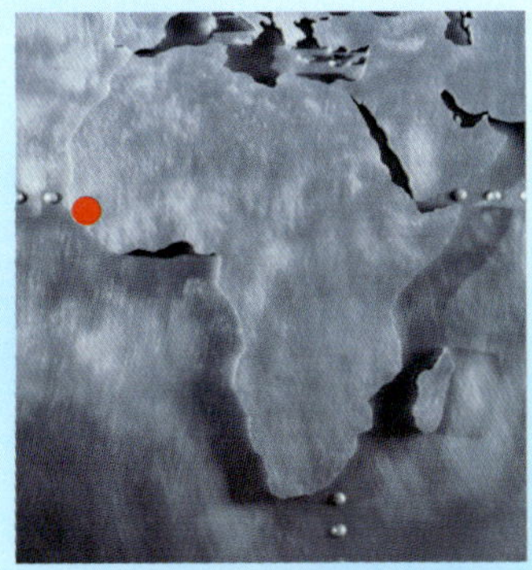

Hauptstadt:
Malabo

Lage:
Westafrika

Währung:
1 CFA-Franc = 100 Centimes

Sprachen:
Spanisch (Amtssprache), Englisch, Fang, Bubi

Religion:
Katholiken

Flagge eingeführt:
12. Oktober 1968

Schnitt:
2:3

Portugiesische Entdeckungsreisende erreichten die Insel Bioko (ehemals Macias Nguema Biyogo und davor Fernando Póo) im Jahre 1472. Die Spanier übernahmen sie 1778, zusammen mit den Küsteninseln Corisco, Elobey Grande, Elobey Chico und Annobón (früher Pagalu). Der Festlandsteil Mbini (früher Río Muni) kam 1865 hinzu, und das ganze Gebiet wurde als Spanisch-Guinea bezeichnet. Das Land errang 1963 die Selbstverwaltung und 1968 die volle Unabhängigkeit.

Am ersten Tag der Unabhängigkeit wurde die Nationalflagge gehisst: eine Trikolore aus Grün, Weiß und Rot in horizontaler Anordnung, als Sinnbilder für Landwirtschaft, Frieden und Unabhängigkeit. Das blaue Dreieck am Liek symbolisiert das Meer, das die fünf Inseln und das afrikanische Festland trennt und gleichzeitig verbindet. Seit 1968 trägt die Flagge ein nationales Emblem in der Mitte, aber von 1972 bis 1975, während der Diktatur von Francisco Ngeuma, enthielt das Wappen andere Figuren, Kriegsflaggen und Schwerter sowie die Devise *Trabajo* (Arbeit). Als Ngeuma abgesetzt wurde, erschien das ursprüngliche Wappen wieder. Es besteht aus einem silbernen Schild mit einem Seiden-Baumwollbaum, über dem sechs gelbe, sechszackige Sterne angeordnet sind (für das Festland und die fünf Inseln), während unter dem Schild die nationale Devise *Unitad-Paz-Justicia* (Einheit-Frieden-Gerechtigkeit) zu lesen ist.

ARGENTINIEN

Offizieller Name:
República Argentina
(Argentinische Republik)

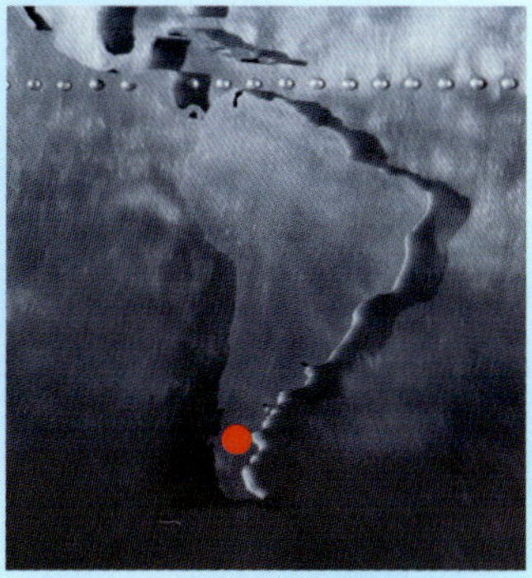

Hauptstadt:
Buenos Aires

Lage:
Südamerika

Währung:
1 Peso = 100 Centavos

Sprache:
Spanisch

Religionen:
Katholiken, Protestanten

Flagge eingeführt:
12. Februar 1812

Schnitt:
1:2

Als zweitgrößtes Land in Südamerika nimmt die Argentinische Republik den Großteil vom Süden des Kontinents ein. Das ursprünglich von Indianervölkern bewohnte Argentinien gehörte der Inkakultur an. Die ersten Europäer kamen im frühen 16. Jahrhundert, und die Hauptstadt Buenos Aires wurde 1536 gegründet. 1776 wurde ein spanisches Vizekönigtum etabliert, doch 1810 revoltierte die argentinische Bevölkerung gegen die spanische Herrschaft. 1816 wurde die vollständige Unabhängigkeit erreicht, aber der Befreiungskrieg dauerte bis 1820 an.

Das Blau und Weiß der Nationalflagge wurde vom Revolutionsführer General Manuel Belgrano (1770–1820) eingeführt, der durch einen Blick zum Himmel dazu inspiriert worden sein soll. Diese Farben dienten zur Unterscheidung der Befreiungsarmee von den spanischen Truppen, die rote Insignien trugen. Am 25. Mai 1810 versammelten sich Menschenmassen, die blauweiße Kokarden trugen, in Buenos Aires, um Freiheit zu fordern. Es wird gesagt, an diesem Tag haben sich die weißen Wolken geteilt und den blauen Himmel und die strahlende Sonne freigegeben und so eine leuchtende Zukunft für eine neue Nation angekündigt. 1818 wurde die Flagge mit dem goldenen Wappenbild der »Maisonne« mit 32 abwechselnd geraden und flammenden Strahlen ergänzt.

ARMENIEN

Offizieller Name:
Hayastani Hanrapetut'yun
(Republik Armenien)
informeller Name: Hayasta

Hauptstadt:
Erewan

Lage:
Vorderasien

Währung:
1 Dram = 100 Luma

Sprachen:
Armenisch, Aserbaidschanisch, Russisch

Religion:
Armenisch-apostolische Christen

Flagge eingeführt:
24. August 1990

Schnitt:
1:2

Im Jahr 300 n. Chr. nahm Armenien als erste Nation das Christentum als offizielle Religion an. Das 1828 von Russland eingenommene Land wurde nach dem Fall des Zarenregimes für die kurze Zeitspanne von 1918 bis 1922 unabhängig. Dann wurde Armenien Teil der transkaukasischen Sowjetrepublik und 1936 eine eigene Unionsrepublik innerhalb der UdSSR. Die Politik der *Glasnost* (Offenheit) des sowjetischen Premiers Michail Gorbatschow begünstigte das Wiedererwachen des Gefühls der nationalen Identität in Armenien, und am 23. August 1990 erklärte die Republik ihre Unabhängigkeit von der UdSSR. Als die UdSSR im Dezember 1991 aufgelöst und dafür die Gemeinschaft Unabhängiger Staaten (GUS) gegründet wurde, erlangte der neue Staat internationale Anerkennung. Im März 1992 wurde Armenien Mitglied der Vereinten Nationen.

Nach Erreichung der Unabhängigkeit trat an die Stelle der sowjetischen Flagge mit Hammer und Sichel auf roter Grundfläche die Flagge des unabhängigen Armenien der 1920er-Jahre, eine Trikolore aus Rot, Blau und Orange (wobei der Schnitt ursprünglich 2:3 war). Die Farben der Flagge sind zutiefst symbolisch: das Rot steht für das vergossene Blut der Armenier, das Blau für den Himmel und die Hoffnung, und das Orange bezeichnet das Land sowie Fleiß und Tapferkeit der armenischen Menschen.

ASERBAIDSCHAN

Offizieller Name:
Azarbaycan Respublikasi
(Aserbaidschanische Republik)

Hauptstadt:
Baku

Lage:
Osteuropa

Währung:
1 Manat = 100 Gepik

Sprachen:
Aserbaidschanisch (Türkisch), Russisch

Religion:
Schiitische Muslime

Flagge eingeführt:
5. Februar 1991

Schnitt:
1:2

Aserbaidschan wurde zwar im Jahre 632 n. Chr. von den Arabern erobert und blieb bis in das 11. Jahrhundert unter ihrer Herrschaft, hat aber Sprache und Kultur mit seinem historischen Verbündeten, der Türkei, gemeinsam. Bevor Aserbaidschan im frühen 19. Jahrhundert von den Truppen des zaristischen Russland erobert wurde, war es eine persische Provinz. Heute leben über 20 Millionen schiitischer Aserbaidschaner jenseits der Grenze im Iran. Seit 1917 Mitglied der Transkaukasischen Föderation und unterstützt von der Türkei, erfreute sich Aserbaidschan von 1918 bis 1920 einer kurzen Zeit der Unabhängigkeit, bevor es von der bolschewistischen Roten Armee eingenommen und 1922 Teil der UdSSR wurde.

Die heutige Nationalflagge geht auf die Zeit der Unabhängigkeit Aserbaidschans zurück und wurde 1991 anstelle der sowjetischen Flagge mit Hammer und Sichel eingeführt. Die drei breiten horizontalen Streifen stehen für den aserbaidschanischen Wahlspruch »Turkifizieren, islamisieren, europäisieren«, wobei der obere blaue Streifen die Verbindung mit den Turkvölkern und der mittlere rote Streifen die Entwicklung symbolisieren, während Grün die traditionelle Farbe des Islam ist. Halbmond und Stern in Weiß ähneln dem Wappenbild auf der türkischen Flagge, und der achtzackige Stern symbolisiert die verschiedenen türkischen Völkerschaften.

ÄTHIOPIEN

Als ältester unabhängiger Staat in Afrika trotzte Abessinien, wie Äthiopien bis ins 20. Jahrhundert hieß, der Kolonisierung durch europäische Mächte. Es war ein mächtiges, im 1. Jahrhundert n. Chr. gegründetes christliches Königreich. 1889 wurde das zwischenzeitlich zersplitterte Reich durch König Menelik II., der eine Invasion der Italiener erfolgreich abwehrte, wieder vereint.

Die drei traditionellen nationalen Farben Grün, Gelb und Rot in der äthiopischen Flagge gehen auf die Regierung Meneliks II. (1889–1913) zurück und wurden erstmals 1895 in der Form dreier getrennter Wimpel verwendet. Für die koptische Christenheit symbolisieren diese Farben einzeln Glauben, Hoffnung und Liebe und zusammen die Heilige Dreifaltigkeit. Die Farben wurden, zusammen mit Schwarz, in den 1920er-Jahren durch den afrikanisch-amerikanischen Aktivisten Marcus Garvey populär, der in Afrika eine neue Heimat für schwarze Amerikaner suchte. Seine Mitstreiter in Jamaica suchten in den 1930er-Jahren in Kaiser Haile Selassie (1892–1975) – auch als *Ras Tafari*, der »Löwe von Juda« bekannt – politische und religiöse Führung. Der Kaiser wurde jedoch 1974 abgesetzt und Äthiopien ein sozialistischer Staat. Nach dem Sturz dieses Regimes im Jahre 1991 wurde Äthiopien 1994 mit einer neuen Verfassung zur Föderation, und in die Mitte der Flagge wurde eine blaue Scheibe mit einem Stern und stilisierten Sonnenstrahlen eingefügt, womit die Vielfalt und gleichzeitig die Einheit des Landes bezeichnet werden soll.

Offizieller Name:
Ityo'pia
(Äthiopien; Föderative Demokratische Republik Äthiopien)

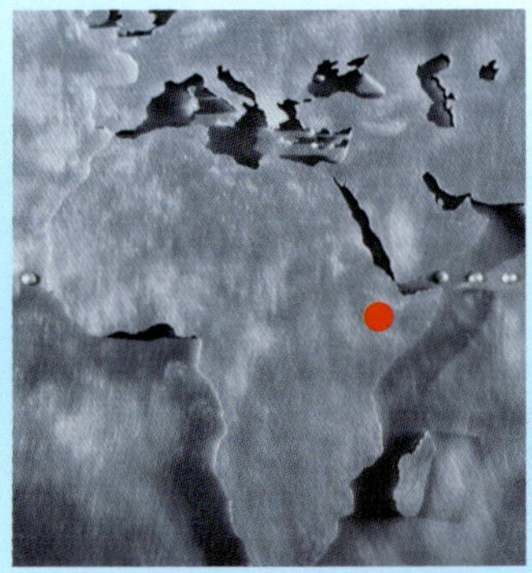

Hauptstadt:
Addis Abeba

Lage:
Nordostafrika

Währung:
1 Äthiopischer Birr = 100 Cents

Sprachen:
Amharisch, Afaan Oroma, Tigrigna

Religionen:
Äthiopisch-Orthodoxe, Muslime

Flagge eingeführt:
6. Februar 1996

Schnitt:
1:2

AUSTRALIEN

Offizieller Name:
Commonwealth of Australia

Hauptstadt:
Canberra

Lage:
Ozeanien

Währung:
1 Australischer Dollar = 100 Cents

Sprachen:
Englisch, Sprachen der Aborigines

Religionen:
Anglikaner, Katholiken und andere

Flagge eingeführt:
22. Mai 1909

Schnitt:
2:1

Das zwischen dem Pazifischen und dem Indischen Ozean gelegene Land Australien nimmt den kleinsten Kontinent der Erde vollständig ein. Aborigines leben zwar schon seit etwa 40 000 Jahren hier, aber erst im Jahr 1606 wird von der Entdeckung Australiens durch Europäer berichtet. Da Kapitän James Cook 1770 Neusüdwales zu einer britischen Kolonie ausgerufen hatte, war die erste auf australischem Boden gehisste Flagge der Union Jack.

Ab 1778 war der Union Jack die australische Nationalflagge, bis sich am 1. Januar 1901 sechs bis dahin getrennte britische Kolonien (Südaustralien, Victoria, Neusüdwales, Queensland, Tasmanien und Westaustralien) als Commonwealth of Australia zusammenschlossen. Im selben Jahr wurde ein Wettbewerb für eine Flagge ausgeschrieben, und die Jury entschied sich für eine Gestaltung, die den sechs Landesteilen Rechnung trug. Der Union Jack nimmt weiterhin das Obereck ein, wodurch die dauernde Verbundenheit Australiens mit dem Vereinigten Königreich betont wird. Darunter befindet sich der Commonwealth-Stern, der ursprünglich sechs Spitzen hatte, für jeden Staat eine, bis 1909 die siebente für das Nordterritorium dazu kam. Die fünf weißen Sterne im fliegenden Rand sind das Kreuz des Südens, das am südlichen Nachthimmel das ganze Jahr hindurch zu sehen ist. Die vier größeren Sterne haben je sieben Spitzen, der kleinste nur fünf.

BAHAMAS

Offizieller Name:
The Commonwealth of the Bahamas

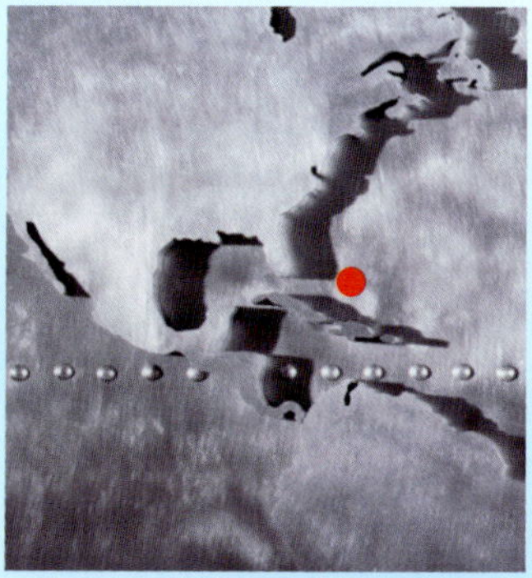

Hauptstadt:
Nassau

Lage:
Nordatlantik/Karibik

Währung:
1 Bahama-Dollar = 100 Cents

Sprache:
Englisch

Religion:
Protestanten

Flagge eingeführt:
10. Juli 1973

Schnitt:
1:2

Die Bahamas erstrecken sich etwa 1200 km weit von einem Punkt südöstlich von Palm Beach, Florida, bis in die Nähe der Ostspitze von Kuba. Der Archipel umfasst über 700 Inseln (davon 30 bewohnte) und über 2000 Riffe und Felsen. Die subtropischen Bahamas wurden zuerst von Christoph Kolumbus erreicht, der 1492 auf San Salvador (Watling) landete. 1647 errichteten die Briten ständige Siedlungen auf Eleutheria und New Providence, bevor sie die Inseln drei Jahre später dem Duke of Albermarle als Kolonien zum Eigentum gaben. Bis die Bahamas 1717 wieder an die britische Krone fielen, waren sie ein Rückzugsort für Piraten, besonders für den berüchtigten Blackbeard. 1782, während des amerikanischen Unabhängigkeitskrieges, besetzten die Spanier die Inseln, gaben sie jedoch 1783 den Briten zurück. Die Bahamas erlangten 1964 die innere Autonomie und 1973 die staatliche Unabhängigkeit.

Die Gestaltung der neuen Nationalflagge beruht auf dem Siegerentwurf eines nach der Erreichung der Unabhängigkeit gehaltenen Wettbewerbes. Das Blau soll das Aquamarin der umgebenden Meere darstellen und das Gelb die goldenen Sandstrände. Das schwarze Dreieck am Liek weist auf das afrikanische Erbe des Volkes der Bahamas sowie auf ihre Einigkeit und Stärke hin.

BAHRAIN

Offizieller Name:
Dawlat al-Bahrain
(Staat Bahrain)

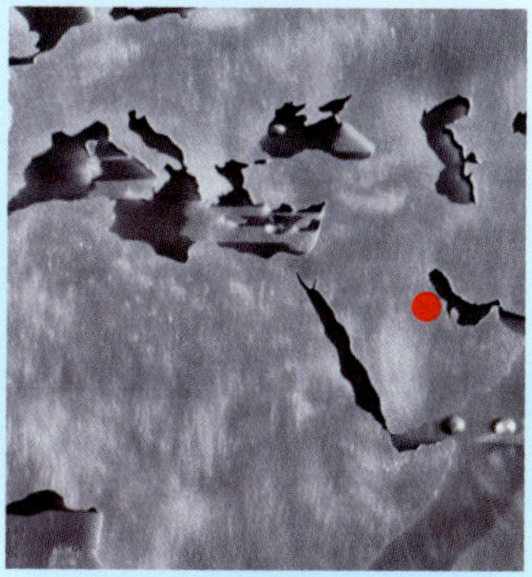

Hauptstadt:
Al Manamah (Menama)

Lage:
Naher Osten

Währung:
1 Bahrainischer Dinar = 1000 Fils

Sprache:
Arabisch

Religionen:
Sunnitische und schiitische Muslime

Flagge eingeführt:
19. August 1972

Schnitt:
3:2

Bahrain besteht aus 33 Inseln am Westrand des Persischen Golfes. Es gehört seit dem 7. Jahrhundert zur arabisch-islamischen Welt und wurde im 17. Jahrhundert von den Persern beherrscht. 1783 wurde die Herrschaft der sunnitischen Familie al-Khalifa errichtet, die bis heute andauert. Eine Reihe von Verträgen führte im 19. Jahrhundert dazu, dass Bahrain ein britisches Protektorat wurde, und weil die Seeräuberei im Golf ein Problem war und Großbritannien viel daran lag, seine Seewege zu schützen, forderte der General Maritime Treaty 1820, dass alle Großbritannien freundlich gesonnenen Staaten in ihren Flaggen die Farbe Weiß zeigen sollten. Bahrain fügte daher seiner einfarbigen Flagge im traditionellen Rot der charidjitischen ostarabischen Muslime einen einfachen vertikalen weißen Streifen am Liek hinzu.

Großbritannien gab 1968 das Ende des Protektorats bekannt, woraufhin Bahrain für kurze Zeit mit Katar und den Vertragsstaaten (jetzt Vereinigte Arabische Emirate) zusammen die Föderation Arabischer Emirate bildete. 1971 verließ Bahrain die Föderation und wurde ein unabhängiger Staat. Die moderne Form der Nationalflagge stammt aus dem Jahr 1932, als die Trennlinie zwischen Weiß und Rot gezackt wurde, um die Flagge von denen Ajmans, Abu Dhabi und Dubais zu unterscheiden.

BANGLADESH

Das Gebiet des heutigen Bangladesh war ab dem 16. Jahrhundert Teil des Mogulreiches, kam 1757 mit unter die britische Herrschaft in Indien und hieß von da an Ostbengalen. Nach Teilung 1947 wurde es eine östliche Provinz von Pakistan und hieß ab 1955 Ostpakistan. Die überwiegend muslimische Ostprovinz, die durch 1600 Kilometer indischen Territoriums vom politisch dominanten, Urdu sprechenden Westpakistan getrennt ist, lehnte die auferlegte Beherrschung ab. Ressentiments führten zum Bürgerkrieg, und am 26. März 1971 erklärte die Region ihre Unabhängigkeit unter dem Namen Bangladesh (bengalisch für »Freies Bengalen«). Die volle Unabhängigkeit begann im Dezember 1971.

Die erste Flagge, die Bangladesh im Befreiungskampf im März 1971 annahm, bestand aus einer grünen Grundfläche mit einer goldenen Landkarte in einer roten Mittelscheibe. In der gegenwärtigen, im Dezember 1971 angenommenen Flagge fehlt die Landkarte – es heißt, sie sei ein unerfreulicher Hinweis auf die Teilung Bengalens. Das Grün der Grundfläche steht für die Fruchtbarkeit des Landes, die Lebenskraft des Volkes und die Bedeutung des Islam. Die einfarbige rote Scheibe, die etwas außermittig zum Liek hin angeordnet ist, damit sie gut zu sehen ist, wenn die Flagge im Wind flattert, symbolisiert den Freiheitskampf des Landes.

Offizieller Name:
Gana Praja-tantri Bangladesh
(Volksrepublik Bangladesh)

Hauptstadt:
Dhaka (Dacca)

Lage:
Asien

Währung:
1 Taka = 100 Poisha

Sprachen:
Bengalisch, Englisch

Religionen:
Muslime, Hindus

Flagge eingeführt:
13. Januar 1972

Schnitt:
3:5

BARBADOS

Offizieller Name:
Barbados

Hauptstadt:
Bridgetown

Lage:
Karibik

Währung:
1 Barbados-Dollar = 100 Cents

Sprache:
Englisch

Religion:
Protestanten

Flagge eingeführt:
30. November 1966

Schnitt:
2:3

Das nur 34 km lange und an der breitesten Stelle 23 km breite Barbados ist die östlichste der westindischen Inseln. Sie war ursprünglich vom Volk der Arawak bewohnt, das bald nach der Ankunft der ersten Europäer ausgelöscht wurde. Ihren Namen hat sie vom portugiesischen *Os Barbados*, dem Namen für die Feigenbäume, die einst die Insel bedeckten. Barbados wurde 1627 von den Briten beansprucht und besiedelt und blieb bis zur Unabhängigkeit im Jahre 1966 eine britische Kolonie.

Wie viele andere Flaggen karibischer Länder ging auch die Flagge von Barbados aus einem Wettbewerb hervor, den der Künstler und Lehrer Grantley Prescod gewann. Die Streifen in Blau und Gold stellen den Sand der Insel und die umgebenden Meere dar. Der Dreizack in der Mitte ist das Emblem des römischen Meeresgottes Neptun (und steht für die Wichtigkeit des Meeres für Barbados), greift aber auch auf eine ältere Flagge zurück, auf der Britannia mit einem Dreizack dargestellt war, das Emblem der britischen Herrschaft über die Meere. In der von Prescod gestalteten Form ist der Schaft des Dreizacks abgebrochen, um den Bruch mit der kolonialen Vergangenheit anzudeuten. Heute symbolisieren die Spitzen des Dreizacks die drei Grundsätze der Demokratie: Regierung vom Volk, für das Volk und durch das Volk.

BELGIEN

Offizieller Name:
Royaume de Belgique (französisch)
Koninkrijk België (flämisch)
(Königreich Belgien)

Hauptstadt:
Brüssel

Lage:
Westeuropa

Währung:
1 Euro = 100 Cents

Sprachen:
Französisch, Flämisch, Deutsch

Religion:
Katholiken

Flagge eingeführt:
3. September 1831

Schnitt:
13:15

Das Gebiet des heutigen Belgien, das 15 v. Chr. von den Römern und im 3. Jahrhundert n. Chr. von den Franken erobert wurde, war im 9. Jahrhundert das blühende Herzstück der Ländereien des Heiligen Römischen Reichs Kaisers Karl des Großen. Im 15. Jahrhundert kamen die belgischen Grafschaften unter die Herrschaft der französischen Herzöge von Burgund und später durch eine Reihe von Ehebündnissen zunächst zum Habsburgischen Reich und 1815 als Teil des Besitzes von Philip II. von Spanien zu den Niederlanden. Ein Aufstand im Jahr 1830 führte dazu, dass die südlichen Niederlande unter der Herrschaft Leopolds von Sachsen-Coburg als unabhängiges und dauerhaft neutrales Königreich Belgien anerkannt wurden.

Die Farben der Flagge – Schwarz am Liek, Gelb in der Mitte und Rot im fliegenden Rand – sollen von der Flagge der Provinz Brabant herrühren. Eine Flagge mit diesen Farben in horizontaler Anordnung wurde 1789 gehisst, als die Belgier sich erfolglos gegen die Habsburger erhoben. Während des Aufstandes gegen den niederländischen König Wilhelm I. im Jahr 1830 sollen zwei Männer, Lucien Jottrand und Edouard Ducpetiaux, in Erinnerung an die Farben der Standarte von 1789 die horizontal gestreifte Flagge in drei Farben neu geschaffen haben. Nach der Erlangung der Unabhängigkeit 1830 wurden die Streifen nach dem Muster der französischen Trikolore vertikal angeordnet, jedoch behielt die Flagge ihre fast quadratische Form.

BELIZE

Offizieller Name:
Belize

Hauptstadt:
Belmopan

Lage:
Mittelamerika

Währung:
1 Belize-Dollar = 100 Cents

Sprachen:
Englisch, Spanisch

Religionen:
Katholiken, Protestanten

Flagge eingeführt:
21. September 1981

Schnitt:
3:5

Einst Teil der Maya-Kultur und im 17. Jahrhundert durch englische Holzfäller von Jamaika aus kolonisiert, war Belize bis 1973 als Britisch-Honduras bekannt. Das Land erhielt 1964 die Selbstverwaltung und 1981 die volle Unabhängigkeit, aber die defensive Präsenz des britischen Militärs dauerte bis 1994 an.

Während der Selbstverwaltung wurde in Belize eine inoffizielle Flagge in Blau (der Farbe der Partei der Volkseinheit, PUP) eingeführt, mit dem Nationalwappen, das an den wichtigsten Wirtschaftszweig des Landes, die Holzgewinnung, erinnert – aber ohne den britischen »Union Jack« – auf einer weißen Scheibe in der Mitte. Die Oberstellen des Schildes zeigen die Werkzeuge der Holzgewinnung, während das segelnde Schiff darunter den Handel symbolisiert. Die Schildhalter sind Arbeiter, ein Mestize und ein Kreole, die auf die unterschiedliche Herkunft der Menschen in Belize hinweisen, und hinter ihnen steht der Nationalbaum und zugleich das wichtigste Wirtschaftsgut: der Mahagonibaum. Darunter steht der nationale Wahlspruch *Sub Umbra Floreo* (Ich gedeihe im Schatten). Die Darstellung ist von einem Kranz aus 50 Blättern umgeben, der an das Jahr 1950 erinnert, als die PUP an die Führung gelangte. Die Flagge wurde bei der Erlangung der Unabhängigkeit 1981 beibehalten, aber in Anerkennung der rivalisierenden Vereinigten Demokratischen Partei wurden zwei rote Streifen hinzugefügt.

BENIN

Offizieller Name:
République du Bénin
(Republik Benin)

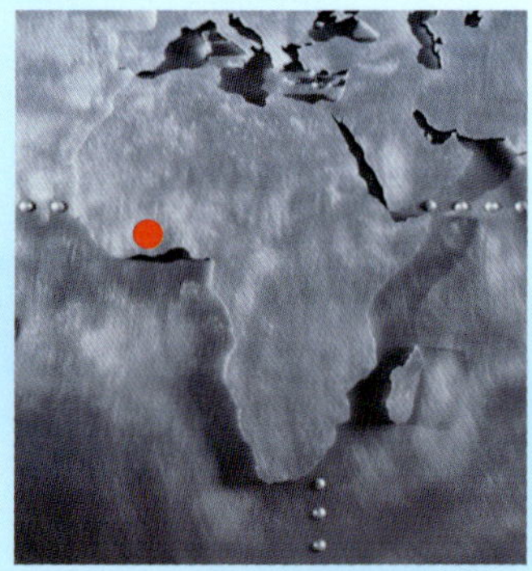

Hauptstadt:
Porto-Novo

Lage:
Westafrika

Währung:
1 CFA-Franc = 100 Centimes

Sprachen:
Französisch, regionale Dialekte

Religionen:
Katholiken, Muslime, Naturreligionen

Flagge eingeführt:
16. November 1959
(1975 aufgegeben,
1. August 1990 wieder eingeführt)

Schnitt:
2:3

Das bis 1975 als Dahomey bekannte Benin war seit dem 12. Jahrhundert ein mächtiges Königreich. In den 1850er-Jahren kam es unter französischen Einfluss und wurde 1899 Teil von Französisch-Westafrika. 1900 wurde der letzte König, Ago Li Ago, gestürzt, und das Land wurde die französische Kolonie Dahomey. 1958 erhielt es die Selbstverwaltung und 1960 die volle Unabhängigkeit als Republik Dahomey.

Von 1959 bis 1975 wurde die gleiche Flagge verwendet wie heute. Die Farben sind panafrikanisch und symbolisieren afrikanische Einheit und Nationalismus, aber sie haben auch eine spezielle lokale Bedeutung, die in der Nationalhymne von Benin erklärt wird: Das Grün am Liek bedeutet Hoffnung und Wiederbelebung, während der rote und der gelbe horizontale Streifen die Tapferkeit der Vorfahren bzw. den Reichtum des Landes symbolisieren. Die Flagge und der Name des Landes wurden jedoch 1975 von der marxistisch-leninistischen Partei der Volksrevolution in Benin geändert; die Nationalflagge wurde einfarbig grün mit einem roten kommunistischen Stern im Obereck.

Der Name Benin wurde beibehalten, als das Land sich 1990 vom Sozialismus abwendete und eine Mehrparteiendemokratie einführte, aber die dreifarbige Flagge wurde wieder eingeführt.

BHUTAN

Offizieller Name:
Druk-Gyal-Khab
(Königreich Bhután)

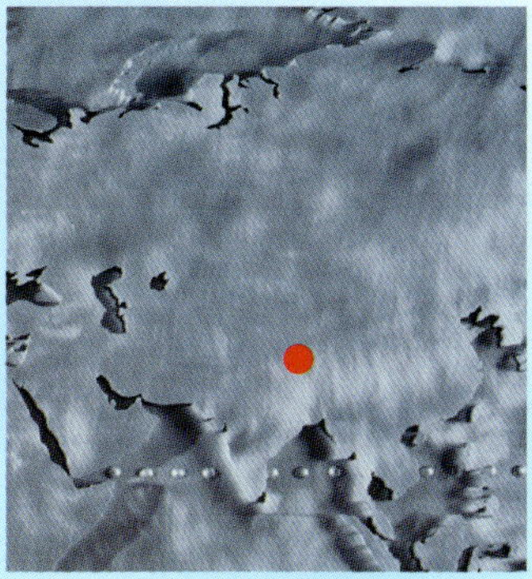

Hauptstadt:
Thimphu

Lage:
Asien

Währung:
1 Ngultrum = 100 Chhetrums

Sprachen:
Dzongkha, Nepali, Englisch

Religionen:
Buddhisten, Hindus

Flagge eingeführt:
1969

Schnitt:
2:3

Der Name »Bhután« ist das Wort der Dzongkha-Sprache für »Land des Donnerdrachen«. Dzongkha, die Amtssprache des Landes, beruht auf dem Tibetischen und wird mit *chhokey* (tibetischen Schriftzeichen) geschrieben. Ab dem 16. Jahrhundert von Tibet und ab 1720 von China regiert, kam das Land im östlichen Himalaja im späten 18. Jahrhundert immer mehr unter britischen Einfluss. Die erbliche Monarchie von Bhután etablierte sich 1907, und drei Jahre später gewährte ein Vertrag mit Großbritannien dem Land die innere Autonomie, die Außenbeziehungen wurden jedoch bis zur Teilung 1947 weiter von der britischen Regierung in Indien kontrolliert. Bhután ist ein buddhistischer Staat, in dem die Macht zwischen einem *druk gyalpo* (Drachenkönig), einem Ministerrat und dem *Tshogdu*, einer halbdemokratisch gewählten Nationalversammlung, geteilt ist.

In Bhután gilt das Grollen des Donners in den Bergen als Brüllen der Drachen (*druk* bedeutet Drache und auch Donner), und das Emblem des »Donnerdrachen« erscheint auf der Nationalflagge. Der *druk* symbolisiert mit seiner weißen Farbe Reinheit, und in seinen Klauen hält er Juwelen, die auf den Reichtum des Landes verweisen. Die diagonal geteilte Grundfläche hat zwei Farben. Der obere, safrangelbe Teil repräsentiert die weltliche Autorität der herrschenden Wangchuk-Dynastie, der untere rote Teil steht für die geistige Autorität des Buddhismus.

BOLIVIEN

Offizieller Name:
República de Bolivia
(Republik Bolivien)

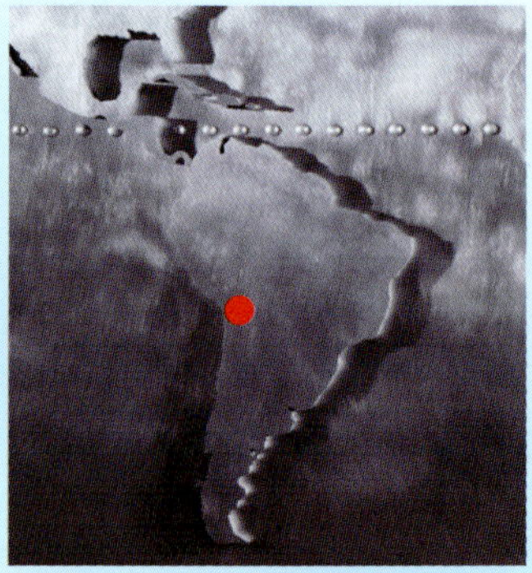

Bolivien, wegen seiner Lage hoch in den Anden auch als »Dach der Welt« bezeichnet, gehörte zur Inkakultur, bevor es 1538 von den Spaniern erobert wurde. Das damals als Oberperu bezeichnete Land blieb unter spanischer Herrschaft, bis es 1825 durch den nationalen Revolutionsführer Simón Bolívar befreit wurde, nach dem der moderne Staat benannt ist. Bolívar hatte bereits sein Heimatland Venezuela (1821), Kolumbien und Ecuador (1822) und Peru (1824) von der spanischen Herrschaft befreit.

Die bolivianische Flagge von 1825 bestand aus drei horizontalen Streifen in der Reihenfolge rot-grün-rot mit fünf goldenen Sternen in Lorbeerkränzen. 1826 wurde die Anordnung der Streifen geändert in gelb (oben), grün (Mitte) und rot (unten), mit dem Wappen in der Mitte. 1851 erhielt die Flagge ihre heutige Form, mit den Streifen in der Reihenfolge rot, gelb, grün. Das Rot symbolisiert das im Unabhängigkeitskampf vergossene Blut, aber auch die Tapferkeit der Bolivier, das Gelb den Reichtum des Landes an Bodenschätzen, und das Grün steht für die Fruchtbarkeit des Landes und seine Landwirtschaft.

Hauptstadt:
La Paz

Lage:
Südamerika

Währung:
1 Bolivianischer Peso = 100 Centavos

Sprachen:
Spanisch, Ketschua, Aimara

Religion:
Katholiken

Flagge eingeführt:
31. Oktober 1851

Schnitt:
2:3

BOSNIEN UND HERZEGOWINA

Offizieller Name:
Bosna i Hercegovina
(Bosnien und Herzegowina)

Hauptstadt:
Sarajevo

Lage:
Mitteleuropa

Währung:
1 Konvertible Mark = 100 Pfennig

Sprachen:
Bosnisch, Kroatisch, Serbisch

Religionen:
Muslime, Serbisch-Orthodoxe, Katholiken

Flagge eingeführt:
4. Februar 1998

Schnitt:
1:2

Das heutige Bosnien-Herzegowina, eine alte römische Provinz, wurde 1945 Teil der Jugoslawischen Sozialistischen Föderativen Republik. 1990 bereiteten nationalistische Parteien den herrschenden Kommunisten eine Wahlniederlage, aber der Konflikt zwischen Serbien und Kroatien und der kroatische Bürgerkrieg stürzten auch Bosnien und Herzegowina in ein Chaos. Ein Referendum im Jahr 1992 ergab eine Mehrheit für die Unabhängigkeit Bosniens von Jugoslawien, und im April 1992 wurde Bosnien und Herzegowina international anerkannt. Das Land ist nun zweigeteilt: in die bosnisch-kroatische Föderation und die serbische Republik.

Als Bosnien-Herzegowina sich 1992 von Jugoslawien abspaltete, in einer Zeit, als die drei größten Bevölkerungsgruppen (Muslime, Serben und Kroaten) gegeneinander Krieg führten, war die erste Flagge des neuen Staates neutral weiß mit dem blau-weiß-goldenen Schild der Kotromanic, der letzten unabhängigen Herrscher des Landes im 14. Jahrhundert, in der Mitte. Für einige Gruppierungen war diese Flagge jedoch inakzeptabel, und 1998 wurde eine von Vertretern aller drei ethnischen Gruppen gestaltete Flagge angenommen. Die Farben Blau, Weiß und Gold wurden beibehalten. Ein goldenes Dreieck stellt die Form des Landes und zugleich die drei Bevölkerungsgruppen dar. Die Sternenreihe ist von der Flagge der Europäischen Union inspiriert und steht für eine friedliche Zukunft.

BOTSWANA

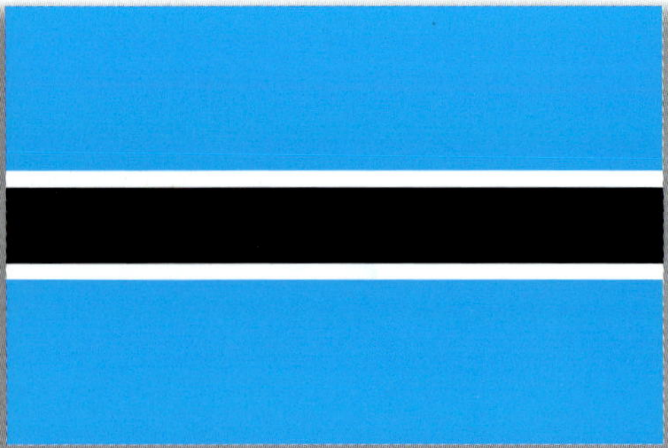

Die ersten Bewohner des heute als Botswana bekannten Gebietes waren die Khung, Jäger und Sammler, die hauptsächlich in der Wüste Kalahari lebten. Im Laufe des 17. Jahrhunderts besiedelten die Tswana das Gebiet, ihnen folgten im 19. Jahrhundert die Bantu. Aus Furcht vor einer Invasion der Buren wandten sich die Herrscher um Hilfe an die Briten, und folgerichtig wurde das Land 1885 ein britisches Protektorat mit dem Namen Betschuanaland. Der jetzige Name des Landes, Botswana, stammt aus der Se Tswana-Sprache. Botswana wurde 1966 ohne Kampf unabhängig und nahm daraufhin eine blau-schwarz-weiße Nationalflagge an.

Ungewöhnlich ist, dass diese Flagge weder auf die dominierende politische Partei verweist noch die panafrikanischen Farben Rot, Gelb und Grün zeigt. Stattdessen stehen die zwei horizontalen blauen Streifen für *pula*, den lebensspendenden Regen, der für dieses dürre Land alles bedeutet. (*Pula,* »Regen«, ist auch der Wahlspruch im Wappen von Botswana.) Der schwarze, weiß abgesetzte Streifen in der Mitte symbolisiert die Harmonie der afrikanischen und europäischen Einwohner Botswanas und soll vom Fell des nationalen Symboltieres von Botswana, dem Zebra, inspiriert sein.

Offizieller Name:
Republik Botswana

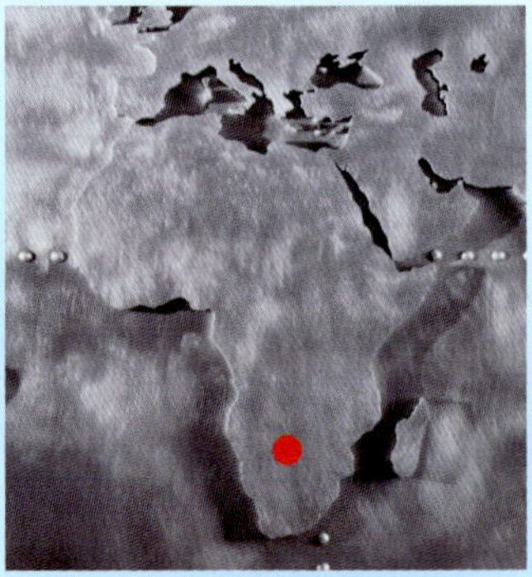

Hauptstadt:
Gabarone

Lage:
Südafrika

Währung:
1 Pula = 100 Thebe

Sprachen:
Englisch, Se Tswana

Religionen:
Christen, verschiedene Religionen der Eingeborenen

Flagge eingeführt:
30. September 1996

Schnitt:
2:3

Offizieller Name:
República Federativa do Brasil
(Föderative Republik Brasilien)

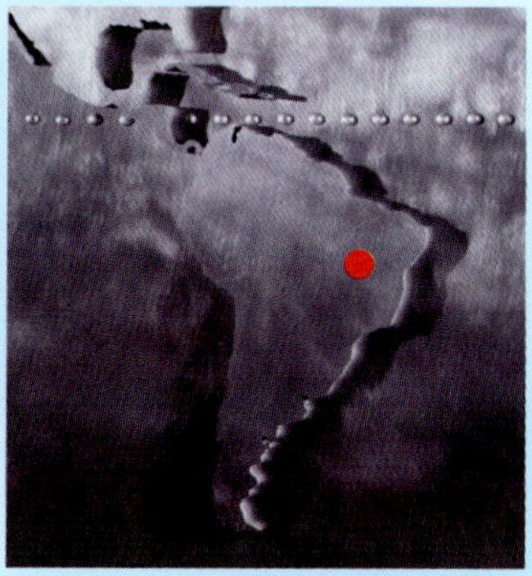

Hauptstadt:
Brasília

Lage:
Südamerika

Währung:
1 Real = 100 Centavos

Sprache:
Portugiesisch

Religionen:
Katholiken, Protestanten

Flagge eingeführt:
11. Mai 1992

Schnitt:
7:10

Brasilien wurde nach der Landung des Entdeckungsreisenden Pedro Alvares Cobral im Jahr 1500 von den Portugiesen kolonisiert und nach dem roten Farbholz *pau brasil* (Brasilholz) benannt, das als erste Naturressource genutzt wurde. 1808 fiel Napoleon in Portugal ein, woraufhin der portugiesische König Johann VI. Lissabon verließ und Rio de Janeiro als Hauptstadt wählte. Ein Jahr später kehrte er nach Portugal zurück und ließ seinen Sohn, Kronprinz Pedro, als Regenten in Brasilien zurück. 1922 nahm Pedro den Titel Kaiser Pedro I. an und erklärte Brasilien für unabhängig.

Die grüne Grundfläche und die gelbe Raute der brasilianischen Flagge stehen für die Regenwälder bzw. die reichen Bodenschätze des Landes, aber auch für die Herrscherhäuser Braganza und Habsburg, und waren Teil der ersten nach der Unabhängigkeit angenommenen Flagge. 1889 wurde das Reichswappen durch eine Ansicht des Nachthimmels über Rio de Janeiro zum Zeitpunkt der Gründung der Republik ersetzt, wobei jeder der Sterne in den Sternbildern der Flagge einen Staat der brasilianischen Föderation repräsentiert. Die Zahl der Sterne hat sich im Laufe der Zeit geändert, in der am 11. Mai 1992 offiziell angenommenen Form sind es 27. Der nationale Wahlspruch Brasiliens *Ordem e Progresso* (Ordnung und Fortschritt) steht auf einem über die Mitte des Nachthimmels gelegten Band.

BRUNEI DARUSSALAM

Offizieller Name:
Negara Brunei Darussalam

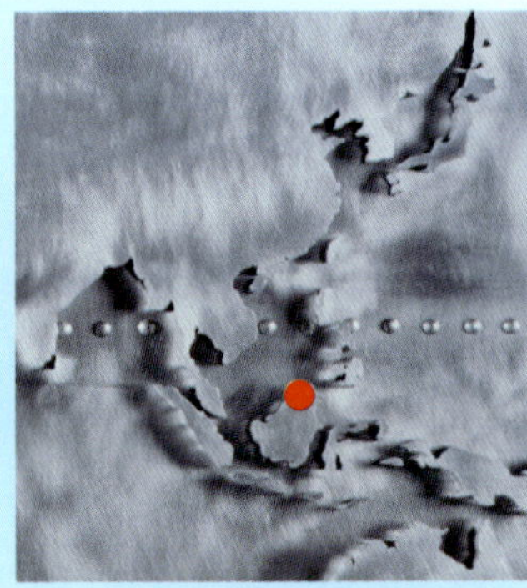

Hauptstadt:
Bandar Seri Begawan

Lage:
Südostasien

Währung:
1 Brunei-Dollar = 100 Cents

Sprachen:
Malaiisch, Englisch

Religionen:
Sunnitische Muslime, Buddhisten, Christen

Flagge eingeführt:
29. September 1959

Schnitt:
1:2

Brunei war seit dem 15. Jahrhundert ein unabhängiges islamisches Sultanat. Im 16. Jahrhundert hatten die Sultane auch die Macht über ganz Borneo und Teile der Philippinen. Im 19. Jahrhundert war das verkleinerte Brunei eine Piratenbasis geworden. Von 1888 bis 1971 war Brunei britisches Protektorat, das dann die Selbstverwaltung erhielt und 1984 völlig unabhängig wurde, allerdings unter der angeblich absoluten Herrschaft von Muda Hassani Bolkiah.

Die Flagge von Brunei veränderte sich im 20. Jahrhundert mehrfach. Den Hintergrund bildet die einfarbig gelbe Fläche der Sultansflagge. Dazu kamen 1906 zwei diagonale Streifen – ein breiter weißer über einem schmaleren schwarzen –, die dem Status des Landes als britisches Protektorat Rechnung tragen. Die gegenwärtige Flagge trägt auch das 1959, im Jahr der Unabhängigkeit, hinzugefügte Wappen. Es stellt einen roten *Bulan* (Halbmond), das traditionelle Symbol des Islam, mit der Inschrift »Durch Gottes Hand wird das Gute gedeihen« dar, und darunter steht *Brunei Darussalam* (Brunei, Stätte des Friedens). Zwischen den Spitzen des Halbmondes befinden sich *Bendera* (Flagge) und *Payung Ubor-Ubor* (königlicher Schirm), beides Symbole für das Königtum. Sie ruhen auf *Sayap* (Schwingen oder vier Federn), die den Schutz durch die Justiz symbolisieren. Auf jeder Seite befindet sich ein *Tingan* oder *Kimhap* (erhobene Hand) für das Versprechen der Regierung, für Wohlfahrt, Frieden und Gedeihen des Volkes zu arbeiten.

BULGARIEN

Offizieller Name:
Narodna Republika Bulgarija
(Volksrepublik Bulgarien)

Hauptstadt:
Sofia

Lage:
Osteuropa

Währung:
1 Lew =100 Stotinki

Sprache:
Bulgarisch

Religionen:
Orthodoxe Christen, Muslime

Flagge eingeführt:
27. November 1990

Schnitt:
3:5

Im 6. Jahrhundert von den Slawen und im 7. Jahrhundert von den Bulgaren eingenommen, wurde Bulgarien im 9. Jahrhundert, unter der Führung des östlich-orthodoxen Zaren Simeon (893–927), eine führende Macht in Südosteuropa. Im 11. Jahrhundert wurde das Land Teil des Byzantinischen Reiches und im 13. Jahrhundert für weitere 500 Jahre Teil des Osmanischen Reiches. Es wurde 1878 Fürstentum und 1908 unabhängiges Königreich. 1946 wurde die Monarchie abgeschafft und im folgenden Jahre eine Verfassung nach sowjetischem Muster angenommen. Die kommunistische Herrschaft brach 1990 zusammen, und Bulgarien definierte sich neu als Republik.

Während der Türkenherrschaft hatte Bulgarien keine Nationalflagge, aber als es Fürstentum wurde, führte man eine Trikolore ähnlich der damaligen russischen Flagge ein, jedoch mit einem grünen statt des blauen Mittelstreifens. (Rot, Weiß und Blau sind die panslawischen Farben.) Der obere weiße Streifen steht für den Frieden, der mittlere grüne symbolisiert die Jugendlichkeit der entstehenden Nation, und der untere rote Streifen bezeichnet die Tapferkeit der bulgarischen Volkes. Mit der Bildung der Volksrepublik Bulgarien wurde 1947 ein Wappen in den weißen Streifen nahe am Liek eingefügt: ein sprungbereiter Löwe, der rote Stern des Kommunismus und ein Zahnrad als Symbol für die Industrie. Nach dem Fall des Kommunismus 1990 wurde das Wappen wieder aus der Flagge entfernt.

BURKINA FASO

Das seit 1984 Burkina Faso genannte Gebiet hieß früher Obervolta. In den 1890er-Jahren wurde es eine Provinz von Französisch-Westafrika, 1958 erhielt es die Selbstverwaltung als Republik, und 1960 erreichte es die volle Unabhängigkeit von Frankreich.

Die damals angenommene Flagge hatte drei horizontale Streifen in Schwarz, Weiß und Rot für die drei wichtigsten Nebenflüsse des Volta, der das Land durchströmt. Nach einer Reihe von Putschen gaben die herrschenden Kräfte 1984 die Umbenennung des Landes in Burkina Faso bekannt. Der Name Burkina Faso ist eine Kombination aus den Sprachen zweier ethnischer Gruppen, aus dem Mor der Mossi und dem Gur der Bobo, und bedeutet »Das Land der Ehrenhaften«, und seine Einführung symbolisiert den Bruch mit der kolonialen Vergangenheit. Auch eine neue Flagge in den Farben der panafrikanischen Bewegung – Rot, Grün, Gold – wurde angenommen. Der obere, rote Streifen symbolisiert die Revolution von 1984 und der untere, grüne Streifen die Landwirtschaft, die reichen natürlichen Ressourcen des Landes sowie die Hoffnung. Der fünfzackige gelbe Stern in der Mitte steht für die Reichtümer des Landes und für das wegweisende Licht der Revolution.

Offizieller Name:
République de Burkina Faso
(Republik Burkina Faso)

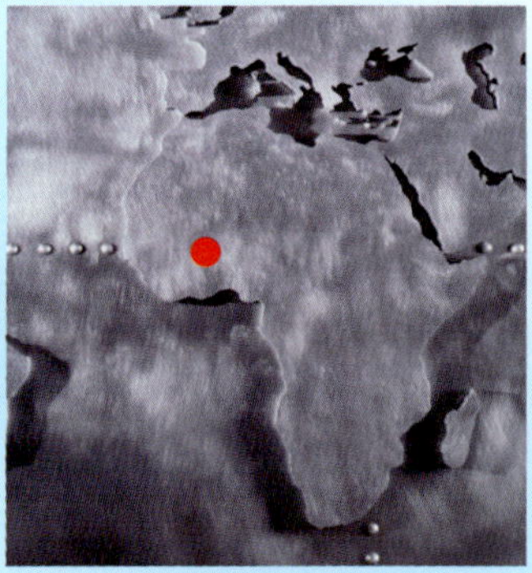

Hauptstadt:
Ouagadougou

Lage:
Westafrika

Währung:
1 CFA-Franc = 100 Centimes

Sprachen:
Französisch, More, Gur (die Volkssprachen der Mossi und der Bobo)

Religionen:
Naturreligionen, Muslime, Katholiken

Flagge eingeführt:
4. August 1984

Schnitt:
2:3

BURUNDI

Offizieller Name:
Republika y'u Burundi/
République du Burundi
(Republik Burundi)

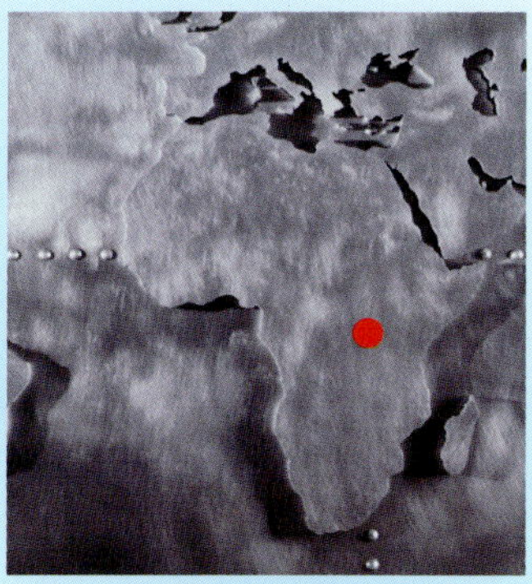

Hauptstadt:
Bujumbura

Lage:
Zentralafrika

Währung:
1 Burundi-Franc = 100 Centimes

Sprachen:
Französisch, Kirundi

Religion:
Katholiken

Flagge eingeführt:
28. Juni 1967

Schnitt:
2:3

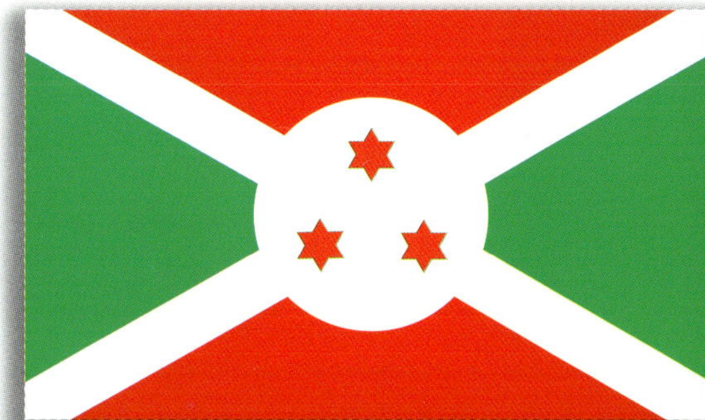

Burundi, eines der kleinsten Länder Afrikas und ursprünglich von Pygmäen bewohnt, wurde im 13. Jahrhundert von Bantu-Hutus eingenommen. Ab dem 15. Jahrhundert regierte der Tutsi-König über das als Urundi bezeichnete Gebiet. 1890 wurde das Land Teil von Deutsch-Ostafrika und nach dem Ersten Weltkrieg belgisches Territorium. Später wurde es als Teil von Ruanda-Urundi von Belgien als Treuhandgebiet des Völkerbundes (später der Vereinten Nationen) verwaltet. 1962 errang Burundi die Unabhängigkeit und wurde von König Mwambutsu regiert, bis dieser 1966 abgesetzt und die Republik ausgerufen wurde.

Die Flagge, die Burundi bei seiner Unabhängigkeit annahm, enthielt als Emblem eine Trommel – für die herrschende Monarchie – und eine Sorghumpflanze in einer Mittelscheibe. Als die Republik ausgerufen wurde, wurde die Trommel entfernt. Ein Jahr später wurde auch die Sorghumpflanze entfernt und durch drei Sterne ersetzt. Die drei Sterne, die oft als Symbole der drei ethnischen Gruppen des Landes – Hutu, Tutsi und Twa – gesehen werden, beziehen sich offiziell auf den nationalen Wahlspruch: *Unité, Travail, Progrès* (Einheit, Arbeit, Fortschritt). Die Farben sind auch symbolisch: Grün steht für die Hoffnung und Rot für das im Kampf um die Unabhängigkeit, zuerst von Deutschland und dann von Belgien, vergossene Blut.

CHILE

Bis zum Einfall der Inka im 15. Jahrhundert war das heutige Chile vom Volk der Araukaner bewohnt. Der erste Europäer, der Chile erreichte, war Ferdinand Magellan, der 1520 die nach ihm benannte Meerenge durchsegelte. Teilnehmer einer spanischen Expedition unter Pedro de Valdivia gründeten 1541 die Hauptstadt Santiago, und die spanische Besiedlung nahm trotz häufiger Aufstände der einheimischen Völker ihren Lauf. Eine Revolution gegen die spanische Herrschaft wurde 1810 von Bernardo O'Higgins angeführt, und 1818 wurde Chile mithilfe argentinischer Truppen unter José de San Martín von der spanischen Kolonialherrschaft befreit.

Während die französische Trikolore das Vorbild vieler Flaggen neu entstehender Staaten in Europa wurde, übernahm in der neuen Welt die Flagge der USA diese Rolle. Während des Freiheitskampfes gegen die Spanier übernahm Chile das Rot, Weiß und Blau der »Stars and Stripes«. Die Gestaltung, ursprünglich eine horizontal angeordnete Trikolore, wurde 1854 geändert, und es entstand die gegenwärtige Form mit zwei horizontalen Streifen, Weiß über Rot, und einem blauen Feld mit weißem Stern. Das Blau steht für den Himmel über den Anden, das Weiß für den Schnee der Anden, und das Rot bedeutet das Blut der Patrioten, die für Chiles Unabhängigkeit ihr Leben opferten.

Offizieller Name:
Rėpublica de Chile
(Republik Chile)

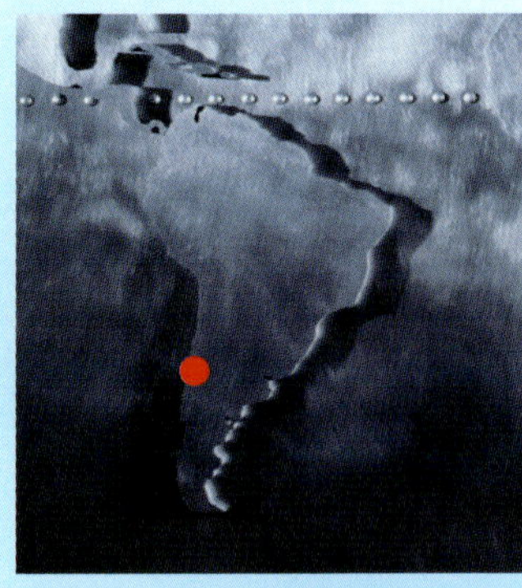

Hauptstadt:
Santiago

Lage:
Südamerika

Währung:
1 Chilenischer Peso = 100 Centavos

Sprache:
Spanisch

Religion:
Katholiken

Flagge eingeführt:
18. Oktober 1817

Schnitt:
2:3

Offizieller Name:
Zhonghua Renmin Gongheguo
(Volksrepublik China)

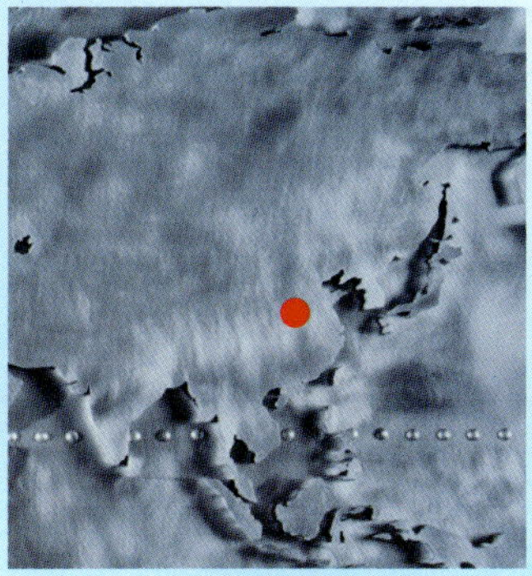

Hauptstadt:
Peking

Lage:
Asien

Währung:
1 Yuan = 10 Jiao = 100 Fen

Sprachen:
Putonghua (Mandarin-Chinesisch, die Amtssprache), Kanton-Chinesisch, Shanghai-, Fukien-, Hakka-Dialekte, Tibetisch, Vigus (Turksprache)

Religionen:
Konfuzianer, Buddhisten, Taoisten

Flagge eingeführt:
1. Oktober 1949

Schnitt:
2:3

Die Chinesen nennen ihr Land, das nach der Bevölkerungszahl das größte der Welt und auch nach der Fläche eines der größten ist, *Zhonghua,* Reich der Mitte. Die erste historisch belegte Herrscherdynastie in China war die Shang-Dynastie (von ca. 1480 bis ca. 1050 v. Chr.), und vom 7. bis zum 14. Jahrhundert n. Chr. war China das Land mit der am höchsten entwickelten Kultur der Welt und beeinflusste Kultur, Technologie und Politik vieler anderer Gesellschaften. Im Laufe der Zeit wurde Chinas politische Stärke durch die Expansion verschiedener europäischer Reiche bedroht: Mitte des 16. Jahrhunderts durch die Portugiesen, Mitte des 19. Jahrhunderts durch die Briten. Die letzte Dynastie, die Quing-Dynastie, wurde durch interne Revolten geschwächt und schließlich 1911 von chinesischen Nationalisten gestürzt. Zwischen 1927 und 1937 und zwischen 1946 und 1949 tobte ein Bürgerkrieg zwischen den nationalistischen und den kommunistischen Kräften. Nach ihrem Sieg im Jahre 1949 errichtete die Kommunistische Partei Chinas die Volksrepublik China auf dem Festland, während Taiwan unter der Kontrolle der nationalistischen Kuomintang blieb.

Die rote chinesische Flagge wurde am Tag der Republikgründung, dem 1. Oktober 1949, offiziell angenommen. Der große goldene Stern im Obereck auf roter Grundfläche steht für das allgemeine Programm der Kommunistischen Partei, und die vier kleineren Sterne sollen die vier durch den Kommunismus vereinten Klassen repräsentieren – Arbeiter, Bauern, Bourgeoisie und »patriotische Kapitalisten«.

COSTA RICA

Offizieller Name:
República de Costa Rica
(Republik Costa Rica)

Hauptstadt:
San José

Lage:
Mittelamerika

Währung:
1 Colón = 100 Centimos

Sprache:
Spanisch

Religion:
Katholiken

Flagge eingeführt:
21. Oktober 1964

Schnitt:
3:5

Das ursprünglich von den Guayami-Indianern bewohnte Costa Rica wurde 1502 von Christoph Kolumbus besucht und im späten 16. Jahrhundert von spanischen Siedlern kolonisiert. Es blieb unter spanischer Herrschaft, bis es 1821 die Unabhängigkeit errang.

Costa Rica war ab 1824 zusammen mit El Salvador, Guatemala, Honduras und Nicaragua Teil der Vereinigten Provinzen von Mittelamerika und erklärte sich 1834 zur unabhängigen Republik. Die Flagge der Vereinigten Provinzen wurde beibehalten: drei horizontale Streifen in der Reihenfolge Blau-Weiß-Blau mit dem Emblem der Föderation in der Mitte. Als Reaktion auf die revolutionären Ereignisse in Frankreich wurde 1848 entschieden, in eine neue Flagge von Costa Rica die Farben der Trikolore aufzunehmen, und so wurde ein roter Mittelstreifen eingefügt. 1847 war auch ein Staatssiegel entwickelt worden, das 1906 Eingang in die Flagge fand. Das Wappen stellt zwei Handelsschiffe dar, die auf zwei Meeren segeln, dem Pazifischen Ozean im Vordergrund und dem Karibischen Meer im Hintergrund, getrennt durch drei Vulkane, die für Costa Ricas drei größte Gebirgszüge stehen. Den Hintergrund bilden die aufgehende Sonne und sieben Sterne, einer für jede der Provinzen. (1906 gab es nur fünf Provinzen und daher auch nur fünf Sterne; 1964 wurden für zwei neu hinzugekommene Provinzen zwei Sterne hinzugefügt.) Darüber steht der Name des Landes und ein blaues Band mit den Worten »America Central« zur Erinnerung an die Vereinigten Provinzen.

DÄNEMARK

Offizieller Name:
Kongeriget Danmark
(Königreich Dänemark)

Hauptstadt:
Kopenhagen

Lage:
Nordeuropa

Währung:
1 Dänische Krone = 100 Øre

Sprache:
Dänisch

Religion:
Lutheraner

Flagge eingeführt:
1625

Schnitt:
28:37

Die ursprüngliche Heimat der Dänen war Schweden, von wo die ersten Siedler im 5. und 6. Jahrhundert emigrierten. Unter Führung örtlicher Häuptlinge terrorisierten ihre Nachkommen, als Wikinger bekannt, im 8. und 9. Jahrhundert ganz Nordeuropa mit ihren Überfällen, bevor sie durch Harald Blauzahn, König von Dänemark, geeint und christianisiert wurden. König Knut (Canute) herrschte später über ein Reich, das Dänemark, Norwegen und England umfasste, aber nach seinem Tod im Jahr 1035 zerfiel. König Valdemar IV., der mit Territorialkriegen und dynastischen Streitigkeiten zu kämpfen hatte, stellte in den 1350er-Jahren die Ordnung wieder her, und 1397 wurden Dänemark, Norwegen und Schweden unter Königin Margarethe I. vereinigt. Schweden schied 1449 aus, und Norwegen wurde 1815 an Schweden abgetreten.

Dänemark ist nicht nur die älteste Monarchie Europas (seit 1953 konstitutionelle Monarchie), es hat auch die älteste Flagge, den *Danebrog* (»Dänisches Tuch«). Die Legende besagt, dass Valdemar II. im Jahr 1219 bei der Eroberung Estlands eine rote Flagge mit weißem Kreuz als Zeichen vom Himmel erschien. Wahrscheinlicher ist, dass die Flagge ein Geschenk des Papstes während der Kreuzzüge war. Sie war ursprünglich quadratisch und wurde dann gestreckt, damit der Kreuzbalken im fliegenden Rand länger wurde. Weil mehrere skandinavische Länder irgendwann einmal unter dänischer Herrschaft standen, sind viele ihrer Flaggen der dänischen ähnlich.

DEUTSCHLAND

Offizieller Name:
Bundesrepublik Deutschland

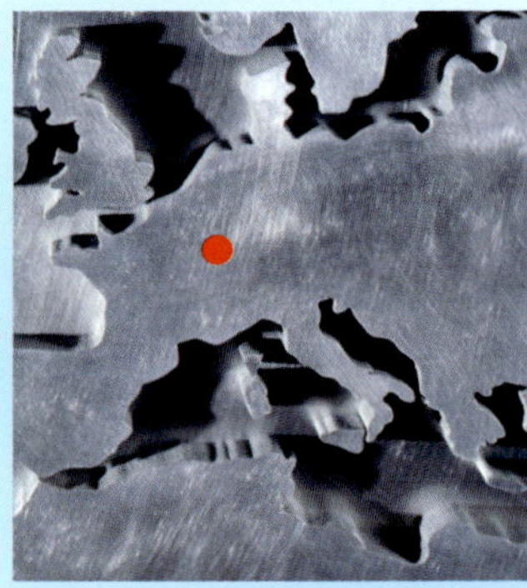

Hauptstadt:
Berlin

Lage:
Westeuropa

Währung:
1 Euro = 100 Cents

Sprache:
Deutsch

Religionen:
Lutheraner, Katholiken

Flagge eingeführt:
9. Mai 1949

Schnitt:
3:5

Deutschland wurde erst 1871 ein einheitlicher Staat. Vorher war es eine Konföderation (1815–1867) und davor bis 1806 ein föderatives Reich aus einzelnen Fürstentümern gewesen. 1949 wurde das Land in zwei Teile geteilt, und es entstanden die kommunistisch geführte Deutsche Demokratische Republik (DDR), auch Ostdeutschland, und die Bundesrepublik Deutschland (BRD), auch Westdeutschland genannt, und die deutsche Hauptstadt Berlin wurde durch die Mauer geteilt. Der Zusammenbruch der kommunistischen Herrschaft in Ostdeutschland im Jahr 1989 führte zur Wiedervereinigung der beiden Staaten am 3. Oktober 1990 als Bundesrepublik Deutschland.

Die offizielle Bezeichnung der deutschen Flagge ist Bundesflagge, aber die meisten Deutschen nennen sie Deutschlandfahne. Die Verwendung von Schwarz, Rot und Gold, den Farben der oppositionellen Burschenschaften, geht auf die ersten Vereinigungsversuche in der bürgerlich-demokratischen Revolution 1848/49 zurück. Nach dem Schwarz-Weiß-Rot des Deutschen Reiches unter Bismarck wurde bei der Gründung der Weimarer Republik im Jahr 1919 die horizontale Trikolore, wie sie auch heute verwendet wird, wieder eingeführt, 1933 aber durch die Hakenkreuzfahne der NSDAP ersetzt. Sowohl Ost- als auch Westdeutschland kehrten 1949 zu Schwarz-Rot-Gold zurück, die DDR fügte jedoch ihr Emblem ein. Seit der deutschen Wiedervereinigung ist die Trikolore ohne Zusätze die deutsche Nationalflagge.

DJIBOUTI

Offizieller Name:
Jumhouriyya Djibouti
(Republik Djibouti)

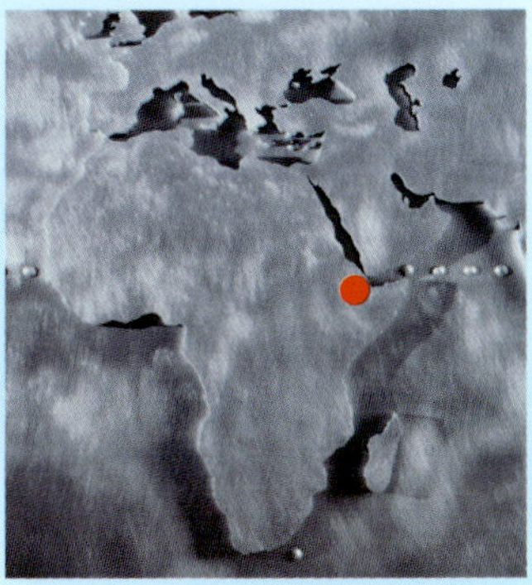

Hauptstadt:
Djibouti

Lage:
Ostafrika

Währung:
1 Djibouti-Franc =
100 Centimes

Sprachen:
Französisch, Arabisch

Religion:
Muslime

Flagge eingeführt:
27. Juni 1977

Schnitt:
4:7

Im 9. Jahrhundert brachten Araber den Islam zu den Afaren, die damals das heutige Djibouti bewohnten, und zwischen dem 13. und dem 17. Jahrhundert führten die islamischen Staaten der Afaren und das christliche Äthiopien mehrere Kriege miteinander. 1862 erschienen die Franzosen nahe dem südlichen Zugang zum Roten Meer, um der britischen Präsenz in Aden etwas entgegenzusetzen. Sie annektierten das Gebiet 1884 und nannten es Französisch-Somaliland. 1967 wurde es innerhalb der Französischen Republik umbenannt in Afar-und-Issa-Territorium. In der Folgezeit wuchs die Opposition gegen die französische Herrschaft, und die Forderung nach Freiheit äußerte sich immer häufiger und gelegentlich auch gewalttätig. 1977 erreichte das Land endlich die Unabhängigkeit als Republik Djibouti, und die neue Regierung nahm die Aufgabe in Angriff, die Afaren (mit traditionell starken Bindungen zu Somalia) und die Issas (mit Bindungen an Äthiopien) zu einen.

Die neu angenommene Flagge beruhte auf der Flagge der Volksliga für Unabhängigkeit, LPA), gekennzeichnet durch Dreieck und Stern. Für die neue Flagge von Djibouti wurde der Stern allerdings aufrecht gestellt, und die Flagge wurde gestreckt. Der obere, hellblaue Streifen symbolisiert das Volk der Issas und der untere, grüne Streifen die Afaren.

DOMINICA

Offizieller Name:
Commonwealth Dominica

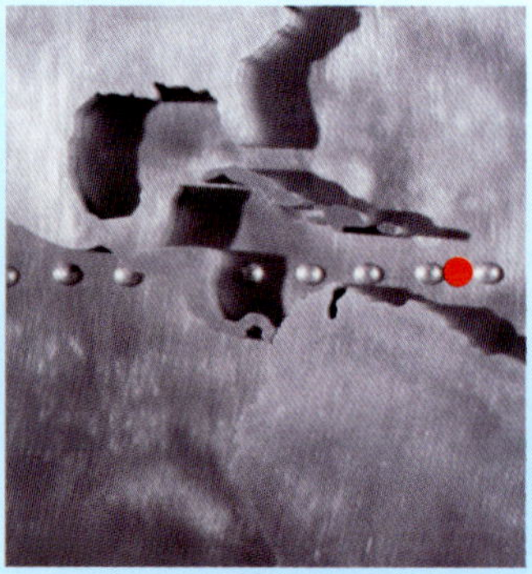

Dominica wurde von Kolumbus am Sonntag (lat. *dies dominica*), dem 3. November 1493 gesichtet und entsprechend benannt. Die Insel war zunächst von den Arawak und später von den Kariben bewohnt, die allen Kolonisierungsversuchen trotzten, bis die Franzosen 1632 die Insel unter ihre Kontrolle brachten. 1763 ging Dominica an die Briten über und wurde 1833 Teil des Schutzgebietes der Leeward Islands, bevor es sich 1940 der Gruppe der Winward Islands anschloss. Die Selbstverwaltung wurde 1967 erreicht, die volle Unabhängigkeit 1978.

Auf der bei der Unabhängigkeit angenommenen Flagge ist der nationale Symbolvogel Dominicas dargestellt, der Sisserou-Papagei *(Psittacus imperiala),* eine Besonderheit der Insel und leider vom Aussterben bedroht. Er sitzt auf einem Zweig in einem Kreis von zehn gelb abgesetzten grünen Sternen als Sinnbilder der zehn Gemeinden des Landes. Dieses zentrale Emblem liegt auf drei horizontalen und vertikalen Streifen in Gelb, Schwarz und Weiß, die ein dreifarbiges Kreuz auf der einfarbigen grünen Grundfläche bilden. Das Kreuz symbolisiert den Glauben, die Farbe Gelb den Sonnenschein, die Zitrusprodukte und die karibischen Ureinwohner des Landes. Weiß steht für die klaren Flüsse und Wasserfälle des Landes sowie für die Reinheit der Ziele der Nation, während Schwarz den guten Boden der Insel und die afrikanische Herkunft vieler Einwohner Dominicas bezeichnet. Das Grün der Grundfläche schließlich steht für die dichten Wälder der Insel.

Hauptstadt:
Roseau

Lage:
Karibik

Währung:
1 Ostkaribischer Dollar = 100 Cents

Sprachen:
Englisch (Amtssprache), Französisch, Kreolisch

Religion:
Katholiken

Flagge eingeführt:
3. November 1978

Schnitt:
1:2

DOMINIKANISCHE REPUBLIK

Offizieller Name:
República Dominicana
(Dominikanische Republik)

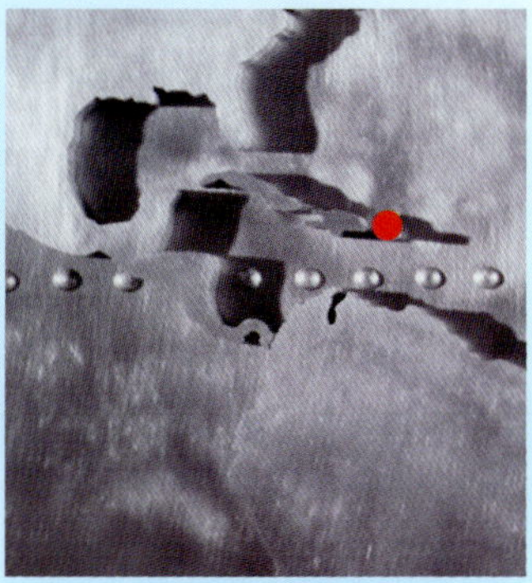

Hauptstadt:
Santo Domingo

Lage:
Karibik

Währung:
1 Dominikanischer Peso =
100 Centavos

Sprache:
Spanisch

Religionen:
Katholiken, Protestanten,
Spiritisten

Flagge eingeführt:
6. November 1844

Schnitt:
5:8

Die Dominikanische Republik nimmt den Ostteil der Insel Hispaniola ein, auf der sich außerdem noch Haiti befindet. Von Christoph Kolumbus 1492 entdeckt, blieb Hispaniola bis 1795 unter spanischer Kontrolle und wurde dann an Frankreich abgetreten. Der Ostteil der Insel kam 1809 wieder unter spanische Herrschaft, erklärte aber 1821 als Dominikanische Republik seine Unabhängigkeit. Von 1822 bis 1844 war die Dominikanische Republik von Haiti annektiert.

Die 1844 angenommene Flagge erinnert an den Kampf um die Befreiung der Republik von Haiti mit dem von der Unabhängigkeitsbewegung verwendeten weißen Kreuz der Freiheit über dem Blau und Rot der Flagge von Haiti, deren Farben im fliegenden Rand vertauscht wurden. Das Rot gilt jetzt als Symbol des Blutes, das im Kampf um die Unabhängigkeit vergossen wurde, das Blau bedeutet Freiheit und das weiße Kreuz steht für die Opfer der Menschen. Die von der Regierung der Dominikanischen Republik verwendete Staatsflagge trägt im Schnittpunkt des Kreuzes das Staatswappen. Es stellt eine Bibel, ein goldenes Kreuz, vier Flaggen und zwei Speere dar. Um den Schild sind Oliven- und Palmzweige angeordnet, und darüber steht der Wahlspruch *Dios, Patria, Libertad* (Gott, Vaterland und Freiheit). Unter dem Schild steht *República Dominicana* (Dominikanische Republik).

ECUADOR

Offizieller Name:
República del Ecuador
(Republik Ecuador)

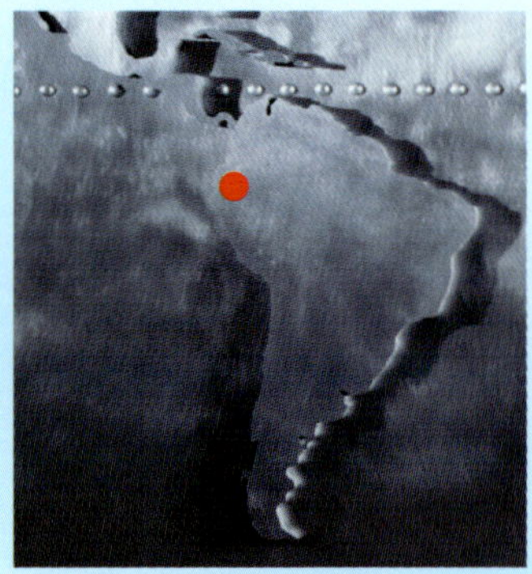

Im 15. Jahrhundert gehörte der Großteil von Ecuador (span. für Äquator) zum Großreich der Inka. Nach der Eroberung durch die Spanier (1532/33) wurde Ecuador Teil des Vizekönigtums Peru. 1822 durch die Armeen von Antonio José de Sucre und Simón Bolívar befreit, bildete das Land zunächst mit Kolumbien und Venezuela die Föderation Großkolumbien, wurde aber 1830 völlig unabhängig.

Die Zivilflaggen von Ecuador und Kolumbien sind sehr ähnlich: Beide Länder haben im Wesentlichen die Flagge der Föderation Großkolumbien beibehalten und verwenden eine horizontal angeordnete Trikolore aus Gelb, Blau und Rot. Die Zivilflagge von Ecuador hat jedoch andere Proportionen und trägt, wenn sie im Ausland als Staatsflagge verwendet wird, immer das Landeswappen. Dieses stammt von 1845 und stellt den Kondor der Anden auf einem ovalen Schild dar, auf dem eine allegorische Szene mit dem Berg Chimborazo (dem höchsten Gipfel des Kontinents) und einem Schiff in der Mündung des Rio Guayas (als Symbol des Handels) zu sehen ist, darüber die Tierkreiszeichen für die Monate von März bis Mai. Der Schild ist umgeben von Fahnen in den Nationalfarben und ruht auf einem Liktorenbündel als Symbol des Republikanismus.

Hauptstadt:
Quito

Lage:
Südamerika

Währung:
1 US-Dollar = 100 Centavos

Sprachen:
Spanisch, Quechua

Religion:
Katholiken

Flagge eingeführt:
26. September 1860

Schnitt:
1:2

ELFENBEINKÜSTE

Offizieller Name:
République du Côte d'Ivoire
(Republik Elfenbeinküste)

Hauptstadt:
Yamoussoukro,
Abidjan (Regierungssitz)

Lage:
Westafrika

Währung:
1 CFA-Franc = 100 Centimes

Sprachen:
Französisch, diverse Stammessprachen

Religionen:
Muslime, Christen, verschiedene regionale Religionen

Flagge eingeführt:
3. Dezember 1959

Schnitt:
2:3

Die heute als *Côte d'Ivoire* (Elfenbeinküste) bekannte Region umfasst mehrere ehemalige Königreiche. Im 16. Jahrhundert gründeten Briten, Franzosen und Portugiesen Handelsstützpunkte entlang des Küste des Golfes von Guinea und handelten mit Sklaven und dem Elfenbein, das dem Land seinen Namen gab. Die Elfenbeinküste wurde im 19. Jahrhundert französische Kolonie und 1904 Teil von Französisch-Westafrika. 1958 erreichte das Land die Selbstverwaltung und 1960 die volle Unabhängigkeit.

Wie viele andere ehemalige französische Kolonien hat auch die Elfenbeinküste eine Flagge nach dem Vorbild der französischen Trikolore, aber sie ist auch von den durch Ghana zuerst verwendeten panafrikanischen Farben beeinflusst. Die Flagge der *Côte d'Ivoire* wurde 1959 angenommen, kurz vor der Unabhängigkeit, als eine Allianz zwischen Niger, Tschad und Dahomey (heute Benin) beabsichtigt war, weshalb jedes Land eine Flagge wählte, die auf die gemeinsamen Interessen hinwies. Die Allianz kam zwar nicht zustande, aber die Flaggen wurden beibehalten.
Die drei vertikalen Streifen der Flagge bedeuten: die Savannen des nördlichen Landesteils (Orange), die Flüsse des Landes und die nationale Einheit (Weiß) und die Landwirtschaft in den südlichen Gebieten (Grün).

EL SALVADOR

Von 100 bis 1000 n. Chr. war El Salvador Teil des Mayareiches, in dem die riesigen Pyramiden im Westen des Landes gebaut wurden. Pipil-Indianer beherrschten das Land, bis es 1525 von den Spaniern erobert wurde, die es anschließend bis 1821 als Teil Guatemalas regierten. 1821 wurde El Salvador befreit. 1823 trat das Land den Vereinigten Provinzen von Mittelamerika bei, die es 1838 wieder verließ. Die Flagge der Föderation wurde jedoch in El Salvador bis 1865 weiter verwendet. Dann nahm das Land eine eigene, an den »Stars and Stripes« orientierte Flagge an.

Die heutige, 1912 eingeführte Flagge von El Salvador, ist von der alten Flagge der Vereinigten Provinzen abgeleitet, jedoch mit dem Wappen von El Salvador in der Mitte. Das Wappen besteht aus einem Dreieck (Symbol der Gleichheit), in dem fünf Vulkane (für die fünf Provinzen) eine phrygische Jakobinermütze und das Datum der Befreiung zu sehen sind. Das Dreieck ist von den fünf blau-weißen Fahnen der Föderation und einem Kranz umgeben. Der Wahlspruch Mittelamerikas, *Dios, Union, Libertad* (Gott, Einheit, Freiheit) erscheint darunter. Das Ganze wird eingefasst vom Titel des Staates in der Zeit der Föderation.

Anmerkung *El Salvador hat verschiedene Varianten der Flagge für zivilen Gebrauch, Regierung und Militär. Blau-weiß ohne Wappen ist die zivile Flagge. Mit Wappen ist es die Staatsflagge. Eine dritte Version, blau und weiß gestreift und mit dem Wahlspruch* Dios, Union, Libertad *in gelber Schrift auf dem weißen Streifen, ist die Regierungsflagge.*

Offizieller Name:
República de El Salvador
(Republik El Salvador)

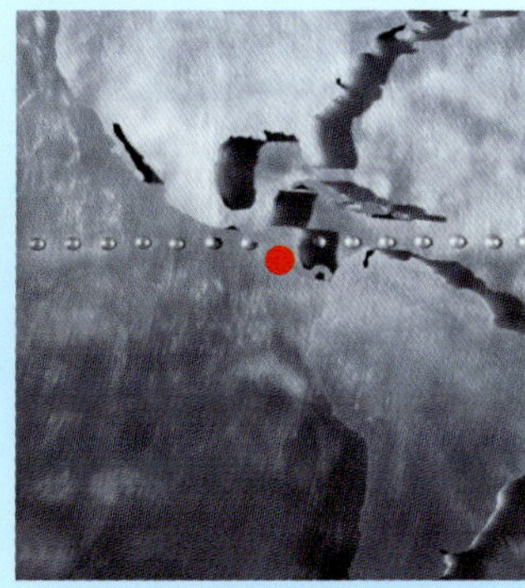

Hauptstadt:
San Salvador

Lage:
Mittelamerika

Währung:
1 Colón = 100 Centavos

Sprache:
Spanisch

Religion:
Katholiken

Flagge eingeführt:
17. Mai 1912

Schnitt:
3:5

ERITREA

Offizieller Name:
Staat Eritrea

Hauptstadt:
Asmara

Lage:
Nordostafrika

Währung:
1 Nafka = 100 Cents

Sprachen:
Englisch, Arabisch, Tigrinya

Religionen:
Koptische Christen, Muslime

Flagge eingeführt:
24. Mai 1993

Schnitt:
2:3

Eritrea war im 10. Jahrhundert Teil des benachbarten Äthiopien, fiel Mitte des 16. Jahrhunderts an das Osmanische Reich und wurde 1890 italienische Kolonie. Von 1941 bis 1952 stand es unter britischer Verwaltung und wurde 1962 eine autonome Provinz von Äthiopien. Danach führten verschiedene sezessionistische Bewegungen zu einem von 1971 bis 1991 dauernden Bürgerkrieg. Der Zusammenbruch des kommunistischen Regimes in Äthiopien brachte die Anerkennung des Rechtes Eritreas auf Unabhängigkeit mit sich.

In den 1950er-Jahren, als Provinz von Äthiopien, hisste Eritrea seine eigene hellblaue Flagge mit einem grünen Olivenkranz und einem Zweig in dessen Mitte. Diese Flagge wurde als »Flagge der Befreiung« bis zur Erreichung der Unabhängigkeit im Jahr 1993 geführt. Die Eritreische Volksbefreiungsfront (EPLF), die für die Unabhängigkeit gekämpft hatte, führte eine grün-blaue Flagge mit einem roten Dreieck am Liek, darin ein goldener Stern. Bei Erreichung der Unabhängigkeit wurden Farben und Anordnung der EPLF-Flagge beibehalten, aber ins Liek kam das Emblem der Provinzflagge, Olivenkranz und Olivenzweig, jedoch nicht mehr in Grün, sondern in Gold.

ESTLAND

Offizieller Name:
Eesti Vabariik
(Republik Estland)

Hauptstadt:
Tallinn

Lage:
Nordosteuropa

Währung:
1 Krone = 100 Cents

Sprachen:
Estnisch, Russisch

Religionen:
Lutheraner,
Russisch-Orthodoxe

Flagge eingeführt:
8. Mai 1990

Schnitt:
7:11

Estland wurde regiert von Dänemark (1227–1346), von den Deutschrittern (1346–1558) und von Schweden (1558–1712), bevor es im 19. Jahrhundert Teil des Russischen Reiches wurde. Die estnische Trikolore wurde 1881 in den Studentenaufständen gegen die Okkupation durch das zaristische Russland erstmals verwendet. Nach der Russischen Revolution von 1917 erfreute sich Estland einer kurzen Zeit der Unabhängigkeit, während derer die blau-schwarz-weiße Flagge gehisst wurde. Die 1917 siegreichen Sowjets wurden jedoch von den Deutschen besiegt, die im Ersten Weltkrieg in Estland eindrangen. Die Sowjetherrschaft wurde im November 1918 wieder errichtet, aber schon 1919 wieder gestürzt, als Estland seine Unabhängigkeit erklärte und eine demokratische Republik ausrief. Nach einem faschistischen Putsch im Jahr 1934 führte jedoch ein 1939 geschlossenes Geheimabkommen zwischen Deutschland und der Sowjetunion dazu, dass Estland Teil der UdSSR wurde. Die von den stalinistischen Kräften verbotene nationale Trikolore wurde erst wieder 1990 gehisst, als die Sowjetunion zerfiel.

Die Farben der Flagge stellen die Geschichte Estlands dar: Blau ist die Farbe der Loyalität und steht auch für die Seen des Landes und den Himmel, Schwarz symbolisiert die Leiden des Landes in der Vergangenheit und ist auch die Farbe des estnischen Bodens und der traditionellen Bauernjacke, während Weiß für den Schnee, die Birkenrinde und den estnischen Freiheitskampf steht.

FIDSCHI

Offizieller Name:
Matanitu Ko Viti
(Republik Fidschi-Inseln)

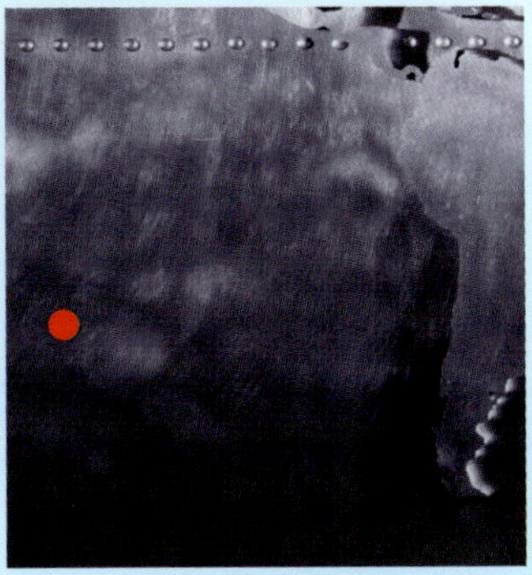

Hauptstadt:
Suva

Lage:
Pazifischer Ozean

Währung:
1 Fidschi-Dollar = 100 Cents

Sprachen:
Englisch, Fidschianisch, Hindi

Religionen:
Christen, Hindus

Flagge eingeführt:
10. Oktober 1970

Schnitt:
1:2

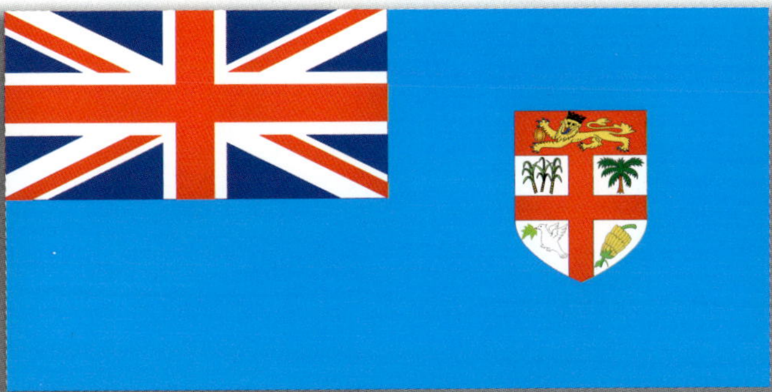

Fidschi besteht aus über 800 Inseln und Inselchen im Pazifik. Die ursprünglich von Polynesiern und Melanesiern bewohnten Fidschi-Inseln, die der holländische Entdeckungsreisende Abel Tasman 1643 als erster Europäer besuchte, kamen erst im frühen 19. Jahrhundert in regelmäßigen Kontakt mit Europa. 1874 wurden die Fidschi-Inseln britischer Besitz.

Die Flagge der Fidschi-Inseln, die am Tag der Unabhängigkeit zum ersten Mal gehisst wurde, ging aus einem Wettbewerb hervor, den Robi Wilcock und Murray McKenzie gemeinsam gewannen. Die fortdauernden politischen und wirtschaftlichen Verbindungen der Fidschi-Inseln mit Großbritannien werden dadurch betont, dass die Nationalflagge auf dem britischen Blue Ensign beruht. Sie hat aber ein helleres Blau, das den Pazifik und seine entscheidende Rolle für Kultur und Wirtschaft der Fidschi-Inseln symbolisiert. Die Flagge führt den britischen Union Jack im Obereck, der auch zwischen 1987 und 1997 beibehalten wurde, als Fidschi das Commonwealth verließ. Auf dem fliegenden Rand befindet sich das 1980 gewährte Wappen der Fidschi-Inseln, ein weißer Schild mit rotem Kreuz und rotem Schildhaupt (oberes Drittel des Schildes), in dem ein britischer Löwe mit einer Kokosnuss dargestellt ist. In den Vierteln sind eine Zuckerrohrpflanze, eine Kokospalme, eine Friedenstaube und eine Staude Bananen abgebildet.

FINNLAND

Offizieller Name:
Suomen Tasavalta / Republiken Finland
(Republik Finnland)

Hauptstadt:
Helsinki

Lage:
Nordeuropa

Währung:
1 Euro = 100 Cents

Sprachen:
Finnisch, Schwedisch

Religion:
Protestanten

Flagge eingeführt:
26. Mai 1918

Schnitt:
11:18

Die nomadischen Samen oder Lappen waren die ersten Bewohner des heutigen Finnland, von denen wir wissen, wurden aber ab dem 1. Jahrhundert v. Chr. von finnischen Nomaden aus Asien allmählich nach Samland, dem äußersten Norden Finnlands jenseits des Polarkreises abgedrängt. Im 12. Jahrhundert wurde Finnland von den Schweden erobert und beherrscht und diente die nächsten 200 Jahre als Schlachtfeld für die Kriege zwischen Schweden und Russland. 1809, während der Napoleonischen Kriege, kam Finnland unter russische Kontrolle und wurde ein vom russischen Zaren regiertes Großherzogtum. Das wachsende Nationalgefühl führte dazu, dass Finnland während der Russischen Revolution 1917 seine Unabhängigkeit erklärte. Das Sowjetregime versuchte zunächst, das Land wieder unter Kontrolle zu bekommen, erkannte aber 1920 Finnlands Unabhängigkeit an.

Die Gestaltung der 1918 angenommenen Flagge stammt aus dem 19. Jahrhundert. Wie andere Flaggen der Region hat auch die finnische ein »Skandinavisches Kreuz«, dessen senkrechter Balken näher zum Liek als zum fliegenden Rand gelegen ist. Das Blau des Kreuzes steht für die finnischen Seen, deren es über 60 000 gibt, die weiße Grundfläche für den Schnee, der den Süden des Landes vier bis fünf Monate, den Norden etwa sieben Monate im Jahr bedeckt hält.

GAMBIA

Offizieller Name:
Republik Gambia

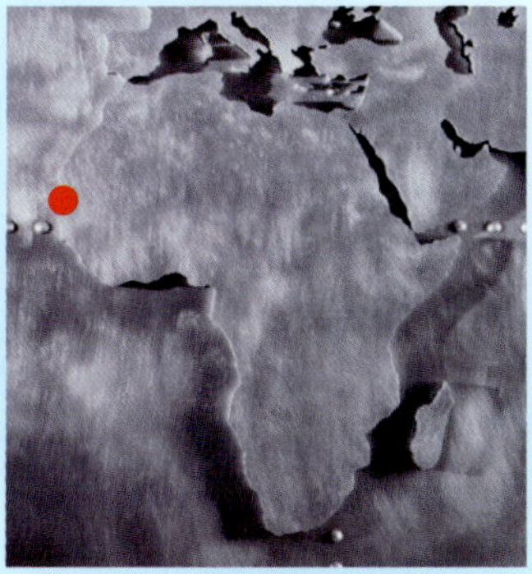

Hauptstadt:
Banjul

Lage:
Westafrika

Währung:
1 Dalasi = 100 Bututs

Sprachen:
Englisch (Amtssprache), Mandingo, Fulani, Wolof

Religionen:
Muslime, Christen, Naturreligionen

Flagge eingeführt:
18. Februar 1965

Schnitt:
2:3

Gambia, das kleinste Land in Afrika, war einst Teil des muslimischen Reiches Mali, das dank des Handels mit Gold vom 7. bis zum 15. Jahrhundert eine Blütezeit erlebte, bis 1455 die Portugiesen mit dem Sklavenhandel begannen. Im späten 16. Jahrhundert wurde der Sklavenhandel von den Briten übernommen, die entlang des Flusses Gambia Handelsposten errichteten. Gambia wurde 1843 britische Kolonie, erreichte 1963 die Selbstverwaltung und 1965 die volle Unabhängigkeit innerhalb des Commonwealth of Nations. 1970 wurde eine Republik ausgerufen, und ein gewählter Präsident trat an die Stelle der britischen Monarchin als offizielles Staatsoberhaupt.

Im Gegensatz zu vielen anderen afrikanischen Nationalflaggen beruht die horizontal gestreifte Flagge, die Gambia bei seiner Unabhängigkeit annahm, nicht auf den Farben der führenden politischen Partei. Vielmehr sollen die Farben die subtropische Sonne (Rot), den Fluss Gambia, einen der am besten schiffbaren Flüsse Afrikas (Blau), und die an seinen Ufern wachsenden dichten Mangroven-, Ölpalmen-, Zedern- und Mahagoniwälder (Grün) darstellen.

GEORGIEN

Offizieller Name:
Sak'art'velos Respublika
(Republik Georgien)

Hauptstadt:
Tiflis (Tbilissi)

Lage:
Südwestasien

Währung:
Lary = 100 Tetri

Sprachen:
Georgisch, Armenisch, Russisch

Religionen:
Georgisch-Orthodoxe, Muslime, Juden

Flagge eingeführt:
1918, wieder eingeführt 14. November 1990

Schnitt:
3:5

Die Familie der Bagratiden errichtete im 8. Jahrhundert das Georgische Königreich, das immer mächtiger wurde, bis es fast die gesamte Kaukasusregion beherrschte. Nach den Mongoleneinfällen im 13. Jahrhundert war Georgien vom 16. bis zum 18. Jahrhundert Streitobjekt zwischen den Persern und den osmanischen Türken. 1762 suchte das unabhängige und geeinte Georgien den Schutz Russlands, was zur Annexion von 1801 bis 1878 führte. Nach der Oktoberrevolution wurde 1918 eine georgische Republik gegründet.

Die georgische Flagge, die ursprünglich einen Schnitt von 1:2 hatte, war der Siegerentwurf von Jakob Nikoladse in einem Wettbewerb im Jahre 1917. Die Grundfläche war von dunklem Rot (Georgiens Nationalfarbe), während das Schwarz-Weiß im Obereck für Georgiens tragische Vergangenheit und für seine Hoffnungen auf eine bessere Zukunft standen. Georgiens Unabhängigkeit dauerte bis 1921, dann wurde das Land Teil der Sowjetunion und hisste eine Version der »Roten Flagge«, die sich von denen der anderen Unionsrepubliken dadurch unterschied, dass Hammer, Sichel und Stern in Rot auf einer blauen Scheibe im Obereck platziert waren, von der 24 Strahlen ausgingen. 1990, ein Jahr vor der Auflösung der Sowjetunion, führte Georgien offiziell seine ursprüngliche Nationalflagge wieder ein, änderte aber die Proportionen zum gegenwärtigen Verhältnis 3:5. Das Land wurde am 9. April 1991 international als unabhängiger Staat anerkannt.

GHANA

Offizieller Name:
Republik Ghana

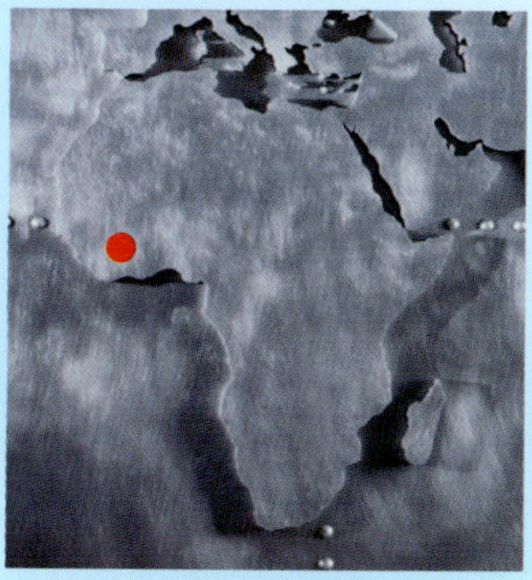

Hauptstadt:
Accra

Lage:
Westafrika

Währung:
1 Cedi = 100 Pesewas

Sprachen:
Englisch, zahlreiche Stammessprachen

Religionen:
Christen, Muslime, verschiedene traditionelle Religionen

Flagge eingeführt:
6. März 1957

Schnitt:
2:3

Das heutige Ghana war einst als Goldküste bekannt und wurde aus mehreren mächtigen Königreichen gebildet, darunter die der Fanti (an der Küste) und der Ashanti (Binnenland). Die ersten Europäer kamen 1471, und der lukrative Handel mit Gold, Elfenbein und Sklaven führte ab ca. 1600 zur Entstehung portugiesischer, holländischer, dänischer, schwedischer, britischer und französischer Handelsniederlassungen in der Region. Im Bündnis mit den Fanti verdrängten die Briten allmählich ihre europäischen Konkurrenten, gründeten 1874 die Kolonie Goldküste und besiegten 1898 die Ashanti. 1917 fiel auch der Westteil von Togo (bis dahin von Deutschland regiert) unter britische Verwaltung.

Als erste afrikanische Kolonie errang die Goldküste 1957 ihre Unabhängigkeit und benannte sich um in Ghana, nach dem großen, blühenden Handelsreich, das zwischen dem 5. und dem 13. Jahrhundert in der Region bestanden hatte.

Die bei Erreichen der Unabhängigkeit angenommene Flagge war die erste in den panafrikanischen Farben (Rot, Gelb, Grün und Schwarz, übernommen von den nationalen Farben Äthiopiens) und sollte Anregung für zahlreiche neue afrikanische Flaggen werden. Der schwarze Stern in der Mitte der Flagge soll der »einsame Stern« der Freiheit Afrikas sein und rührt wohl von der Black Star Line des Marcus Garvey her, einer von 1919 bis 1922 bestehenden Reederei, die Afro-Amerikaner von den Vereinigten Staaten nach Afrika zur Ansiedlung bringen sollte.

GRENADA

Offizieller Name:
Staat Grenada

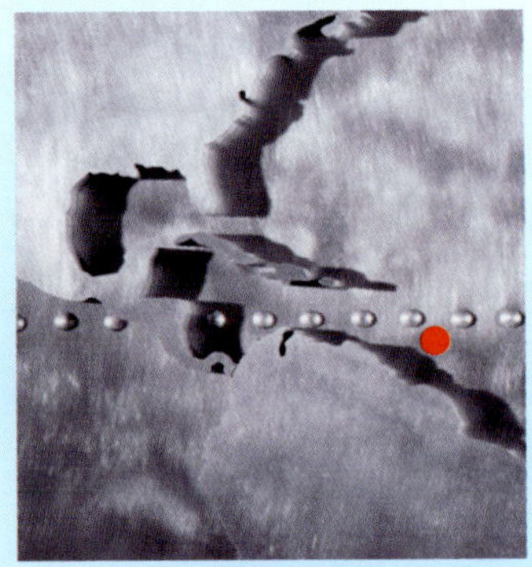

Die tropische Insel Grenada, die südlichste der Winward Islands, wurde zwar 1498 von Christoph Kolumbus entdeckt, aber der heftige Widerstand der einheimischen Kariben verhinderte eine Kolonisierung bis 1650, als die Franzosen St. George's gründeten. Grenada, 1783 an die Briten abgetreten, blieb Kolonie bis 1958 und war dann Mitglied der Föderation der Westindischen Inseln bis zu deren Auflösung 1962. Das Land erhielt 1967 die innere Selbstverwaltung und 1974 die volle Unabhängigkeit.

Die von 1967 bis 1974 verwendete Flagge Grenadas stellte die wichtigste natürliche Ressource der Insel dar: die Muskatnuss. Dieses Motiv blieb auch im Liek der Flagge, die Grenada beim Erreichen der Unabhängigkeit 1974 annahm. In der roten Kante, die an der heutigen Flagge zwei grüne und zwei gelbe Dreiecke einfasst, stehen sechs fünfzackige gelbe Sterne für die sechs Gemeinden St. Andrew, St. David, St. John, St. Mark, St. Patrick und Grenadines. Der siebente Stern in der roten Scheibe in der Mitte steht für die Stadt St. George's, die Hauptstadt Grenadas. Auch die Farben sind sinnbildlich: Das Rot symbolisiert Tapferkeit und Vitalität, das Grün Landwirtschaft und Vegetation und das Gelb Weisheit und Wärme.

Hauptstadt:
St. George's

Lage:
Karibik

Währung:
1 Ostkaribischer Dollar = 100 Cents

Sprachen:
Englisch, Kreolisch

Religion:
Katholiken

Flagge eingeführt:
7. Februar 1974

Schnitt:
3:5

GRIECHENLAND

Offizieller Name:
Elliniki Dhimokratia
(Hellenische Republik)

Hauptstadt:
Athen

Lage:
Südosteuropa

Währung:
1 Euro = 100 Cents

Sprache:
Griechisch

Religion:
Griechisch-Orthodoxe

Flagge eingeführt:
22. Dezember 1978

Schnitt:
2:3

Griechenlands Geschichte reicht viele tausend Jahre zurück, aber der moderne Staat entstand erst 1822 während des Unabhängigkeitskrieges (1821–32), als Griechenland seine Unabhängigkeit vom Osmanischen Reich erklärte und eine Monarchie unter Prinz Otto von Bayern etabliert wurde. Griechenlands neuere Geschichte kennt viele innere Konflikte, zivile Unruhen und Militärputsche. 1924 wurde die Monarchie abgeschafft und 1935 wieder eingeführt, sie blieb dann bis 1973 bestehen. 1974 wurde mit einer neuen Verfassung eine moderne Mehrparteiendemokratie begründet, die Hellenische Republik.

Die blau-weiß gestreifte Flagge mit einem weißen Kreuz auf blauem Feld im Obereck wird seit 1822 verwendet. Die neun Streifen sollen für die neun Silben des Wahlspruchs der griechischen Patrioten stehen: *Eleutheria a Thanatos* (Freiheit oder Tod), während das weiße Kreuz die griechisch-orthodoxe Religion symbolisiert. Von 1832 bis 1833 und auch von 1975 bis 1978 wurde die Flagge zu Lande durch ein einfaches weißes Kreuz auf blauer Grundfläche ersetzt. Das Blau hat sich im Laufe der Jahre von dem ursprünglichen Hellblau zu dem in den 1970er-Jahren eingeführten dunkleren Blau gewandelt. Auch die Proportionen haben sich verändert: von 2:3 ging man 1970 zu 7:12 über und kehrte 1978 zu 2:3 zurück.

GUATEMALA

Guatemala war vom 4. bis zum 9. Jahrhundert n. Chr. der Mittelpunkt der Maya-Kultur, und obgleich das Land von 1524 bis 1821 das Verwaltungszentrum von Spanisch-Mittelamerika war, haben die Maya im ländlichen Hochland von Guatemala bis heute ihre Identität bewahrt. Nachdem Guatemala 1821 seine Unabhängigkeit von Spanien erklärt hatte, war es bis 1839 Teil der Vereinigten Provinzen von Mittelamerika und hisste noch bis 1951 deren Flagge.

Wie die Flaggen anderer früherer Mitglieder der Vereinigten Provinzen beruht auch die Flagge Guatemalas noch auf der blauweißen Flagge der Föderation. Zwar riss 1951 eine prospanische Splittergruppe die Macht an sich und fügte Rot und Gelb in die Flagge ein, aber 1971 kehrten die Farben Blau und Weiß zurück, allerdings jetzt nicht mehr horizontal, sondern vertikal angeordnet. In der Mitte befindet sich das guatemaltekische Wappen, das 1871 von dem seit 1856 in Guatemala lebenden Schweizer Künstler Jean-Baptiste Frener (1821–97) entworfen wurde. Die gegenwärtige Form des Wappens, das zwei mit Lorbeerzweigen gebundene goldene Gewehre darstellt, wurde 1968 eingeführt. In seiner Mitte ist ein Pergament mit dem Datum der Unabhängigkeitserklärung abgebildet (*Libertad 15 de Septiembre 1821,* »Befreit am 15. September 1821«), darüber der Vogel Quetzal, das Symbol der Unabhängigkeit des Landes.

Offizieller Name:
República de Guatemala
(Republik Guatemala)

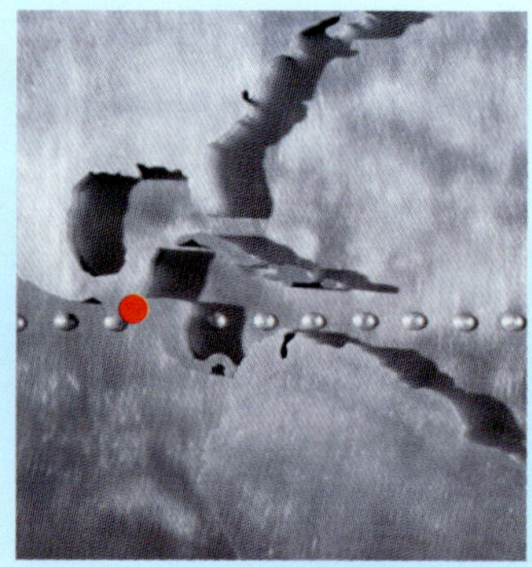

Hauptstadt:
Guatemala City

Lage:
Mittelamerika

Währung:
1 Guatemaltekischer Quetzal = 100 Centavos

Sprachen:
Spanisch, Mayadialekte

Religionen:
Katholiken, Protestanten

Flagge eingeführt:
12. August 1871

Schnitt:
5:8

GUINEA

Offizieller Name:
République de Guinée
(Republik Guinea)

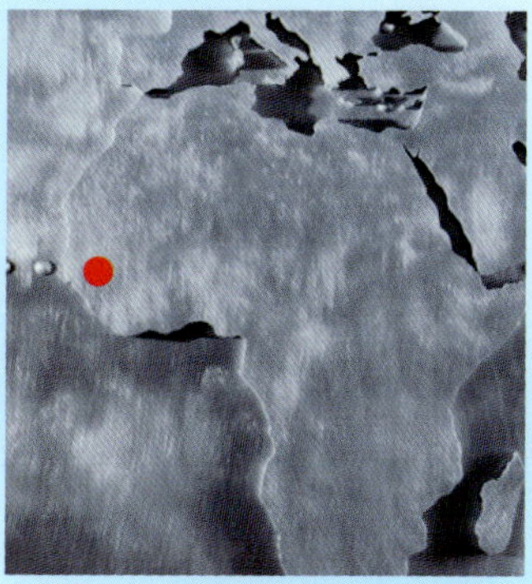

Hauptstadt:
Conakry

Lage:
Westafrika

Währung:
1 Guinea-Franc =
100 Centimes

Sprachen:
Französisch, Stammessprachen

Religionen:
Muslime, Christen,
traditionelle Religionen

Flagge eingeführt:
10. November 1958

Schnitt:
2:3

Das heute als Guinea bezeichnete Gebiet wurde vom 7. bis zum 15. Jahrhundert vom muslimischen Malireich regiert, und ab Mitte des 15. Jahrhunderts kamen Portugiesen, gefolgt von Briten und Franzosen, die hier den Sklavenhandel aufbauten. Frankreich erklärte 1849 die östliche Region Boké zum französischen Schutzgebiet und erweiterte dessen Territorium, bis 1891 die Kolonie Französisch-Guinea gegründet wurde. 1958 stimmte Guinea für eine völlige Trennung von Frankreich – im Unterschied zu anderen früheren Kolonien, die vor der Unabhängigkeit zunächst autonome Republiken wurden – musste aber dafür schwere Repressalien erleiden.

Trotzdem beeinflusste die französische Trikolore Gestaltung und Proportionen der neuen Flagge Guineas, die Farben dagegen sind die der panafrikanischen Einheitsbewegung. Die Symbolik der Farben wurde auch vom ersten Präsidenten Guineas, Samory Touré (1858–84) in einer Rede erläutert: Rot steht für das Blut der Freiheitskämpfer, aber auch für den Schweiß der Arbeiter, Gelb für das in Guinea gefundene Gold und die afrikanische Sonne, die allen Menschen Licht spendet, und Grün ist die Farbe der ländlichen Gegenden. Laut Touré widerspiegeln die drei Farben auch die Worte des nationalen Wahlspruchs von Guinea: *Travail, Justice, Solidarité* (Arbeit, Gerechtigkeit, Solidarität).

GUINEA-BISSAU

Die frühe Geschichte von Guinea-Bissau ist weitgehend unbekannt, sicher aber waren die größten ethnischen Gruppen des Landes, die Balante, Fulani, Pepel, Malinke und Mandyako, im 12. Jahrhundert bereits in der Region ansässig. Der erste Europäer, der Guinea-Bissau besuchte, war im Jahr 1446 der portugiesische Sklavenhändler Nuño Tristao, und in der Folgezeit wurde die Gegend ein Schwerpunkt des Sklavenhandels. Zwar wurde 1687 ein portugiesischer Posten in Bissau errichtet, der ab 1836 zusammen mit den Kapverden verwaltet wurde, aber die Kolonie Portugiesisch-Guinea wurde erst 1879 gegründet. In den 1950er-Jahren begannen sich nationale Gefühle zu äußern, und nach der Weigerung Portugals, dem Land die Unabhängigkeit zu gewähren, begann Guinea-Bissau einen Freiheitskrieg (1961–74) und erklärte sich 1973 für unabhängig. Die Flagge von Guinea-Bissau beruht auf der Flagge der *Partido Africano da Independencia da Guiné e Cabo-Verde* (Afrikanische Partei für die Unabhängigkeit Guineas und der Kapverden, PAIGC), die aus den panafrikanischen Farben und dem schwarzen Stern der afrikanischen Einheit bestand, die zuerst 1957 von Ghana verwendet wurden und auch für die »alte« Flagge der Kapverden Vorbild gewesen war. Die PAICG verwendet ihre ursprüngliche Flagge weiter, aber bei der Nationalflagge von Guinea-Bissau wurden die Initialen der Partei unter dem Stern weggelassen.

Offizieller Name:
República de Guiné-Bissau
(Republik Guinea-Bissau)

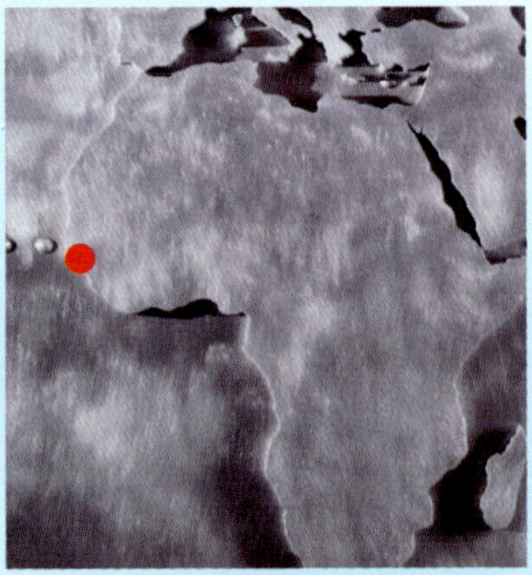

Hauptstadt:
Bissau

Lage:
Westafrika

Währung:
1 CFA-Franc = 100 Centimes

Sprachen:
Portugiesisch, Kreolisch

Religionen:
vorwiegend traditionelle Religionen, Muslime, Christen

Flagge eingeführt:
24. September 1973

Schnitt:
1:2

GUYANA

Offizieller Name:
Kooperative Republik Guyana

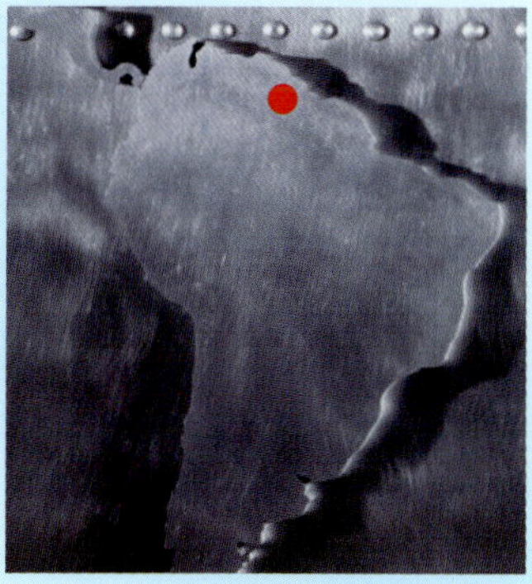

Hauptstadt:
Georgetown

Lage:
Südamerika

Währung:
1 Guyana-Dollar = 100 Cents

Sprachen:
Englisch, Hindi, Urdu, Kreolisch, indianische Sprachen

Religionen:
Hindus, Protestanten, Katholiken, Muslime

Flagge eingeführt:
26. Mai 1966

Schnitt:
3:5

Obwohl Guyana auf dem südamerikanischen Kontinent liegt, gleicht seine Geschichte der Geschichte der kleineren Westindischen Inseln insofern, als es nicht von den Spaniern oder Portugiesen, sondern 1620 von den Niederländern kolonisiert wurde. Die Kolonie wurde 1796 von den Briten eingenommen und 1831 mit Demerara, Berbice und Essequibo zu Britisch-Guayana verschmolzen, dessen Hauptstadt die frühere holländische Stadt Stabroek wurde, jetzt in Georgetown umbenannt. Nach über 150 Jahren der Kolonialherrschaft wurde Britisch-Guayana 1966 unabhängig und nahm den Namen Guyana an, ein indianisches Wort mit der Bedeutung »Land der Wasser«.

Die von Guyana bei Erreichen der Unabhängigkeit angenommene Flagge wird als »Goldene Pfeilspitze« bezeichnet, nach der Pfeilspitze, die über grüne Felder fliegt. Die Gestaltung von Whitney Smith widerspiegelt die physische Natur des Landes und die Dynamik seines Volkes. Die goldene Pfeilspitze steht für die reichen Bodenschätze, das rote Dreieck für die Dynamik der Staatsbildung, die schwarze Kante für die Ausdauer, die das vorwärtsdrängende Volk von Guyana erhält. Die Farbe Grün schließlich steht für die Landwirtschaft und die Wälder des Landes und die weiße Kante für die Flüsse und die spektakulären Wasserfälle (Kaieteurfälle am Potaro sind einer der höchsten einstufigen Wasserfälle der Welt).

HAITI

Offizieller Name:
République d'Haiti / Repüblik Dayti
(Republik Haiti)

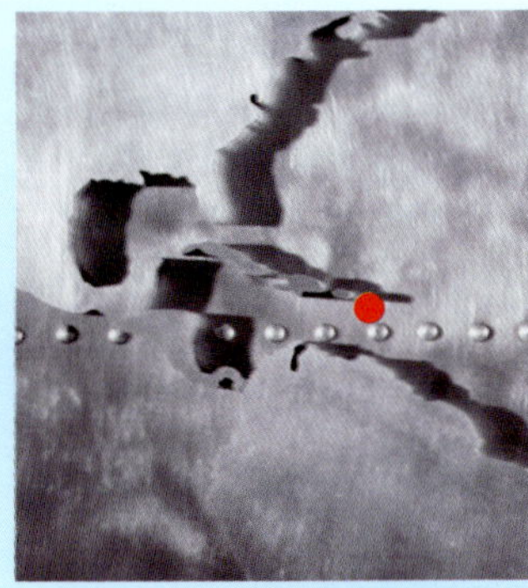

Hauptstadt:
Port-au-Prince

Lage:
Karibik

Währung:
1 Gourde = 100 Centimes

Sprachen:
Französisch, Kreolisch

Religionen:
Katholiken, Protestanten

Flagge eingeführt:
25. Februar 1986

Schnitt:
3:5

Haiti nimmt den Westen der Insel Hispaniola ein (Osten: Dominikanische Republik). Die Insel war zwar einst eine spanische Kolonie unter dem Namen Santo Domingo, aber der westliche Teil (Haiti) wurde Mitte des 17. Jahrhunderts von Franzosen kolonisiert und wurde 1697 offiziell französische Kolonie. Unter Führung von Toussaint L'Ouverture revoltierten 1790 die Sklaven, die als Plantagenarbeiter aus Afrika gebracht worden waren, übernahmen die Insel und schafften die Sklaverei ab. Frankreich entsandte Truppen, L'Ouverture wurde ermordet und die Sklaverei wieder eingeführt. 1804 wurde in einer von Jean-Jacques Dessalines und Henri Christophe geführten Revolte die Unabhängigkeit ausgerufen.

Die erste haitische Flagge wurde 1803 aus den Resten der französischen Trikolore zusammengesetzt, die Dessalines zerrissen haben soll. Das blaue und das rote Stück wurden horizontal zusammengenäht als Sinnbild für die schwarze und die mulattische Bevölkerungsgruppe. Von 1956 bis 1986 wurde Haiti von François Duvalier (»Papa Doc«) und seinem Sohn Jean-Claude (»Baby Doc«) regiert, die mithilfe ihrer berüchtigten Armee, der *Tontons Macoutes,* herrschten. In dieser Zeit wurde eine zweite Flagge mit vertikalen schwarzen und roten Streifen verwendet. Die alte blau-rote Flagge wurde nach dem Ende des Duvalier-Regimes wieder eingeführt.

Anmerkung *Die haitische Nationalflagge kommt in unterschiedlichen Proportionen vor, und manchmal befindet sich in der Mitte ein weißes Quadrat mit einem Wappen darin.*

HONDURAS

Offizieller Name:
República de Honduras
(Republik Honduras)

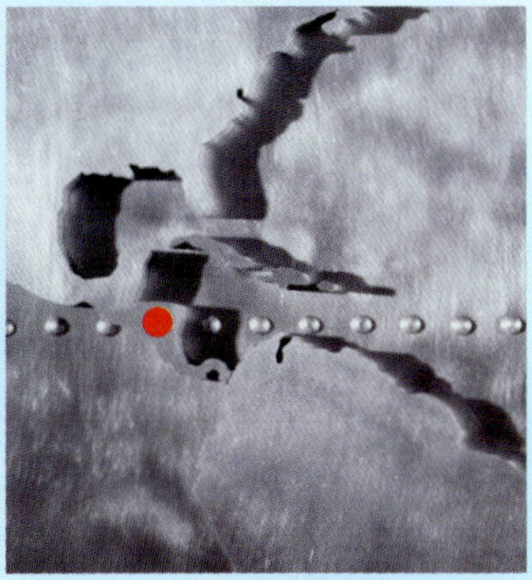

Hauptstadt:
Tegucigalpa

Lage:
Mittelamerika

Währung:
1 Honduranischer Lempira = 100 Centavos

Sprachen:
Spanisch, Englisch, verschiedene indianische Dialekte

Religion:
Katholiken

Flagge eingeführt:
16. Februar 1866

Schnitt:
1:2

Honduras, eine der größten mittelamerikanischen Republiken, war Teil der Mayakultur (und eine Mayapyramide ist Hauptbestandteil des Staatswappens). Christoph Kolumbus erreichte das Gebiet 1502, und ab 1526 wurde es von Spanien kolonisiert. Am 15. September 1821 wurde Honduras von Spanien unabhängig, bildete zusammen mit Nicaragua, El Salvador, Guatemala und Costa Rica die Vereinigten Provinzen von Mittelamerika und nahm die blau-weiße Flagge der Föderation mit einem dreieckigen Emblem in der Mitte an. Die blauen Streifen der Flagge sollen das Karibische Meer und den Pazifik darstellen (außer El Salvador waren alle Mitgliedsstaaten der Vereinigten Provinzen Anrainer beider Meere). Honduras trennte sich jedoch 1839 von den Vereinigten Provinzen und erklärte im folgenden Jahr seine Unabhängigkeit.

Wie die anderen ehemaligen Mitglieder der Vereinigten Provinzen behielt Honduras die dreistreifige blau-weiße Flagge der Föderation bei, setzte aber 1866 ein neues Emblem aus fünf blauen Sternen in die Mitte. Diese sind unterschiedlich gedeutet worden: als Symbol für die ursprünglichen fünf Staaten der Vereinigten Provinzen oder als Symbol für die Hoffnung, dass wieder eine ähnliche Organisation in Mittelamerika zustande kommt.

INDIEN

Offizieller Name:
Bharatavarsha
(Republik Indien)

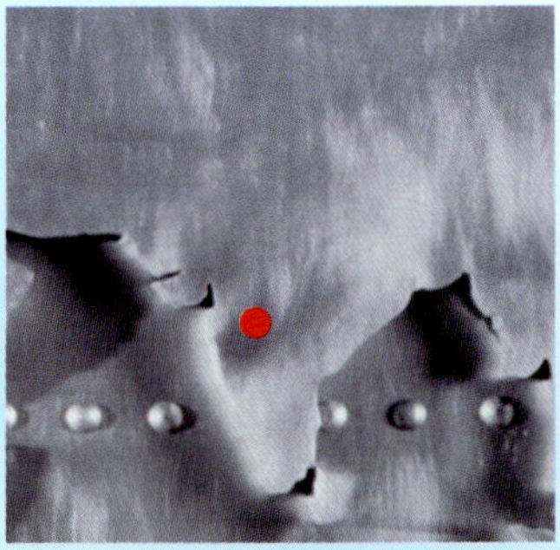

Hauptstadt:
Neu-Delhi

Lage:
Südasien

Währung:
1 Indische Rupie = 100 Paisa

Sprachen:
Englisch, Hindi (mindestens 18 Hauptsprachen und über 1000 Regionalsprachen und Dialekte)

Religionen:
Hindus, Christen, Sikhs, Muslime, Buddhisten, Jainas

Flagge eingeführt:
22. Juli 1947

Schnitt:
2:3

Die lange Geschichte Indiens reicht bis zur Industalkultur von ca. 2500 bis 1700 v. Chr. zurück, und große Reiche und regionale Königreiche bestanden in Indien viele hundert Jahre lang, bis die Briten 1757 begannen, den riesigen Subkontinent zu erobern. Die britische Expansion war 1858 abgeschlossen, und bis 1947 blieb Indien »British Raj«. Der wachsende indische Nationalismus wurde in dem 1885 gegründeten Indischen Nationalkongress (INC) gebündelt. Die Unabhängigkeit 1947 brachte auch die Teilung des Subkontinents in das überwiegend hinduistische Indien und das vorwiegend muslimische Pakistan mit sich.

Die von Indien 1947 angenommene Flagge beruht auf der Flagge des INC, deren Farben den Hinduismus (Orange), Islam (Grün) und das Verlangen nach Einheit und Frieden (Weiß) symbolisieren. Die Flagge des INC, die 1941 als »offizielle« Flagge Indiens in Berlin gehisst wurde, hatte in der Mitte ein Spinnrad. Dieses Emblem nimmt Bezug auf Mahatma Gandhis Aufruf zur ökonomischen Selbstständigkeit durch Spinnen von Hand. Bei der Erreichung der Unabhängigkeit wurde das Spinnrad durch das Ashoka-Chakra ersetzt, das »Rad des Gesetzes« des Kaisers Ashoka im 3. Jahrhundert, im Buddhismus das Symbol für Fortschritt und Veränderung; die 24 Speichen des Rades entsprechen den 24 Stunden des Tages.

INDONESIEN

Offizieller Name:
Republik Indonesien

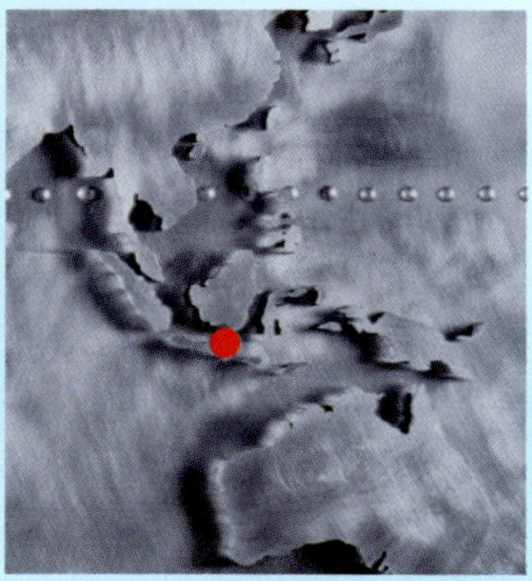

Hauptstadt:
Jakarta

Lage:
Südostasien

Währung:
1 Indonesische Rupie = 100 Sen

Sprachen:
Bahasa Indonesia, Javanisch, Sundanesisch, Niederländisch

Religionen:
Christen, sunnitische Muslime

Flagge eingeführt:
17. August 1945

Schnitt:
2:3

Das mächtige buddhistische Königreich Srivijaya stand vom 7. bis zum 13. Jahrhundert n. Chr. auf Sumatra in Blüte, trat aber zwischen dem 13. und 15. Jahrhundert hinter das Hindureich Majapahit auf Java zurück. Im 16. Jahrhundert war der von arabischen Händlern in die Region gebrachte Islam an die Stelle der beiden anderen Religionen getreten. Gleichzeitig waren Niederländer, Engländer und Portugiesen dort aktiv, und 1595 brachten die Niederlande Indonesien unter ihre Kontrolle und machten es 1799 zu einer von der Niederländischen Ostindien-Kompanie verwalteten Kolonie. 1949 wurde Indonesien unabhängig.

Die indonesische Flagge beruht auf dem neunstreifigen rot-weißen Banner des Majapahit-Reiches. (Der wachsende Nationalismus in den 1920er-Jahren hatte zur Wiederentdeckung der »heiligen« Farben Rot und Weiß geführt, womit die Opposition gegen die niederländische Herrschaft symbolisiert wurde. Die rot-weiße Flagge wurde 1928 erstmals gehisst.) Der offizielle Name der Flagge ist *Sang Saka* (Stolze Bikolore), meist wird sie aber *Merah Putih* (Rot-Weiß) genannt. Der rote Streifen steht für das physische Leben, der weiße für die spirituelle Existenz; zusammen symbolisieren sie den ganzheitlichen Menschen, Körper und Geist. Die Flagge wurde als Nationalflagge 1945 angenommen und blieb auch nach dem Unabhängigkeitskampf (1945–49) in Gebrauch.

IRAK

Offizieller Name:
Al Jumhuriyah al'Iraqiyah
(Republik Irak)

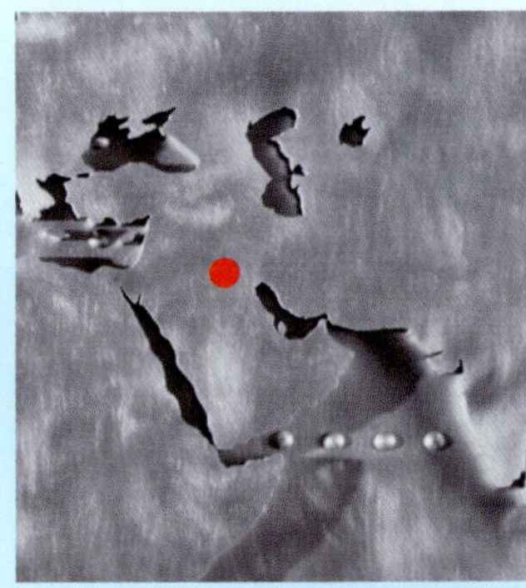

Hauptstadt:
Bagdad

Lage:
Südwestasien

Währung:
1 Irakischer Dinar = 1000 Fils

Sprachen:
Arabisch, Kurdisch

Religion:
Muslime

Flagge eingeführt:
Ersteinführung 31. Juli 1963, geändert 13. Januar 1991

Schnitt:
2:3

Der Irak war einst Teil des Osmanischen Reiches, wurde 1920 Monarchie unter britischem Mandat und erreichte 1932 die volle Unabhängigkeit. Die erste, 1920 verwendete Flagge der »Unabhängigkeit« war eine schwarz-weiß-grüne horizontal gestreifte Trikolore mit einem roten Trapezoid am Liek und zwei siebenzackigen Sternen. Durch eine Revolution wurde 1958 die Königsfamilie abgesetzt und im folgenden Jahr eine neue Flagge mit vertikalen Streifen in Schwarz, Weiß und Grün mit einer gelben Scheibe in einem achtzackigen Stern in der Mitte angenommen. Diese Flagge wurde bis 1963 verwendet.

Von 1963 bis 1991 war eine dritte Flagge mit drei horizontalen Streifen in Rot, Weiß und Grün in Gebrauch, auf deren weißem Streifen drei grüne Sterne verteilt waren. Das war ein Bezug auf die damalige ägyptische Flagge. Die drei Sterne wurden in die irakische Flagge aufgenommen in Erwartung einer politischen Union des Irak mit Ägypten und Syrien, die dann doch nicht zustande kam. Aus dieser Flagge wurde die heutige irakische Flagge entwickelt, die Worte *Allah Akhbar* (Gott ist allmächtig) in arabischer Schrift wurden 1991 während des Golfkrieges eingefügt. Die vier panarabischen Farben der Flagge symbolisieren die idealen Eigenschaften der Muslime: Tapferkeit (Rot), Großzügigkeit (Weiß) und Frömmigkeit (Grün) sowie die Triumphe des Islam (Schwarz).

***Anmerkung** Bei der irakischen Flagge muss das Liek rechts vom Betrachter sein, da die arabische Schrift von rechts nach links gelesen wird.*

IRAN

Offizieller Name:
Jomhuri-ye Eslami-ye Iran
(Islamische Republik Iran)

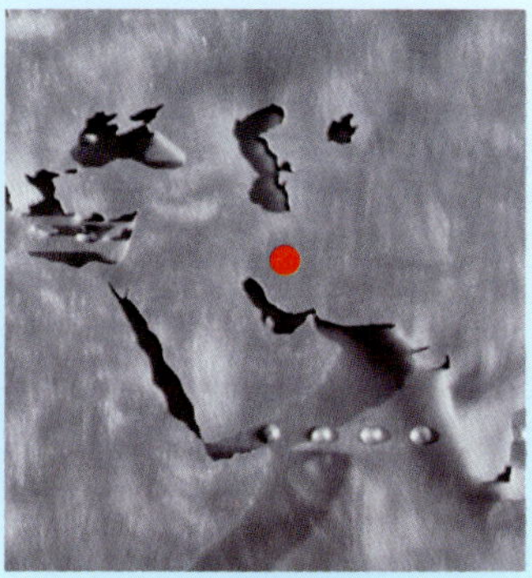

Hauptstadt:
Teheran

Lage:
Südwestasien

Währung:
1 Touman = 10 Rial =
100 Dinar

Sprachen:
Persisch, Turksprachen,
Kurdisch

Religionen:
Schiitische Muslime, Christen

Flagge eingeführt:
29. Juli 1980

Schnitt:
4 : 7

1979 wurde der Schah (König) von Iran – bis 1935 als Persien bezeichnet – nach einer von dem schiitischen Geistlichen Ayatollah Khomeini geführten Revolution gestürzt, und der Iran erklärte sich zur islamischen Republik.

Die Farben der 1980 angenommenen Nationalflagge – Grün (Symbol des Islam), Weiß (Frieden) und Rot (Tapferkeit) – stammen aus dem 18. Jahrhundert und wurden 1907 als horizontale Streifen in der Reihenfolge Grün-Weiß-Rot angeordnet. Das ursprüngliche Mittelemblem, Löwe und Schwert, wurde 1980 durch Embleme der islamischen Revolution ersetzt. Die vier Halbmonde und das Schwert stehen für das Wort *Allah* (Gott), und die fünf Teile des Emblems entsprechen den fünf Prinzipien des Islam. Über dem Schwert befindet sich ein *tashid* (an einen Schnurrbart oder den Buchstaben »w« erinnernd), in der arabischen Schrift ein Zeichen zur Verdopplung eines Buchstaben. Hier wird also symbolisch die Kraft des Schwertes verdoppelt. Die Form des Emblems erinnert auch an eine Tulpe (nach altem Glauben sollen rote Tulpen auf den Gräbern von Märtyrern und Patrioten wachsen). An den Grenzlinien der Streifen stehen in stilisierter kufischer Schrift 22-mal die Worte *Allah Akhbar* (Gott ist groß). Diese Zahl ist das Datum im persischen Jalali-Kalender, an dem 1979 die islamische Revolution begann.

Anmerkung *Bei der iranischen Flagge muss das Liek rechts vom Betrachter sein, da die arabische Schrift von rechts nach links gelesen wird.*

IRLAND

Offizieller Name:
Poblacht na hÉireann
(Republik Irland)
informell: Eire

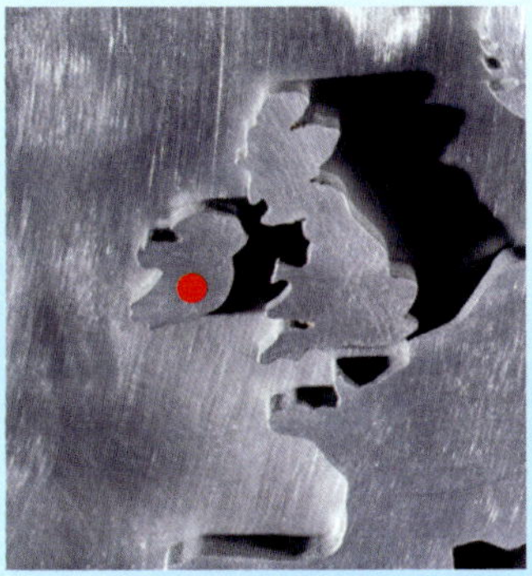

Die ersten anglo-normannischen Abenteurer drangen 1167 in Irland ein, und gegen Ende des Mittelalters war England zu einer Politik der Eroberung, Enteignung und Besiedelung irischen Bodens übergegangen, die im weiteren Verlauf zur Unterordnung der politischen und wirtschaftlichen Interessen Irlands führte. Die traditionelle irische Flagge zeigte auf grüner Grundfläche das Emblem von Brian Ború, dem irischen König im 11. Jahrhundert, mit der goldenen Harfe, und diese »Grüne Flagge« wurde im 19. Jahrhundert, als die *Home Rule*-Bewegung stärker wurde, zum Symbol für die Unabhängigkeit Irlands.

1848, in dem Jahr der Revolutionen in ganz Europa, enthüllte Thomas Francis Meagher, ein Führer der *Young Irelanders*-Bewegung, in Waterford öffentlich eine Trikolore in Grün, Weiß und Orange, deren Gestaltung an die französische Trikolore angelehnt war. Während des Osteraufstandes von 1916 besetzten irische Nationalisten die Hauptpost in Dublin, proklamierten eine Republik und nahmen diese Trikolore als Nationalflagge an.

Nach Gründung des Freistaates Irland 1921 wurde die Trikolore offiziell bestätigt und 1937 in der Verfassung festgeschrieben.

Das Grün in der Flagge steht für die gälischen und katholischen Gemeinden, Orange für die irischen Protestanten (ursprünglich Anhänger von Wilhelm von Oranien), während Weiß Frieden und Einheit der beiden Glaubensbekenntnisse symbolisiert.

Hauptstadt:
Dublin

Lage:
Westeuropa

Währung:
1 Euro = 100 Cents

Sprachen:
Irisch, Englisch

Religion:
Katholiken, Protestanten

Flagge eingeführt:
durch Verfassung bestätigt:
29. Dezember 1937

Schnitt:
1:2

ISLAND

Offizieller Name:
Lydveldid Ìsland
(Republik Island)

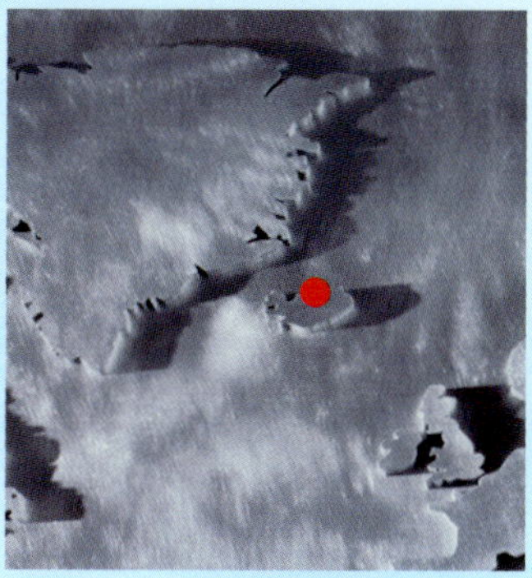

Hauptstadt:
Reykjavik

Lage:
Nordatlantik/Nordwesteuropa

Währung:
1 Isländische Krone =
100 Aurar

Sprache:
Isländisch

Religion:
Lutheraner

Flagge eingeführt:
19. Juni 1915

Schnitt:
18:25

Island wurde 874 n. Chr. von Wikingern aus Norwegen eingenommen, die 930 n. Chr. eine Republik und ein Parlament gründeten, das heute das älteste in Europa ist. Island nahm im Jahr 1000 das Christentum an und akzeptierte um 1263 die norwegische Oberherrschaft, um einen bitteren Bürgerkrieg zu beenden. Mit Norwegen kam 1380 auch Island unter dänische Herrschaft und blieb bei Dänemark, als Norwegen 1814 unabhängig wurde. Im Laufe des 19. Jahrhunderts wuchs der isländische Nationalismus, und 1918 wurde Island unabhängig, blieb aber durch das gemeinsame Königshaus noch mit Dänemark verbunden. 1944 stimmten die Bürger Islands in einem Referendum für die völlige Unabhängigkeit.

Islands erste, inoffizielle Nationalflagge war ein ab 1897 verwendetes weißes skandinavisches Kreuz auf dunkelblauem Grund. Die gegenwärtige isländische Flagge folgt dem Vorbild der dänischen, wurde 1915 eingeführt und 1918 offiziell angenommen, als Island ein eigenes dänisches Reich war und das Rot der norwegischen und der dänischen Flagge zum traditionellen Blau und Weiß der isländischen Flagge hinzukam. Die Farben symbolisieren auch die isländische Landschaft: Rot für das Feuer (Island hat über 100 Vulkane), Blau für das Wasser (die spektakulären Geysire, Seen und reißenden Flüsse Islands) und Weiß für das Eis (fast 15 % des Landes sind von Schneefeldern und Gletschern bedeckt).

ISRAEL

Die jüdische Bewegung des Zionismus, deren Ziel die Schaffung einer nationalen Heimat für die Juden ist, wurde in den 1890er-Jahren ins Leben gerufen. In den 1920er-Jahren wurde Palästina, das Geburtsland des Judaismus und der geografische Ort des alten Reiches Israel, zum Ziel jüdischer Einwanderer. 1947 wurde, nach der UN-Resolution 147 über Palästina, der Staat Israel in Palästina gegründet.

Die israelische Nationalflagge ist jedoch über 50 Jahre älter, wurde sie doch 1891 von David Wolfsohn für die zionistische Bewegung entworfen. Die Flagge trägt den *Magen David* (Schild Davids), einen aus zwei Dreiecken gebildeten sechszackigen Stern, der nach der Legende auf dem Schild Davids erschien, der den Riesen Goliath erschlug und der Vater des Königs Salomo war. Auch Salomo verwendete das Emblem auf seinem Ring, daher wird der Stern auch »Salomonssiegel« genannt. Der *Magen David* (Davidsstern) wurde erstmals 1354 in Prag als offizielles jüdisches Symbol verwendet, als die jüdische Gemeinde das Recht erhielt, eine eigene Flagge zu führen, und wurde in der Folge zu einem Symbol des Judaismus in der ganzen Welt. Das Blau-Weiß der israelischen Flagge soll von den *tallit* herrühren, den jüdischen Gebetsschals.

Offizieller Name:
Medinat Yisrael
(Staat Israel)

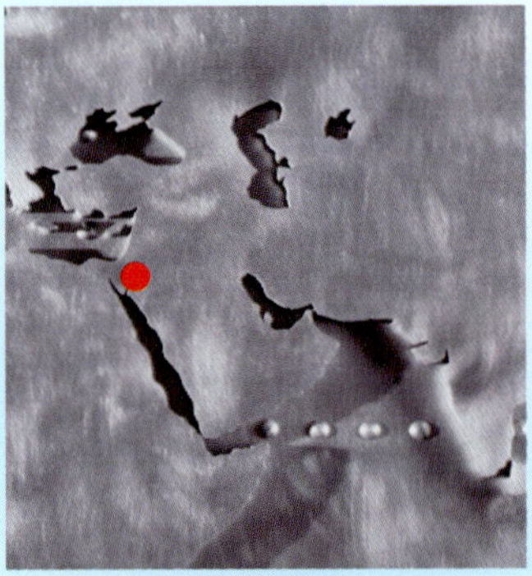

Hauptstadt:
Jerusalem

Lage:
Südwestasien

Währung:
1 Neuer Schekel = 100 Agorot

Sprachen:
Hebräisch, Arabisch

Religionen:
Juden, Muslime

Flagge eingeführt:
12. November 1948

Schnitt:
8:11

ITALIEN

Offizieller Name:
Republica Italiana
(Republik Italien)

Hauptstadt:
Rom

Lage:
Südeuropa

Währung:
1 Euro = 100 Cents

Sprachen:
Italienisch in mehreren regionalen Varianten (Neapolitanisch, Sizilianisch, Sardinisch u. a.)

Religion:
Katholiken

Flagge eingeführt:
19. Juni 1946

Schnitt:
2:3

Die Ansammlung von Stadtstaaten, Herzogtümern und Königreichen, die das damalige Italien ausmachten, wurden zwischen 1796 und 1814 unter französischer Herrschaft vereint und so mit den Prinzipien der französischen Revolution bekannt. Nach dem Fall Napoleons wurde Italien jedoch wieder geteilt (zwischen Österreich, dem Papsttum, den Königreichen Sardinien und Neapel sowie vier kleineren Herzogtümern). Trotz der Zerteilung des Landes blieben nationale Ideale in Italien lebendig, und die *Risorgimento*-Bewegung (Wiedererweckung) gewann ab 1830 Einfluss und gipfelte im Feldzug von Graf Cavour und Giuseppe Garibaldi und schließlich 1861 in einem vereinten italienischen Königreich. Nach einem Referendum im Jahr 1946 wurde die Monarchie abgeschafft und Italien wurde Republik. Die italienische Trikolore ist von der Standarte abgeleitet, die Napoleon bei seinem Italienfeldzug 1796 führte, wobei die Gestaltung von der französischen Trikolore und die Farben Grün und Weiß von der Uniform der Bürgermiliz von Mailand inspiriert sind. Rot kam hinzu, als daraus 1796 die Nationalgarde wurde, und Grün-Weiß-Rot wurden schließlich die Nationalfarben Italiens.

Die Anordnung der Farben war zunächst (1796–1798) horizontal und wurde dann zur gegenwärtigen Form geändert. 1861, im Geburtsjahr des Königreiches Italien, wurde das Wappen des Hauses von Savoyen eingefügt, dem der neue König, Victor Emmanuel I., entstammte. Bei der Ausrufung der Republik 1946 wurde das Wappen entfernt, und es entstand die heutige Flagge.

JAMAIKA

Offizieller Name:
Jamaika

Hauptstadt:
Kingston

Lage:
Karibik

Währung:
1 Jamaikanischer Dollar = 100 Cents

Sprache:
Englisch

Religionen:
Protestanten, Katholiken, Rastafari

Flagge eingeführt:
6. August 1962

Schnitt:
1:2

Die ursprünglich vom Volk der Arawak bewohnte Insel Jamaika wurde 1494 von Christoph Kolumbus entdeckt und für Spanien beansprucht. Die Spanier beherrschten die Insel, bis sie 1655 britische Kolonie wurde. Nachdem Jamaika 1958 die Selbstverwaltung erhalten hatte, trat es der Föderation der Westindischen Inseln bei, bevor es 1962 völlig unabhängig wurde.

Die Flagge von Jamaika ist das Ergebnis eines nationalen Wettbewerbs. Ein Schrägbalkenkreuz, das aber keinerlei religiöse Bedeutung hat, bestimmt die Gestaltung. Die goldenen Balken des Kreuzes teilen die Grundfläche in vier Dreiecke: zwei grüne oben und unten und zwei schwarze am Liek und im fliegenden Rand. Die Farben sind einerseits panafrikanisch und erinnern an die afrikanische Herkunft vieler Jamaikaner; Gold, Grün und Schwarz symbolisieren aber auch die karibische Sonne und die natürlichen Reichtümer Jamaikas; seine reiche Landwirtschaft (mit mehr als 200 blühenden Pflanzen sowie natürlich vorkommenden und kultivierten Bäumen) und seine Hoffnungen für die Zukunft; aber auch die Härten, die das Volk ertragen muss. Zusammen stehen die Farben für die Devise der Jamaikaner: »Es mag Lasten und Härten geben, aber wir halten die Hoffnung fest, und die Sonne scheint trotz allem.«

Offizieller Name:
Nihon Koku, informell Nihon oder Nippon
(Japan)

Hauptstadt:
Tokio

Lage:
Ostasien

Währung:
1 Yen = 100 Sen

Sprachen:
Japanisch, Koreanisch, Chinesisch

Religionen:
Shintoisten, Buddhisten, Christen

Flagge eingeführt:
27. Januar 1870

Schnitt:
2:3

Vom 12. bis in die Mitte des 19. Jahrhunderts musste das japanische Kaisertum, das schon seit dem 7. Jahrhundert bestand, seine Macht mit den Shogun (militärischen Herrschern) teilen. Der erste Kontakt mit Europäern war die Ankunft portugiesischer Händler im Jahr 1542, denen bald Spanier und Niederländer folgten. Franziskus Xaverius brachte 1549 das Christentum nach Japan, aber man fürchtete dort, dass durch die religiöse Bekehrung eine Invasion vorbereitet werden solle, und vertrieb in der Folgezeit die meisten Fremden und isolierte sich vom Rest der Welt. Dieser Zustand dauerte bis 1853, als Handelsbeziehungen zu den USA aufgenommen wurden.

Die japanische Flagge stammt aus dem Jahr 1870, als die Macht von den Shogun wieder an das Kaiserhaus Meiji überging. Die Flagge mit der offiziellen Bezeichnung *Hi-no-maru* (Sonnenscheibe) ist sowohl das *Mon* (Emblem) des Staates als auch visuelle Darstellung des Namens Japan, denn *Nihon* heißt »Ursprung der Sonne«. Eine Legende besagt, dass die japanischen Kaiser von der Sonne abstammen, und *Hi-no-maru* ist seit dem 14. Jahrhundert ein kaiserliches Abzeichen. Die gegenwärtige Flagge unterscheidet sich geringfügig von der des Jahres 1870, die bei einer Gesamtproportion von 7:10 die Sonnenscheibe etwas näher am Liek hatte. 1999 wurde per Gesetz ein Schnitt von 2:3 und die Position der Sonnenscheibe in der Mitte festgelegt.

JEMEN

Offizieller Name:
Al-Jumhuriyah al-Yamaniyah
(Republik Jemen)

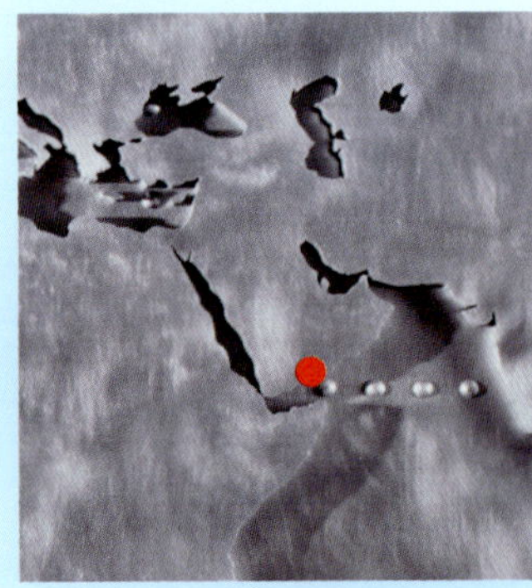

Hauptstadt:
Sanaa

Lage:
Südwestasien

Währung:
1 Jemen-Dinar = 26 Rials
1 Rial = 100 Fils

Sprache:
Arabisch

Religion:
Muslime

Flagge eingeführt:
22. Mai 1990

Schnitt:
2:3

Die Türken okkupierten einst das heute als Jemen bezeichnete Gebiet und wurden erst 1911 vertrieben, als der Imam Yahya dem Land die Unabhängigkeit sicherte. Die erste Flagge des unabhängigen Jemen war rot, mit einem horizontalen weißen Schwert und fünf weißen Sternen für die fünf Pflichten eines frommen Muslims.

Großbritannien, das Aden 1839 als Station am Weg nach Indien gegründet hatte, brachte den südlichen Jemen allmählich unter seine Kontrolle und errichtete 1937 offiziell das Protektorat Aden. 1962 führte ein bewaffneter Aufstand gegen die britische Herrschaft zu einer republikanischen Bewegung im Norden, aus der die Arabische Republik Jemen, oder Nordjemen, hervorging, während der Süden 1967 als Demokratische Volksrepublik Jemen, oder Südjemen, seine Unabhängigkeit errang. Von 1963 bis 1986 gab es zwischen den beiden rivalisierenden jemenitischen Staaten oft Bürgerkrieg, bis 1990 durch friedliche Einigung die Republik Jemen entstand.

Vorher hatten beide Länder Flaggen nach dem Vorbild der ägyptischen panarabischen Flagge geführt: Trikoloren in Rot, Schwarz und Weiß. Die Flagge des säkularen und sozialistischen Südjemen trug ein blaues Dreieck (als Symbol für das jemenitische Volk) und den roten Stern des Sozialismus, während die des islamischen Nordjemen einen fünfzackigen grünen Stern als Symbol der arabischen Einheit im weißen Mittelstreifen hatte. Die gemeinsame Nationalflagge entstand, indem beide Embleme weggelassen wurden.

Offizieller Name:
Al-Mamlaqa al-Urduniyya al-Hashimiyya
(Haschemitisches Königreich Jordanien)

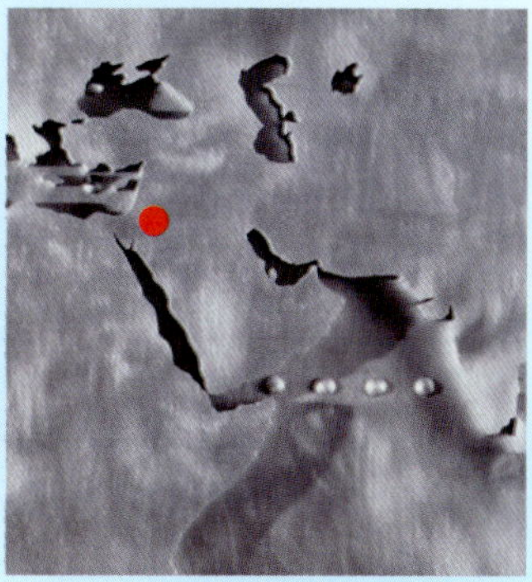

Hauptstadt:
Amman

Lage:
Südwestasien

Währung:
1 Jordanischer Dinar = 1000 Fils

Sprache:
Arabisch

Religion:
Sunnitische Muslime

Flagge eingeführt:
16. April 1928

Schnitt:
1:2

Einst Teil des Byzantinischen Reiches, kam Jordanien im 16. Jahrhundert an das Osmanische Reich, bis dieses nach dem Ersten Weltkrieg aufgelöst wurde. 1920 gab der Völkerbund Großbritannien das Mandat zur Verwaltung des Gebietes östlich des Jordan, damals Transjordanien genannt. 1923 wurde Transjordanien ein eigenes Emirat und erreichte 1946 die volle Unabhängigkeit als Königreich Jordanien unter Amir Abdullah (1880–1951).

Die jordanische Flagge ist von der Flagge des Arabischen Aufstandes abgeleitet, die Syrien, Irak und Jordanien 1917 während ihres Kampfes gegen die Osmanenherrschaft führten. 1920 wurde die Reihenfolge der Farben auf Schwarz-Weiß-Grün festgelegt. Die Farben sind die der nationalistischen panarabischen Bewegung, wobei der schwarze, weiße und grüne Streifen die arabischen Dynastien der Abbasiden, Umayyaden bzw. Fatimiden repräsentieren, während das zusammenfassende rote Dreieck am Liek für die Herrschaft der haschemitischen Könige steht, deren letzter lebender Vertreter der König von Jordanien ist, und für deren Abkunft vom Propheten Mohammed. 1928, nachdem Jordanien als Emirat nominell unabhängig geworden war, wurde der Stern des Islam in die Flagge eingefügt, dessen sieben Zacken für die *Fatiha* stehen, die ersten sieben Suren des Koran.

JUGOSLAWIEN

Offizieller Name:
Savezna Republika Jugoslavija
(Bundesrepublik Jugoslawien)

Hauptstadt:
Belgrad

Lage:
Südliches Mitteleuropa

Währung:
1 Jugoslawischer Neuer Dinar = 100 Paras

Sprachen:
Serbisch, Albanisch, Ungarisch

Religionen:
Serbisch-Orthodoxe, Katholiken, Muslime

Flagge eingeführt:
27. April 1992

Schnitt:
1:2

Nach Beherrschung der Region durch das Osmanische Reich und Österreich-Ungarn wurde im Dezember 1918 ein Königreich der Serben, Kroaten und Slowenen gebildet, dem sich Montenegro wenig später anschloss. 1929, unter dem serbischen König Alexander I., wurde das Land in Jugoslawien, »Land der Südslawen«, umbenannt. Nach dem Zweiten Weltkrieg proklamierte Josip Broz (Marschall Tito), der Führer der jugoslawischen Widerstandsbewegung, die Bildung der Föderativen Volksrepublik Jugoslawien, der Bosnien und Herzegowina, Kroatien, Montenegro, Serbien und Slowenien angehörten. Ethnische Spannungen und eine wirtschaftliche Krise führten 1991 zum Zusammenbruch der Föderation, und als die ehemaligen Mitgliedsstaaten begannen, sich unabhängig zu erklären, brach Bürgerkrieg aus. Ein Jahr später bildeten Serbien und Montenegro einen Staat, den sie als Nachfolgestaat Jugoslawiens sehen, die Bundesrepublik Jugoslawien.

Vor der Bildung Jugoslawiens im Jahre 1929 hatten fast alle Mitgliedsstaaten die rot-weiß-blaue panslawische Flagge geführt, und um die Flagge des neuen Staates davon zu unterscheiden, wurde die horizontale Anordnung der Farben auf Blau-Weiß-Rot festgelegt und das königliche Wappen in die Mitte gesetzt. In der kommunistischen Zeit wurde das Wappen durch einen roten, golden abgesetzten »Partisanenstern« ersetzt, der nach Auflösung der Föderation 1991 entfernt wurde, sodass die jugoslawische Flagge nun unverziert ist.

KAMBODSCHA

Offizieller Name:
Reacheanachak Kampuchea
(Königreich Kambodscha)

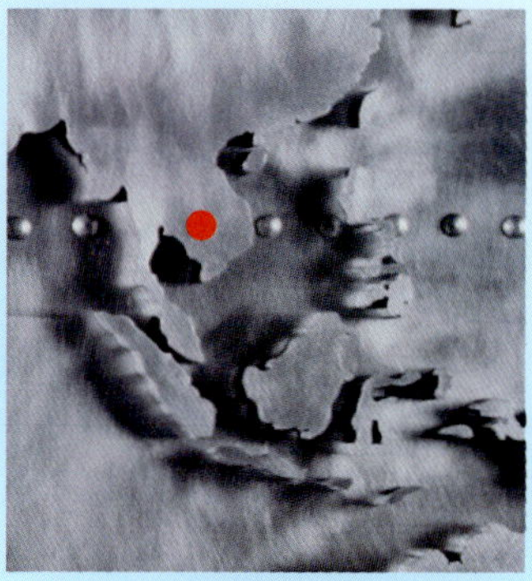

Hauptstadt:
Phnom Penh

Lage:
Südostasien

Währung:
1 Riel = 100 Sen

Sprache:
Khmer

Religionen:
Buddhisten, Hindus, Muslime

Flagge eingeführt:
30. Juni 1993

Schnitt:
2:3

Im 9. Jahrhundert gründete der Khmer-König Jayavaran II. das Angkor-Reich, das über 600 Jahre lang den Großteil Südostasiens beherrschen sollte. 1863 wurde ein französisches Protektorat errichtet, das (mit Ausnahme des Zweiten Weltkrieges) bis 1953 bestand, obwohl dem Namen nach die Monarchie an der Macht blieb. 1955 dankte König (jetzt Prinz) Norodon Sihanouk ab, um eine breite Koalitionsregierung zu führen. 1970 wurde er gestürzt und die Republik der Khmer ausgerufen, die wiederum 1975 durch die kommunistischen Roten Khmer unter Pol Pot abgeschafft wurde. 1979 stürzten die Gegner der Roten Khmer das Regime von Pol Pot und gründeten die Volksrepublik Kampuchea. Der neue Staat Kambodscha sagte 1989 dem Sozialismus ab, 1993 wurde die Monarchie wieder errichtet und der Name des Landes in Königreich Kambodscha geändert.

Nachdem seit 1948 fünf verschiedene Flaggen verwendet worden sind, ist jetzt wieder die am 29. Oktober 1948 als erste offiziell angenommene Flagge in Gebrauch. Alle Flaggen enthielten eine Darstellung von Kambodschas berühmtestem Wahrzeichen, dem Tempel Angkor Vat aus dem 12. Jahrhundert. In der Kosmologie der Khmer stellt der Sockel des Tempels den Berg Meru, das Gebäude des Universums dar, während sich an der Spitze des Tempels das Heiligtum Cambhus, des göttlichen Weltenschöpfers, befindet. Die blauen Streifen oben und unten symbolisieren das kambodschanische Königtum, der mittlere rote Streifen die Nation und das Weiß des Tempels den Buddhismus.

KAMERUN

Offizieller Name:
République du Cameroun / Cameroon
(Republik Kamerun)

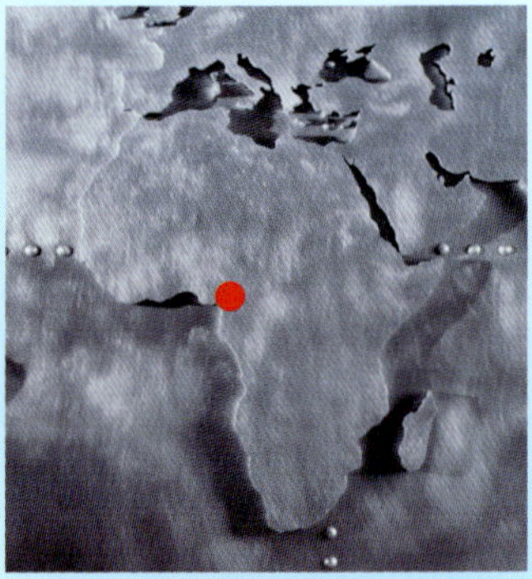

Hauptstadt:
Yaoundé

Lage:
Westafrika

Währung:
1 CFA-Franc = 100 Centimes

Sprachen:
Französisch, Englisch, Bantu, verschiedene Stammessprachen

Religionen:
Christen, Muslime, verschiedene Religionen der Eingeborenen

Flagge eingeführt:
20. Mai 1975

Schnitt:
2:3

Die Portugiesen kamen 1472 als erste Europäer in dieses westafrikanische Land und nannten es Camaro-es. 1884 erklärte Deutschland ein Protektorat über Kamerun, wie es inzwischen genannt wurde. Nach dem Ersten Weltkrieg herrschte Frankreich mit einem Mandat des Völkerbundes über ca. 80 % des Landes als Französisch-Kamerun, während Großbritannien die übrigen 20 % verwaltete, die Britisch-Kamerun wurden. 1946 wurden beide Territorien Treuhandgebiete der Vereinten Nationen, und 1959 errang Französisch-Kamerun die Selbstverwaltung, der 1960 die volle Unabhängigkeit folgte. Im Jahr darauf wurde der nördliche Teil von Britisch-Kamerun mit Nigeria zusammengelegt und der südliche Teil mit dem früheren französischen Territorium.

Die ursprüngliche Flagge, die das autonome Kamerun 1959 annahm, lehnte sich an die französische Trikolore an, jedoch in den Farben Grün (Liek), Rot (Mitte) und Gelb (fliegender Rand). Kamerun war der zweite moderne Staat in Afrika (nach Ghana), der diese Farben verwendete. Als der Südteil von Britisch-Kamerun 1961 für eine Vereinigung mit Französisch-Kamerun stimmte, wurden in das obere Liek zwei Sterne als Symbol für die beiden Territorien eingefügt. Nachdem die Republik Kamerun ein einheitlicher Staat geworden war, entfiel ein Stern, der andere rückte in die Mitte der Flagge. So ist die Flagge seit 1975 in Gebrauch.

KANADA

Offizieller Name:
Dominion of Canada

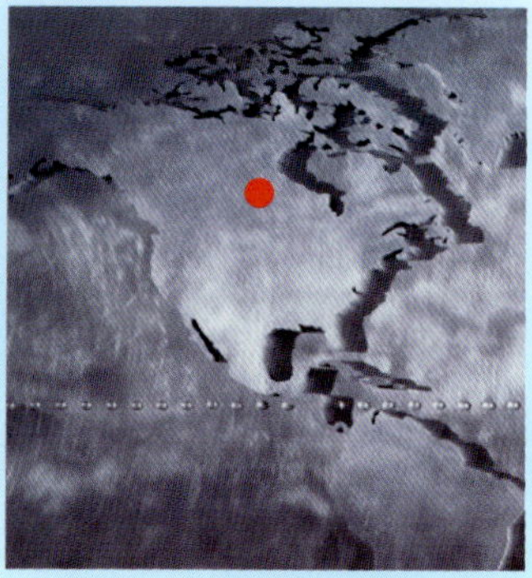

Hauptstadt:
Ottawa

Lage:
Nordamerika

Währung:
1 Kanadischer Dollar =
100 Cents

Sprachen:
Englisch, Französisch, Inuktitut

Religionen:
Protestanten, Katholiken

Flagge eingeführt:
15. Februar 1965

Schnitt:
1:2

Obwohl Kanada seit 1931 unabhängig ist, steht es unter der Oberherrschaft der britischen Krone. Das moderne Kanada entstand 1867 durch die Konföderation von Ontario, Newfoundland und Quebec als teilweise selbstständiger Staat von Provinzen. Weitere Provinzen – Alberta, British Columbia, Manitoba, New Brunswick, Nova Scotia, Prince Edward Island und Saskatchewan – sowie drei Territorien – Northwest Territories, Yukon und Nanavut – sind der Konföderation seither beigetreten und bilden zusammen das Dominion of Canada, das zweitgrößte Land der Welt.

Bis 1965 hatte Kanada keine eigene Flagge und hisste stattdessen den britischen Red Ensign mit dem kanadischen Wappen auf dem fliegenden Rand. In den 1960er-Jahren wurde jedoch auf Druck der Öffentlichkeit eine als »Pearson Pennant« bezeichnete eigene Flagge eingeführt, die das Ahornblatt, seit über 150 Jahren kanadisches Nationalsymbol, mit einem blauen Streifen auf jeder Seite als Symbol für den Pazifik und den Atlantik darstellte. Diese Flagge fand keine allgemeine Zustimmung, aber es gab Konsens über die Verwendung des Ahornblattes und der Landesfarben Rot und Weiß. Die inoffiziell als »Ahornblattflagge« oder *l'Unifolie* (»einblättrig«) bezeichnete Flagge wurde 1965 angenommen. Obgleich der Union Jack in Kanada weiter gehisst wird, hat die Ahornblattflagge bei allen Anlässen Vorrang, außer bei königlichen Besuchen.

KAPVERDEN

Offizieller Name:
República de Cabo Verde
(Republik Kapverden)

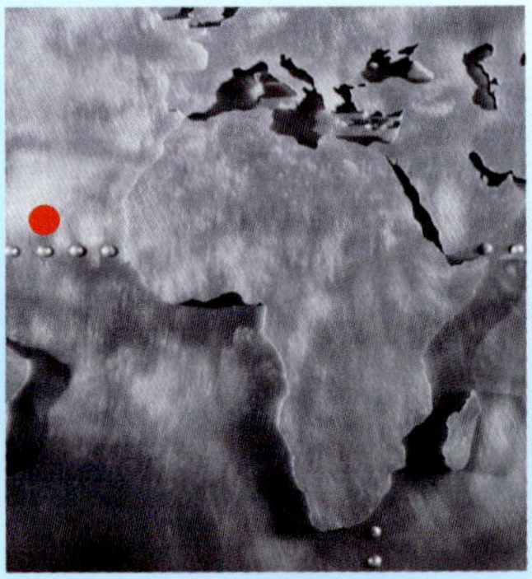

Hauptstadt:
Praia

Lage:
Atlantischer Ozean, genau westlich der äußersten Westspitze von Afrika

Währung:
1 Kap-Verde-Escudo = 100 Centavos

Sprachen:
Portugiesisch, Crioulo

Religion:
Katholiken

Flagge eingeführt:
22. September 1992

Schnitt:
3:5

Die Kapverden sind eine Gruppe von zehn vulkanischen Inseln, die im 15. Jahrhundert erstmals durch die Portugiesen besiedelt wurden. Die ersten schwarzen Bewohner waren Sklaven aus Westafrika. Portugal beherrschte die Inseln für die nächsten 500 Jahre, und obwohl viele der Bewohner ihre afrikanische Kultur beibehielten, wurden die meisten katholisch und sprechen heute portugiesisch oder das vom Portugiesischen abgeleitete Kreolisch (Crioulo). In den 1950er-Jahren entstand eine Freiheitsbewegung, und Guinea-Bissau auf dem afrikanischen Kontinent, mit dem die Kapverden verbunden waren und eine Konföderation bilden sollten, errang 1974 die Unabhängigkeit von Portugal. 1975 wurden auch die Kapverden unabhängig und gestalteten daraufhin ihre Flagge ähnlich der von Guinea-Bissau, da in beiden dieselbe Partei dominierte, *Partido Africano para a Independencia de Guinea e Cabo Verde* (PAIGC). Die Pläne für eine Union mit Guinea-Bissau wurden jedoch 1981 fallen gelassen, und die Kapverden gaben das Einparteiensystem auf.

Nachdem die Kapverden sich 1992 eine neue Verfassung gegeben hatten, warfen sie auch ihre ursprüngliche grün-rot-gelbe Flagge zu Gunsten einer neuen über Bord. In der neuen Flagge stehen zehn gelbe Sterne für die zehn Inseln, die blaue Grundfläche symbolisiert das umgebende Meer, während die rote, weiß abgesetzte horizontale Linie die Breitenlage der Inseln bezeichnet.

KASACHSTAN

Offizieller Name:
Qazaqstan Respublikasy
(Republik Kasachstan)

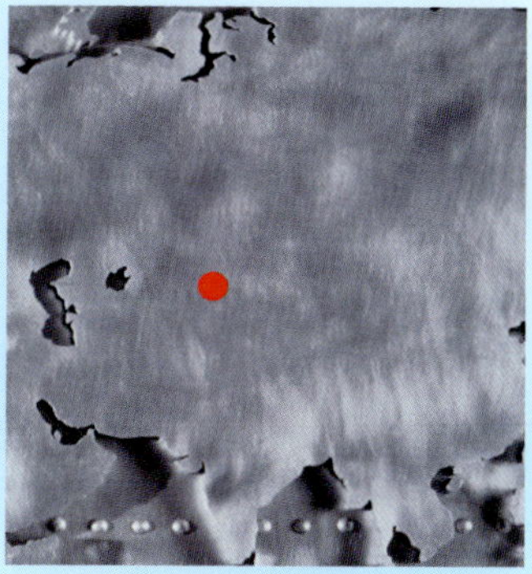

Hauptstadt:
Alma-Ata

Lage:
Mittelasien

Währung:
1 Tenge = 100 Tiin

Sprachen:
Kasachisch, Russisch

Religion:
Sunnitische Muslime

Flagge eingeführt:
4. Juni 1992

Schnitt:
1:2

Das heutige Kasachstan wurde ab dem 13. Jahrhundert von den Mongolen beherrscht und fiel im 18. Jahrhundert unter russische Kontrolle, was zu wachsender Ablehnung der zaristischen Herrschaft führte. Im Anschluss an einen großen Aufstand der Kasachen im Ersten Weltkrieg bildeten kasachische Nationalisten 1917, nach der Oktoberrevolution, eine eigene Regierung und forderten Autonomie. Die Antwort der Sowjets war die Invasion der Roten Armee im Jahr 1920, woraufhin die Kirgisische Autonome Sozialistische Sowjetrepublik (ASSR) gegründet wurde (nicht zu verwechseln mit der Kara-Kirgisischen ASSR, jetzt Kyrgyzstan). 1926 wurde sie in Kasachische ASSR umbenannt. Kasachstan, seit 1936 vollwertige Republik der UdSSR, erklärte im September 1991 seine Unabhängigkeit und trat im Dezember 1991, nach der Auflösung des UdSSR, der Gemeinschaft Unabhängiger Staaten (GUS) bei.

Kasachstan, das seit 1991 offiziell als unabhängige Republik anerkannt ist, nahm nach der Unabhängigkeit eine hellblaue Flagge an (ähnlich der Farbe der Flagge der ASSR), die sowohl den Himmel über Kasachstan als auch die Hoffnung für die Zukunft symbolisieren soll. Die Flagge trägt einen stilisierten *Berkut* (den Adler der kasachischen Steppe) unter einer goldenen Sonne mit 32 Strahlen, die zusammen die Freiheit des kasachischen Volkes symbolisieren. Am Liek befindet sich ein kompliziertes vertikales Muster, ebenfalls golden, das offiziell als »Nationalornament« bezeichnet wird.

KATAR

Offizieller Name:
Dawlat al'Qatar
(Staat Katar)

Hauptstadt:
Doha

Lage:
Südwestasien

Währung:
1 Rial = 100 Dirhams

Sprachen:
Arabisch, Englisch

Religion:
Muslime

Flagge eingeführt:
9. Juli 1971

Schnitt:
11:28

Katar wurde von Bahrain beherrscht und führte folglich bis etwa 1860 die gleiche einfarbig rote Flagge der charidjitischen Muslime. Auf Wunsch Großbritanniens fügten alle Länder in der Region Weiß in ihre Flaggen ein (einen weißen Streifen am Liek), um sie von denen der Piraten zu unterscheiden. Als die britische Regierung 1916 Scheich Abd Allah II. offiziell als Herrscher von Katar anerkannte, nahm Katar eine weiße Flagge mit einem roten Quadrat in der Mitte und einem roten Halbmond im Obereck an. Später kehrte man zu einer roten Grundfläche mit gezacktem weißen Streifen zurück.

Etwa 1932 wurden die Proportionen der Flagge auf 1:2 geändert, der gezackte Rand durch einen gewellten und das Rot durch ein dunkleres ersetzt. 1936 wurde der Schnitt wieder geändert – auf 11:30 – und aus dem Rot wurde Kastanienbraun, mit neun Zacken und zehn roten Diamanten im gezackten Rand. 1949 kam die nächste Änderung: die gegenwärtige Farbe, das so genannte »Katar-Braun« wurde eingeführt, der gezackte Rand auf ein Drittel der Flagge verbreitert, und die Diamanten wurden entfernt. 1971, mit der vollen Unabhängigkeit Katars, wurde eine Version angenommen, die fast identisch mit der von 1949 ist, allein der Schnitt wurde nochmals geändert, diesmal auf 11:28.

Offizieller Name:
Yamhuri ya Kenya
(Republik Kenia)

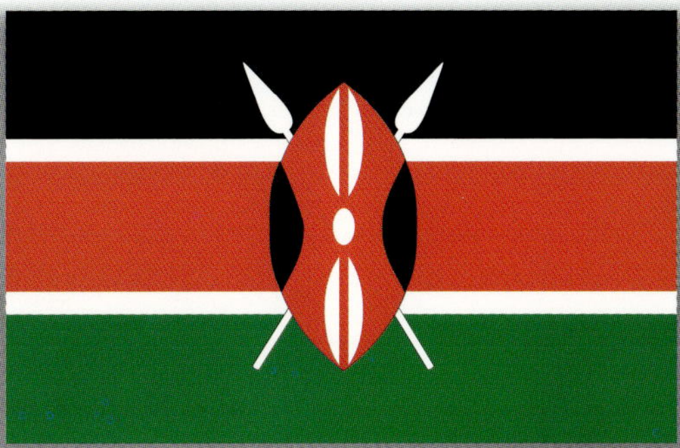

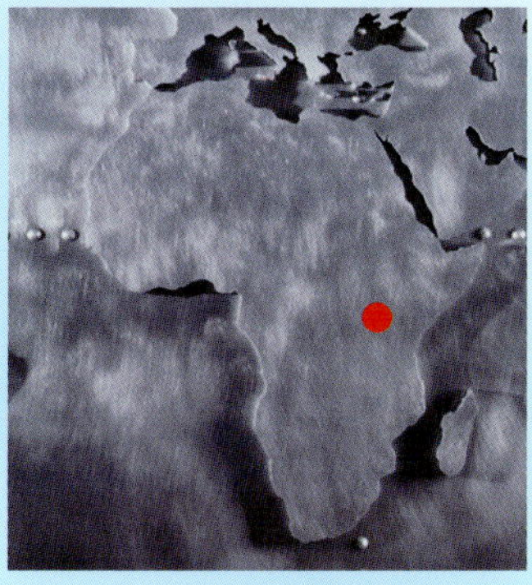

Hauptstadt:
Nairobi

Lage:
Ostafrika

Währung:
1 Kenianischer Schilling = 100 Cents

Sprachen:
Suaheli, Englisch

Religionen:
Protestanten, Katholiken, Muslime

Flagge eingeführt:
12. Dezember 1963

Schnitt:
2:3

Die Besiedelung des heutigen Kenia durch afrikanische Stammesgruppen vor ca. 5 Millionen Jahren ist archäologisch belegt. Die Region wurde im 8. Jahrhundert von Arabern kolonisiert und befand sich vom 15. bis zum 18. Jahrhundert unter portugiesischer Herrschaft. 1895 eigneten sich die Briten das Land gewaltsam an und machten es zunächst zum Teil des Protektorats Ostafrika und 1920 zur britischen Kronkolonie. Sie stießen jedoch auf wachsende Ablehnung, besonders nach der Beschlagnahme der Stammesgebiete der Kikuyu, und die Protestbewegung der 1920er-Jahre entwickelte sich schließlich zu einer mächtigen nationalen Bewegung, deren Speerspitze die von Jomo Kenyatta geführte Kenianische Nationale Afrikanische Union (KANU) war. Kenia wurde 1963 unabhängig und 1964 eine Republik mit Kenyatta als erstem Präsidenten.

Die von Kenia bei Beginn der Unabhängigkeit angenommene Flagge beruht auf der schwarz-rot-grünen Trikolore der KANU, deren Farben für die schwarze Mehrheit, das allen Menschen gemeinsame Blut und die Fruchtbarkeit des kenianischen Bodens stehen. Die Farben wurden in Anlehnung an die Flagge der mit der KANU rivalisierenden Partei, der Kenianischen Afrikanischen Demokratischen Einheitspartei, weiß abgesetzt, womit Frieden und nationale Einheit symbolisiert werden. In der Mitte befinden sich der traditionelle Schild der Massai-Krieger und zwei Speere als Hinweis auf die Verteidigung der Freiheit.

KIRGISIEN

Offizieller Name:
Kyrgyz Respublikasy
(Kirgisische Republik)

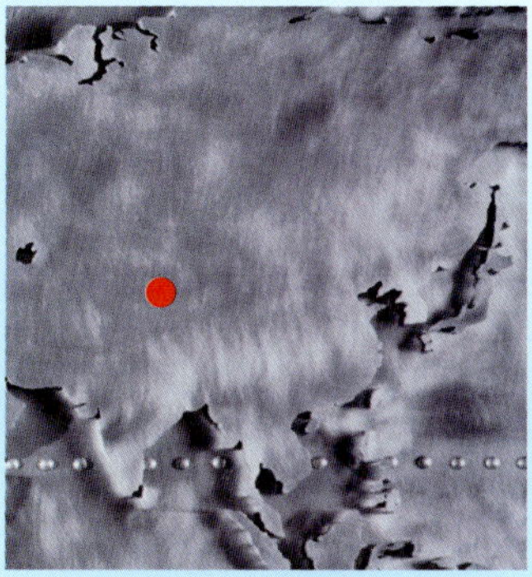

Hauptstadt:
Bishkek

Lage:
Mittelasien

Währung:
1 Rubel = 100 Kopeken

Sprachen:
Kirgisisch, Russisch

Religion:
Muslime

Flagge eingeführt:
3. März 1992

Schnitt:
3:5

Die Kirgisen (ein Turkvolk) gelten als Nachfahren der mongolischen Invasoren, die vom 13. Jahrhundert an über Mittelasien hinwegfluteten. Obwohl nominell den usbekischen Khanen untertan, bewahrten die Pferde züchtenden, nomadischen Gebirgsbewohner ihre Unabhängigkeit, bis das heutige Kirgisien 1864 von Russland annektiert wurde. Die wachsende Opposition gegen Russland kulminierte 1916 in einem großen Aufstand, und Partisanenkämpfe dauerten bis nach der Revolution der Bolschewiki 1917 an, als Kirgisien Teil einer unabhängigen Republik Turkestan wurde. 1924 wurde es zum Autonomen Kara-Kirgis Gebiet (»Kara«, d. h. »schwarz« entfiel 1925) und 1936 eine Sowjetrepublik.

Der jetzige Name, Kirgisien (Kyrgyzstan), wurde zwar schon 1990, etwa zehn Monate vor dem Zerfall der Sowjetunion angenommen, aber die neue, postkommunistische Flagge wurde erst 1992 eingeführt. Das Rot der Grundfläche gilt als die Farbe des Banners des Nationalhelden Manas, der 40 Stämme zur kirgisischen Nation vereint hat. In der Mitte der Flagge ist das runde, stilisierte Dach einer Jurte dargestellt, der traditionellen Behausung des Nomadenvolkes. Es ist von 40 goldenen Sonnenstrahlen umgeben, einem für jeden Stamm.

KIRIBATI

Offizieller Name:
Republik Kiribati

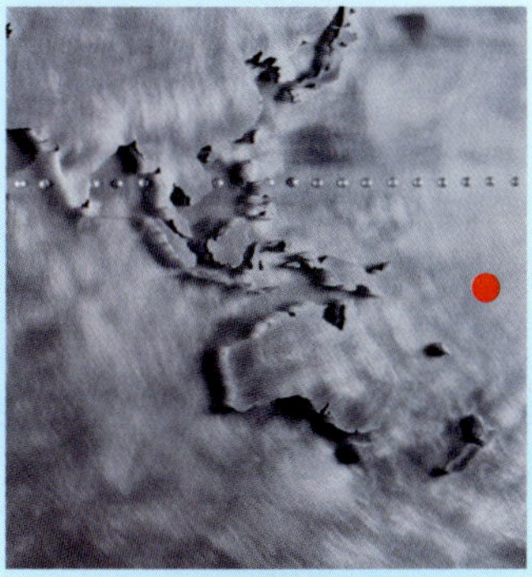

Hauptstadt:
Bairiki

Lage:
Mittelwestlicher Pazifischer Ozean

Währung:
1 Australischer Dollar = 100 Cents

Sprachen:
Kiribati, Englisch

Religionen:
Protestanten, Katholiken

Flagge eingeführt:
12. Juli 1979

Schnitt:
1:2

Das ca. 4000 km südwestlich von Hawaii gelegene Kiribati besteht aus 33 Koralleninseln, davon 21 bewohnte, in drei Inselgruppen: den Gilbertinseln, den Phoenixinseln und den Linieninseln. Der erste Europäer auf den Inseln war der spanische Entdeckungsreisende Pedro Fernandez de Quiros im Jahr 1606. Die vorwiegend von Mikronesiern bewohnten Gilbertinseln (benannt nach dem britischen Seefahrer Thomas Gilbert, der 1788 hier landete) und die von Melanesiern bevölkerten Ellice-Inseln wurden 1892 britisches Protektorat und 1916 Kolonie mit der Bezeichnung Gilbert- and Ellice-Islands. 1975 wurden die Ellice-Inseln unter dem Namen Tuvalu autonom; die Gilbertinseln erhielten 1977 die Selbstverwaltung und 1979 die volle Unabhängigkeit und nahmen die Bezeichnung Kiribati an (gesprochen: »Kirribarce« mit Betonung auf der ersten Silbe; Kiribati ist die »Übersetzung« des englischen Namens »Gilbert« in die örtliche austronesische Sprache).

Die Flagge von Kiribati beruht auf dem Wappen der ehemaligen Kolonie, das in der Kolonialflagge auf dem fliegenden Rand des britischen Blue Ensign dargestellt war. Die blauen und weißen Wellenlinien stehen für den Pazifischen Ozean, über dem sich vor einem roten Himmel die Sonne erhebt. Der einheimische Fregattvogel, der für seine Kraft und seinen ausdauernden Flug bekannt ist, erhebt sich über die Sonne.

KOLUMBIEN

Offizieller Name:
República de Colombia
(Republik Kolumbien)

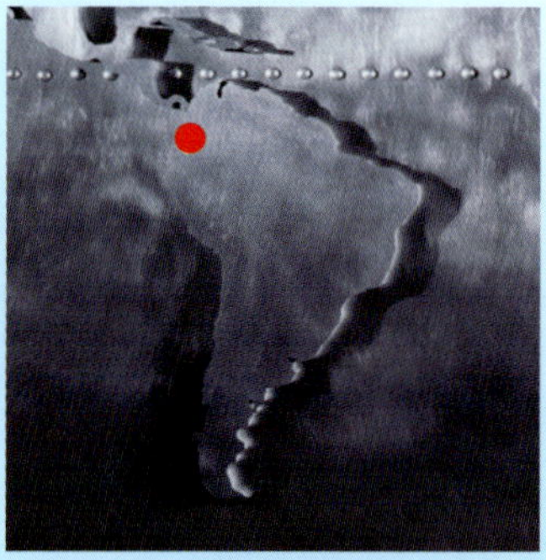

Hauptstadt:
Bogotá

Lage:
Südamerika

Währung:
1 Kolumbianischer Peso = 100 Centavos

Sprachen:
Spanisch und zahlreiche indianische Dialekte

Religion:
Katholiken

Flagge eingeführt:
17. Dezember 1819

Schnitt:
2:3

Vor der Ankunft der europäischen Kolonisatoren war das heutige Kolumbien hauptsächlich vom Volk der Chibcha bewohnt, das wenig Widerstand leistete, als die spanischen Konquistadoren in das Landesinnere vordrangen und 1538 Bogotá gründeten. Von da an war Kolumbien Teil der spanischen Kolonie Neugranada, die außer Kolumbien Panama und einen Großteil Venezuelas umfasste. 1819 kam noch Ecuador hinzu. Im selben Jahr errang die Kolonie ihre Unabhängigkeit von Spanien, und »Der Liberator« Simón Bolívar gründete den neuen Staat Großkolumbien.

Kolumbiens Flagge beruhte wie die seiner Nachbarn Ecuador und Venezuela auf der Fahne, die Bolívars Truppen im Kampf um die Unabhängigkeit führten und deren Farben zuerst 1806 von Bolívars Vorgänger Francisco de Miranda verwendet worden waren. Nachdem Ecuador und Venezuela sich 1830 von Großkolumbien getrennt hatten, verwendete Kolumbien die 1819 eingeführte Flagge weiter, allerdings waren die Streifen bis 1861 vertikal angeordnet. Der doppelt breite gelbe Streifen, der auf die Tage der Gründung Kolumbiens zurückgeht, symbolisiert umfassende Freiheit und Gerechtigkeit, der blaue Streifen steht für das Meer und den Himmel, die das Land umgeben, während der rote Streifen Brüderlichkeit sowie das im Kampf um die Unabhängigkeit geflossene Blut der Befreier Kolumbiens symbolisiert.

KOMOREN

Offizieller Name:
Jumhuriat Al-Qumur Al-Ittihadiyah Al-Islamiyah
(Islamische Bundesrepublik Komoren)

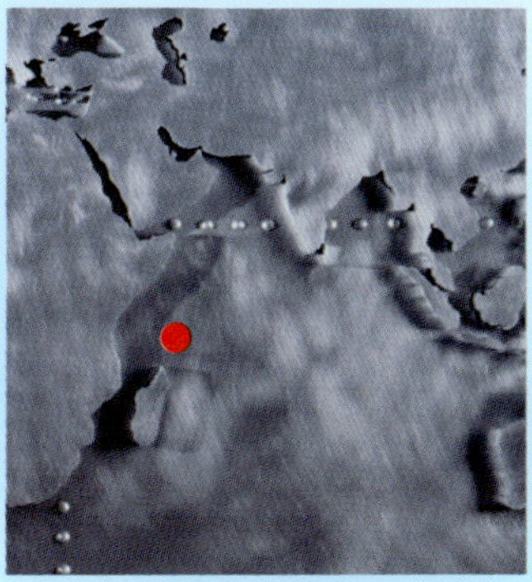

Hauptstadt:
Moroni

Lage:
Indischer Ozean

Währung:
1 CFA-Franc = 100 Centimes

Sprachen:
Französisch, Arabisch

Religion:
Muslime

Flagge eingeführt:
3. Oktober 1996

Schnitt:
3:5

Die vier Komoreninseln unterstanden den muslimischen Sultanen, bis sie 1841 von den Franzosen übernommen wurden. 1912 wurden die Inseln französische Kolonie und von 1914 bis 1947 (für Verwaltungszwecke) an Madagaskar angeschlossen. Danach wurden sie französisches Überseegebiet und erhielten 1961 die innere Autonomie. Drei Inseln – Njazidja (Grande Comore), Nzwani (Anjouan) und Mwali (Molieli) – erlangten 1975 die volle Unabhängigkeit, aber die vierte Insel, Mayotte, entschied sich, französisches Schutzgebiet zu bleiben.

Im Unterschied zu vielen anderen ehemals französischen Gebieten nahmen die Komoren nach der Unabhängigkeit keine Flagge auf Basis der französischen Trikolore an. Die ursprüngliche Flagge von 1975 (sie war überwiegend rot, als Symbol für die sozialistischen Ideale des Landes) wurde 1978 durch eine Flagge ersetzt, die der alten arabischen und islamischen Kultur der Inseln mit einer Grundfläche in Grün (der Farbe des Propheten Mohammed) und Halbmond und Sternen in Weiß Rechnung trägt. 1996 wurde die gegenwärtige Flagge angenommen. Sie trägt die Monogramme Allahs (oberer Teil des fliegenden Randes) und des Propheten Mohammed (unterer Teil des Lieks), während zwischen den Spitzen des Halbmondes eine Reihe von vier Sternen die vier Inseln repräsentiert.

KONGO

Offizieller Name:
République du Congo
(Republik Kongo)

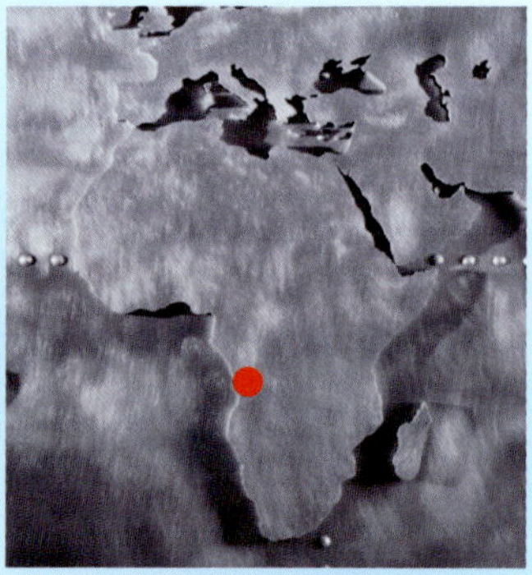

Hauptstadt:
Brazzaville

Lage:
Westafrika

Währung:
1 CFA-Franc = 100 Centimes

Sprachen:
Französisch, Bantu

Flagge eingeführt:
20. November 1959

Schnitt:
2:3

Vor der Ankunft der ersten Europäer im 15. Jahrhundert war das Gebiet der heutigen Republik Kongo in Westafrika von den Völkern der Sanga, Bateke und Bakongo bewohnt. 1889 wurde das Königreich Teke zum französischen Schutzgebiet und 1905 zur französischen Kolonie Mittelkongo. Das Land erreichte 1958 die Selbstverwaltung und 1960 die volle Unabhängigkeit.

Die gegenwärtige Flagge, die schon in der Zeit der Autonomie angenommen wurde, hat die panafrikanischen Farben Grün, Gelb und Rot (als fünfte Nationalflagge in diesen Farben) in diagonaler Anordnung vom oberen Liek zum unteren fliegenden Rand. Der gelbe Streifen ist schmaler als die beiden anderen Teile. Bei Erreichung der Unabhängigkeit wurde diese Flagge beibehalten, jedoch nach einer marxistischen Revolution im Jahre 1969, als das Land in Volksrepublik Kongo umbenannt wurde, durch eine neue Flagge ersetzt. Diese hatte in Anlehnung an die sowjetische Flagge eine rote Grundfläche. Im Obereck befand sich in einem grünen Kranz ein gelbes Emblem, bestehend aus Hammer und Hacke (anstatt der Sichel) unter einem einzelnen Stern. Als 1991 die Mehrparteiendemokratie wieder errichtet wurde, kehrte auch die ursprüngliche Flagge zurück.

Anmerkung *Die* Republik Kongo *wird oft als Kongo-Brazzaville bezeichnet, um sie von der* Demokratischen Republik Kongo *zu unterscheiden, die als Kongo-Kinshasa bekannt ist (ehemals Zaïre).* *Siehe Seite 109.*

KONGO, DEMORATISCHE REPUBLIK

Offizieller Name:
Rèpublique Démocratic du Congo
(Demokratische Republik Kongo)

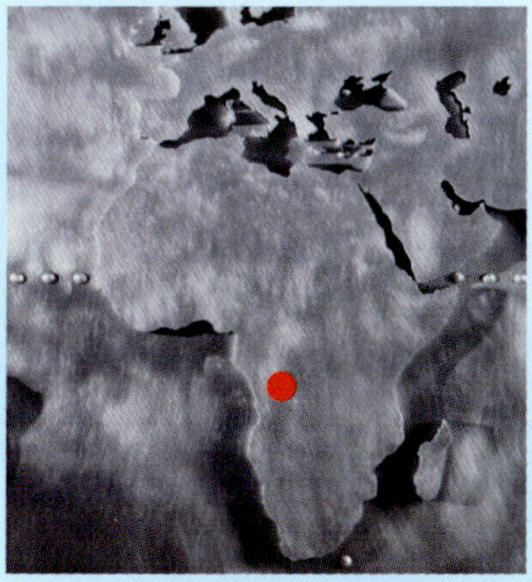

Hauptstadt:
Kinshasa

Lage:
Zentralafrika

Währung:
1 Zaire = 100 Makuta

Sprachen:
Französisch, Suaheli, verschiedene Stammessprachen

Religionen:
Christentum, Naturreligionen

Flagge eingeführt:
17. Mai 1997

Schnitt:
2:3

Seinen alten Namen Zaïre (von *Zadi*, »großes Wasser«) erhielt das Land von portugiesischen Entdeckungsreisenden im 15. Jahrhundert. Aber erst in den 1870er-Jahren wurde das Land vollständig durch die Europäer erkundet. 1885 wurde der Freistaat Kongo gegründet. Nachdem es 1908 zur Kolonie Belgisch-Kongo geworden war, errang das Land 1960 die Unabhängigkeit als Republik Kongo.

Seit 1960 hat Kongo-Kinshasa drei Flaggen gehabt: Die erste (1960–63) war die gleiche wie heute und beruhte auf einer älteren Flagge aus der Kolonialzeit mit blauer Grundfläche und einem goldenen Stern, zu dem sechs weitere Sterne für die Provinzen entlang des Lieks hinzugefügt wurden. Die zweite Flagge (1963–71) war blau mit einem gelben Stern im Obereck und einem diagonalen roten, gelb abgesetzten Streifen.

Das 1964 in Demokratische Republik Kongo umbenannte Land wurde in den 1960er-Jahren durch einen Bürgerkrieg zerrissen, aber 1971 unter dem Namen Zaïre wieder vereint. Damals wurde eine dritte Flagge in den panafrikanischen Farben eingeführt, auf der eine Hand mit einer brennenden Fackel dargestellt war. Als die Regierung 1997 gestürzt wurde, wurden der Name und die Flagge des Landes von 1960 wieder eingeführt.

***Anmerkung** Die* Demokratische Republik Kongo *wird oft als Kongo-Kinshasa bezeichnet, um sie von der* Republik Kongo *(Kongo-Brazzaville) zu unterscheiden.* *Siehe Seite 108.*

KROATIEN

Ab 1102 war Kroatien etwa 800 Jahre lang ein autonomes Königreich unter der ungarischen Krone, aber es war auch oft Schlachtfeld in den Kriegen zwischen Ungarn, Byzanz und Venedig. 1524 kam das Land unter osmanische Herrschaft und kehrte 1699 unter die ungarische Krone zurück. Nach wechselnder Beherrschung durch Österreich und Ungarn im 19. Jahrhundert wurde Kroatien 1919 in das Königreich der Serben, Kroaten und Slowenen eingegliedert (das ab 1929 Jugoslawien genannt wurde). 1991 erklärte das Land seine Unabhängigkeit.

Als Teil Jugoslawiens hatte Kroatien eine Flagge in den panslawischen Farben Rot, Weiß und Blau. Nach dem Einmarsch der Deutschen im Zweiten Weltkrieg wurde der Nazi-Marionettenstaat Großkroatien errichtet und der Nationalflagge ein Wappen hinzugefügt. Als Kroatien nach dem Krieg wieder Teil Jugoslawiens wurde, blieb die Flagge erhalten, und ein roter, golden abgesetzter Stern als Symbol des Sozialismus kam in die Mitte. Die gegenwärtige Flagge beruht auf der im Zweiten Weltkrieg verwendeten und hat einen rot-weiß karierten Schild (das traditionelle Emblem Kroatiens), der mit kleineren Schilden bekrönt ist. Diese stellen von links nach rechts die alten Wappen von Kroatien, Dubrovnik, Dalmatien, Istrien und Slavonien dar.

Offizieller Name:
Republika Hrvatska
(Republik Kroatien)

Hauptstadt:
Zagreb

Lage:
Mitteleuropa

Währung:
1 Kuna = 100 Lipa

Sprachen:
Kroatisch, Serbisch

Religionen:
Katholiken,
Serbisch-Orthodoxe, Muslime

Flagge eingeführt:
21. Dezember 1990

Schnitt:
1:2

KUBA

Offizieller Name:
República de Cuba
(Republik Kuba)

Hauptstadt:
Havanna

Lage:
Karibik

Währung:
1 Kubanischer Peso =
100 Centavos

Sprache:
Spanisch

Religion:
Katholiken

Flagge eingeführt:
20. Mai 1902

Schnitt:
1:2

Kuba und die zugehörigen Inseln wurden 1492 durch Christoph Kolumbus für Spanien in Anspruch genommen und waren ab 1511 spanische Kolonie. Die wirtschaftliche Basis waren die Zuckerrohrplantagen, von Sklaven bearbeitet, die ab 1523 als Ersatz für die dezimierte Arawak-Bevölkerung auf die Insel gebracht wurden. (Die Sklaverei wurde erst 1886 abgeschafft.) Zwar wurde Kuba 1898 von Spanien unabhängig, wurde aber mit dem Ende des Spanisch-Amerikanischen Krieges an die Vereinigten Staaten abgetreten. Die anfängliche Begeisterung für die neue Verwaltungsmacht schwand, und 1901 wurde eine Republik ausgerufen und 1902 die Unabhängigkeit erreicht. (Die Vereinigten Staaten behielten jedoch bis 1934 ihre Marinebasis auf der Insel sowie ein Interventionsrecht in der Innenpolitik.)

Kubas Flagge, umgangssprachlich als *La Estrella Solitaria* (Der einsame Stern) bezeichnet, wurde 1848 für die von Narciso Lopez geführte Befreiungsbewegung entworfen und beruhte auf den »Revolutions-« Flaggen Frankreichs und der USA. Die drei blauen Streifen stehen für die drei ursprünglichen kubanischen Provinzen und die beiden weißen für die Reinheit der Ideale der Nation. Das rote Dreieck am Liek bedeutet Freiheit, Gleichheit und Brüderlichkeit sowie den Blutzoll der kubanischen Patrioten. Der einzelne weiße Stern im roten Dreieck stand zunächst für Kubas Wunsch, Bundesstaat der USA zu werden, wird aber jetzt als Symbol für den Status Kubas als unabhängiger Staat gedeutet.

KUWAIT

Offizieller Name:
Dawlat al Kuwayt
(Staat Kuwait)

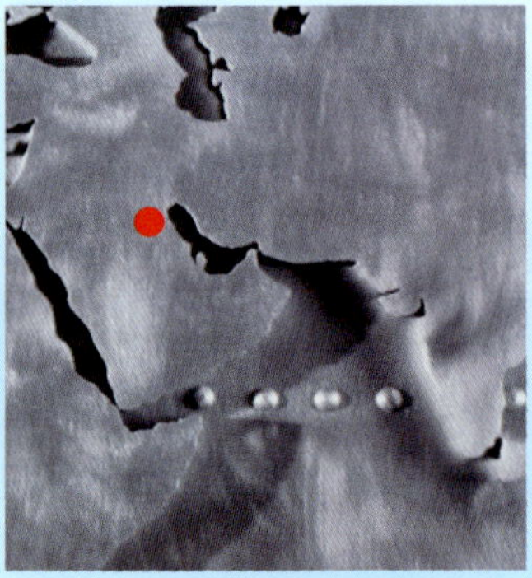

Hauptstadt:
Kuwait

Lage:
Südwestasien

Währung:
1 Kuwaitischer Dinar = 1000 Fils

Sprachen:
Arabisch, Englisch

Religionen:
Sunnitische und schiitische Muslime

Flagge eingeführt:
7. September 1961

Schnitt:
1:2

Kuwait, eines der kleinsten Länder der Welt und ab dem 16. Jahrhundert Teil des Osmanischen Reiches, wurde 1756 als Scheichtum von der herrschenden Familie Al Sabah gegründet. Bevor in den 1930er-Jahren Öl gefunden wurde, stützte sich die kuwaitische Wirtschaft auf Perlfischerei und Fernhandel. Durch Vertrag zwischen Scheich Mubarak al-Sabah und Großbritannien wurde Kuwait im Jahr 1889 britische Kolonie und errang 1961 seine Unabhängigkeit. Bis dahin war die kuwaitische Flagge, wie die der meisten Staaten am Persischen Golf, rot und weiß. Das wurde von Großbritannien so gefordert, damit man freundlich gesonnene Nationen und ihre Schiffe von den vielen im Persischen Golf aktiven Piraten unterscheiden konnte. 1961 nahm Kuwait, im Allgemeinen sehr für die arabische Sache engagiert, die jetzige Flagge mit horizontalen Streifen in Grün, Weiß und Rot sowie einem schwarzen Trapezoid am Liek an. Die Farben sind zwar panarabisch, aber sie wurden auch von einem Gedicht von Safie Al-Deen Al-Hili inspiriert und stehen für den Sand, den die kuwaitischen Reiter während der Freiheitskämpfe aufwirbelten (Schwarz), die Wiesen Kuwaits (Grün), das Blut der Feinde Kuwaits (Rot) und die reinen Taten des kuwaitischen Volkes (Weiß).

Offizieller Name:
Sathalanalat Paxathipatai Paxaxon Lao
(Demokratische Volksrepublik Laos)

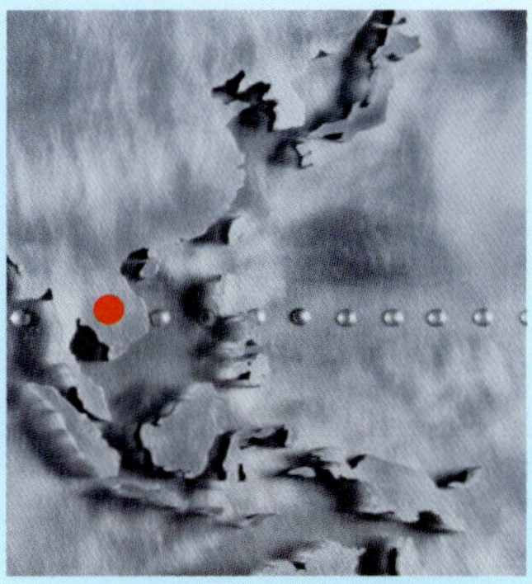

Hauptstadt:
Vientiane

Lage:
Südostasien

Währung:
1 Kip = 100 At

Sprache:
Lao

Religion:
Buddhisten

Flagge eingeführt:
2. Dezember 1975

Schnitt:
2:3

Das heutige Laos war im 11. Jahrhundert Teil des Khmer-Reiches und wurde im 12. Jahrhundert von buddhistischen Laoten aus Thailand eingenommen, die kleine, unabhängige Königreiche gründeten. Diese wurden im 14. Jahrhundert zu einem unabhängigen Königreich zusammengeschlossen, in das im 17. Jahrhundert erstmals Europäer kamen. Das Land wurde 1893 Teil von Französisch-Indochina, 1950 halbautonom unter der Herrschaft des Königs von Louangprabang und 1953 völlig unabhängig. Ein bis 1975 dauernder Bürgerkrieg schloss sich an. Dann ergriff die kommunistische *Pathet Lao* (Patriotische Front, später in Laotische Volksfront umbenannt) die Macht und rief eine demokratische Volksrepublik aus.

Die von 1952 bis 1975 verwendete Flagge der königlichen Regierung stellte einen dreiköpfigen Elefanten auf einem Sockel dar, womit der alte Name des Landes »Land der Million Elefanten« symbolisiert wurde. Die neue, 1975 eingeführte Nationalflagge von Laos war die der *Pathet Lao* und eine der wenigen, die nicht den fünfzackigen Stern des Sozialismus als Emblem verwendeten. Stattdessen stellt eine weiße Scheibe in der Mitte der Flagge den Vollmond über dem Mekong dar und symbolisiert die Vereinigung des Landes. Die horizontalen roten Streifen stehen für das im Freiheitskampf vergossene Blut, während der blaue Mittelstreifen das Gedeihen des Landes symbolisiert.

LESOTHO

Lesotho ist eines der beiden Länder der Welt, die von einem anderen Land vollständig umschlossen sind (das andere ist San Marino). Der Staat wurde 1827 von dem Sotho-Führer Moshoeshoe I. (um 1790–1870) als Basutoland gegründet. Dadurch, dass es 1868 britisches Protektorat wurde, entging das Land der Eingliederung in Südafrika, von dem es umschlossen ist und wirtschaftlich abhängt. 1965 erhielt das Land die Selbstverwaltung als Königreich Lesotho (mit Moshoeshoe II. als König) und 1966 die volle Unabhängigkeit.

Die erste Flagge, die das unabhängig gewordene Lesotho annahm, beruhte auf den Farben der Basotho Nationalpartei, die das Land in die Unabhängigkeit geführt hatte, und stellte den für Basotho typischen Strohhut dar. Nach einem Militärputsch (1986) wurde 1987 eine neue Flagge eingeführt, die keinerlei Bezug auf eine politische Partei nimmt, sondern deren Farben die nationale Devise *Khotos-Pula-Nala* symbolisieren, das heißt »Frieden (Weiß), Regen (Blau) und Fülle (Grün)«. Im Obereck befindet sich die Silhouette des Staatswappens – ein Stachelspeer *(assegai)*, überkreuzt mit einer Keule (*knobkerrie*), und ein Basotho-Schild, der in Wirklichkeit mit Federn geschmückt ist – als Symbole für die Bereitschaft des Volkes, seine Unabhängigkeit zu verteidigen.

Offizieller Name:
Muso oa Lesotho
(Königreich Lesotho)

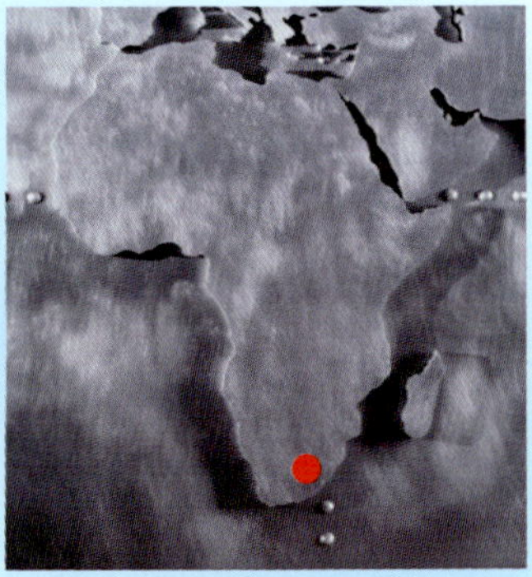

Hauptstadt:
Maseru

Lage:
Südafrika

Währung:
1 Loti = 100 Lisente

Sprachen:
Sotho (eine Bantusprache), Englisch

Religionen:
Katholiken, Protestanten

Flagge eingeführt:
20. Januar 1987

Schnitt:
2:3

LETTLAND

Offizieller Name:
Latvijas Republika
(Lettische Republik)

Hauptstadt:
Riga

Lage:
Nordeuropa

Währung:
1 Lats = 100 Santimu

Sprachen:
Lettisch, Russisch, Litauisch, Polnisch

Religionen:
Lutheraner, Katholiken, Orthodoxe Ostkirche, Juden

Flagge eingeführt:
27. Februar 1990

Schnitt:
1:2

Das heutige Lettland wurde von Wikingern, Russen, Deutschrittern, Polen, Litauern und Schweden regiert, bevor es im 19. Jahrhundert unter die Herrschaft des zaristischen Russland geriet. Die im späten 19. Jahrhundert entstandene Unabhängigkeitsbewegung wurde immer stärker, und 1918 erklärte Lettland sich zu einer unabhängigen Republik. Im Februar 1919 drang jedoch die Rote Armee in Lettland ein und begann mit dem Aufbau eines von den Sowjets gestützten Regimes. 1940, während des Zweiten Weltkrieges, wurde Lettland annektiert und zu einer Unionsrepublik der UdSSR gemacht. Die erneute Unabhängigkeitserklärung Lettlands im Jahr 1990 erkannte die UdSSR 1991, kurz vor ihrem Zusammenbruch, an.

Das unabhängig gewordene Land nahm die traditionell mit Lettland assoziierte rot-weiß gestreifte Flagge an. Nach der Legende wurde diese Flagge 1280 in einer Schlacht gegen estnische Truppen geführt. Eine andere Legende spricht von einem verwundeten lettischen Kämpfer, den man in ein weißes Tuch gewickelt hatte. Dort, wo er lag, blieb es weiß, aber die beiden über ihn geschlagenen Ränder färbten sich rot von seinem Blut. Daher symbolisiert das Rot in der lettischen Flagge das für die Sache der Freiheit vergossene Blut. Die Flagge wurde zwar offiziell 1918 angenommen, ihr Gebrauch aber während der Sowjetherrschaft verboten. Mit dem Wiederaufleben des lettischen Nationalismus in den 1980er-Jahren tauchte auch die Flagge wieder auf und ersetzte schließlich 1990 die Flagge Sowjet-Lettlands.

LIBANON

Offizieller Name:
A Jumhuriyah al-Lubnaniyah
(Libanesische Republik)

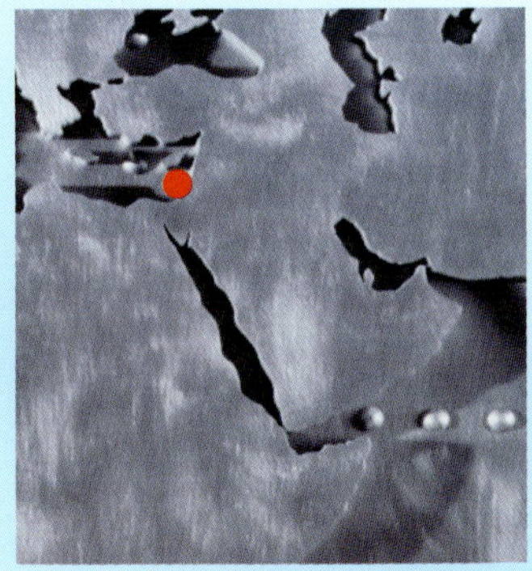

Hauptstadt:
Beirut

Lage:
Südwestasien

Währung:
1 Libanesisches Pfund =
100 Piastres

Sprachen:
Arabisch, Französisch, Englisch

Religion:
Muslime, Christen

Flagge eingeführt:
7. Dezember 1943

Schnitt:
2:3

Der Libanon war im Altertum die Heimat der Phönizier, der großen Seefahrer, die den Großteil des Mittelmeerraumes kolonisierten und das erste Alphabet entwickelten. Er kam nacheinander unter ägyptische, assyrische, persische, römische und byzantinische Herrschaft, bevor er ab 1516 durch das Osmanische Reich als Teil Syriens regiert wurde. Nach dem Ersten Weltkrieg regierte Frankreich den Libanon mit einem Mandat des Völkerbundes, bis er 1943 eine unabhängige Republik wurde.

Während der französischen Herrschaft führte der Libanon die französische Trikolore mit einem Baum im weißen Mittelstreifen. In dem Bestreben, eine Flagge zu schaffen, die neutral und weder christlich noch muslimisch war, wurde das Blau weggelassen, die verbleibenden Streifen in die Horizontale gedreht und der rote Streifen zweigeteilt. Auf den weißen Streifen in der Mitte setzte man die grüne Zeder des Libanon, die seit 2000 Jahren das Landessymbol ist und im 18. Jahrhundert von den maronitischen Christen des Landes als Emblem genutzt wurde. Offiziell bedeutet das Rot der Flagge das für die Freiheit vergossene Blut, das Weiß symbolisiert Frieden und das Grün Unsterblichkeit.

LIBERIA

Offizieller Name:
Republik Liberia

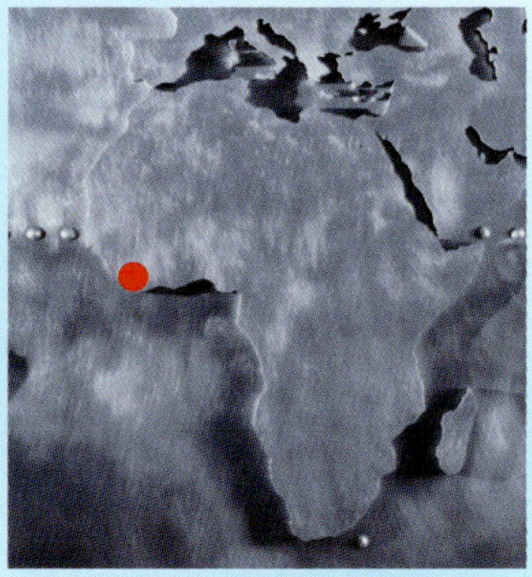

Hauptstadt:
Monrovia

Lage:
Westafrika

Währung:
1 Liberianischer Dollar = 100 Cents

Sprache:
Englisch

Religionen:
Muslime, Christen, traditionelle Religionen

Flagge eingeführt:
24. Juli 1847

Schnitt:
10:19

Der heute als Liberia bekannte Teil Westafrikas wurde 1821 von der American Colonization Society erworben, einer philanthropischen Vereinigung, die eine neue Heimat für befreite schwarze Sklaven aus den Südstaaten der USA schaffen wollte. Die ersten Siedler kamen 1822, und 1847 erklärte sich Liberia zur unabhängigen Republik.

Liberias Kolonialflagge beruhte auf den »Stars and Stripes« der Vereinigten Staaten, jedoch mit einem christlichen Kreuz im Obereck. Die elf Streifen der Flagge standen für die elf Unterzeichner von Liberias Unabhängigkeitserklärung und Verfassung. Die neue Flagge der Republik, die ein von Susanna Waring-Lewis geführtes Komitee genäht hatte, wurde 1847 entrollt. Zwar ähnelte sie mit ihren 11 roten und weißen Streifen der Kolonialflagge, aber an Stelle des Kreuzes befand sich nun ein Stern im Obereck. Das obere Liek selbst gilt nun als Symbol für den afrikanischen Kontinent, der fünfzackige Stern erinnert and die Tatsache, dass Liberia die erste unabhängige afrikanische Republik war, und er hat der Flagge den Namen gegeben: »The Lone Star«. Die Farben der Flagge symbolisieren Tapferkeit (Rot), Reinheit (Weiß) und Treue (Blau).

LIBYEN

Offizieller Name:
Al Jamahiriyal al-Arabiyah al-Libiyah ash Shabiyah Ishtirakiya
(Sozialistische Libysch-Arabische Volksrepublik)

Hauptstadt:
Tripolis

Lage:
Nordafrika

Währung:
1 Libyscher Dinar = 1000 Dirhams

Sprache:
Arabisch

Religion:
Muslime

Flagge eingeführt:
19. November 1977

Schnitt:
1:2

Das heutige Libyen war von nordafrikanischen Nomaden bewohnt und wurde nacheinander von den Phöniziern, Griechen, Römern und Byzantinern beherrscht und im 16. Jahrhundert in das Osmanische Reich eingegliedert. 1911 wurde es von Italien erobert und nach dem Zweiten Weltkrieg in drei Provinzen geteilt: Tripolitanien, Cyrenaika (beide unter britischer Kontrolle) und Fessan (französisch verwaltet). 1951 wurde das Land unter König Idris As-Senussi als Vereinigtes Königreich Libyen unabhängig. Nach einem unblutigen Putsch im Jahr 1969 proklamierten nationalistische Offiziere unter Führung von Muammar el Gaddafi eine Libysch-Arabische Republik.

Die von Libyen zwischen 1951 und 1969 verwendete Flagge war eine horizontale schwarz-rot-grüne Trikolore mit weißem Halbmond und Stern. Alle Farben waren auch in der Flagge des Arabischen Aufstandes von 1917 vertreten gewesen, und Schwarz, Rot und Grün stehen außerdem für die Provinzen Cyrenaika (Schwarz), Fessan (Rot) und Tripolitanien (Grün). 1969 entfielen die Embleme, und von 1971 bis 1977, als Libyen mit Syrien und Ägypten zusammen die Föderation Arabischer Republiken bildete, hisste Libyen die Trikolore der Föderation mit einem Falken in der Mitte und dem Namen des Landes darunter. Als Libyen 1977 aus der Föderation ausschied, nahm es die gegenwärtige einfarbig grüne Flagge an, die sowohl den Islam als auch Libyens Streben nach landwirtschaftlicher Autarkie symbolisiert.

LIECHTENSTEIN

Offizieller Name:
Fürstentum Liechtenstein

Hauptstadt:
Vaduz

Lage:
Westeuropa

Währung:
1 Schweizer Franken = 100 Centimes

Sprachen:
Deutsch (Amtssprache), Alemannisch

Religion:
Katholiken

Flagge eingeführt:
24. Juni 1937

Schnitt:
3:5

Liechtenstein ist mit nur 169 km^2 einer der kleinsten selbstständigen Staaten der Welt, und seine Grenzen sind seit 1434 unverändert. Es besitzt seit 1342 staatliche Souveränität, doch seine Geschichte als moderner Staat begann 1719, als die Grafschaften Vaduz und Schellenberg unter dem Namen Liechtenstein zu einem Fürstentum zusammengelegt wurden. Seit damals hat des Land auch dasselbe Herrscherhaus. Als einziges deutsches Fürstentum wurde Liechtenstein, das durch Österreich vom deutschen Territorium getrennt ist, 1871 nicht Teil des Deutschen Reiches. Wegen seiner Winzigkeit hat Liechtenstein es jedoch immer vorgezogen, sich in internationalen Angelegenheiten mit größeren Staaten zu verbinden: Vor 1919 ließ Liechtenstein sich im Ausland von Österreich und danach bis zu seiner Aufnahme in die UNO im Jahr 1990 von der Schweiz vertreten, mit der es auch eine Zollunion unterhält.

Seit dem frühen 19. Jahrhundert ist die Nationalflagge rot und blau, und zwar oft vertikal angeordnet. 1921 wurde die horizontale Anordnung eingeführt, aber nun war die Flagge der Flagge von Haiti zu ähnlich, als bei den Olympischen Spielen in Berlin 1936 beide gehisst wurden. Daraufhin wurde im folgenden Jahr eine Krone als Symbol für Liechtensteins Status als Fürstentum ins obere Liek eingefügt.

LITAUEN

Offizieller Name:
Lietuvas Respublika
(Republik Litauen)

Hauptstadt:
Vilnius

Lage:
Nordeuropa

Währung:
1 Litas = 100 Centai

Sprachen:
Litauisch, Russisch, Polnisch

Religionen:
Katholiken, Russisch-Orthodoxe, Lutheraner

Flagge eingeführt:
20. März 1989

Schnitt:
1:2

Litauen wurde am Ende des 12. Jahrhunderts ein einheitlicher Staat, den die Großfürsten in der Folgezeit durch die Annexion Weißrusslands und der Ukraine beträchtlich vergrößerten. Durch die Heirat des Großfürsten Jagiello mit der Thronerbin Jadwiga von Polen kam es 1386 zu einer dynastischen Union, doch Litauen blieb autonom, bis es 1759 unter die Herrschaft des zaristischen Russland geriet. Revolten in den Jahren 1832 und 1863 führten nicht zur Unabhängigkeit, und erst 1918, nach der Russischen Revolution, wurde Litauen ein autonomer Staat. Es wurde 1940 von der Sowjetunion okkupiert und blieb unter sowjetischer Herrschaft, bis es 1991 als erste Unionsrepublik mit Moskau brach und seine Unabhängigkeit erklärte.

Bei Erreichung der Unabhängigkeit nahm Litauen die gelb-grün-rote Trikolore wieder an, die es zwischen 1918 und 1940 geführt hatte, die aber in der sowjetischen Zeit nicht gezeigt werden durfte. Die Trikolore tauchte 1988 in Unabhängigkeitskundgebungen wieder auf, und 1989 wurde ihre Verwendung als Nationalflagge legalisiert. 1918 hatte eine spezielle Kommission, bestehend aus Jonas Basanavicius, Tadas Daugirdas und Antanas Zmuidzinavicius die Farben ausgewählt. Die Flagge des alten litauischen Großherzogtums war rot gewesen, und das Rot gilt auch als Symbol für das bei der Verteidigung der Freiheit Litauens vergossene Blut, Gelb steht für die Getreidefelder des Landes und Grün für die weiten Wälder des Baltikums.

LUXEMBURG

Offizieller Name:
Grand-Duché de Luxembourg
(Großherzogtum Luxemburg)

Hauptstadt:
Luxemburg

Lage:
Westeuropa

Währung:
1 Euro = 100 Cents

Sprachen:
Luxemburgisch, Französisch, Deutsch

Religion:
Katholiken

Flagge eingeführt:
offiziell angenommen am 23. Juni 1972, erste Verwendung schon 1845–48

Schnitt:
3 : 5

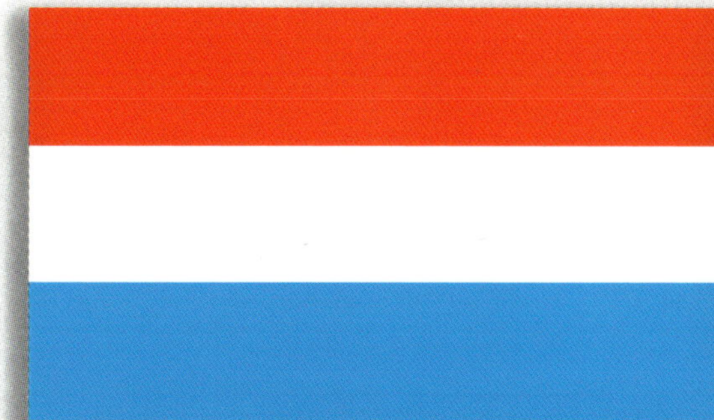

Die zentrale Lage Luxemburgs am »Scheideweg Europas« hat dazu geführt, dass es von vielen anderen Nationen beherrscht wurde, bevor es 1848 die volle Unabhängigkeit errang. Das 1060 von Graf Konrad gegründete Haus Luxemburg erhielt 1354 die Herzogswürde. 1443 kam das Land zu Burgund und 1555 durch Erbschaft an die spanischen Habsburger. Es wurde ab 1715 von Österreich regiert, bis es während der Napoleonischen Kriege an Frankreich abgetreten wurde. 1815 wurde es Großherzogtum mit dem niederländischen König Wilhelm I. als Souverän, 1930 revoltierten die belgischen Provinzen der Niederlande gemeinsam mit Luxemburg. Im Ergebnis dessen wurde Belgien ein autonomes Königreich, Luxemburg blieb noch bis 1839 ein Teil davon. Dann wurde der westliche Teil an Belgien abgetreten, und das übrige Land wurde 1848 als souveräner und unabhängiger Staat neu organisiert.

Luxemburg hatte keine Flagge, bis 1830 Patrioten die Nationalfarben Rot, Weiß und Blau hissten, die vom Wappen des Großherzogs von Luxemburg aus dem 13. Jahrhundert stammen. Wenn Luxemburg sich auch gegen die Niederlande erhob, sind die Flaggen beider Länder doch sehr ähnlich, nur ist die luxemburgische Flagge länger als die niederländische und das Blau ist heller.

MADAGASKAR

Offizieller Name:
Repoblika Demikratika n'i Madagaskar
(Demokratische Republik Madagaskar)

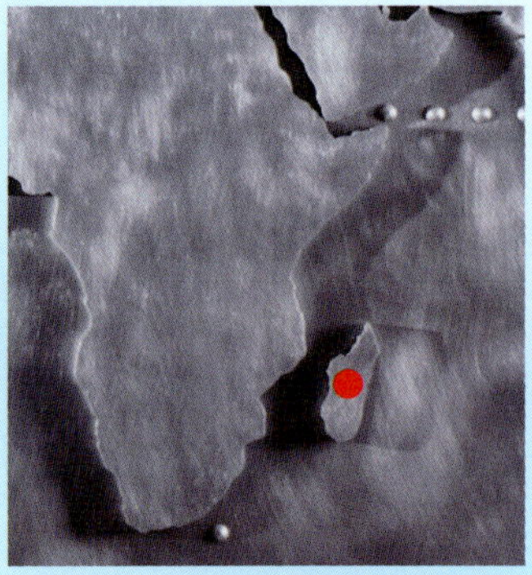

Hauptstadt:
Antananarivo

Lage:
Indischer Ozean/
Südostküste Afrikas

Währung:
1 Madagaskar Franc =
100 Centimes

Sprachen:
Malagasy, Französisch

Religionen:
Naturreligionen, Christen, Muslime

Flagge eingeführt:
14. Oktober 1958

Schnitt:
2:3

Madagaskar besteht aus der Insel Madagaskar – der viertgrößten Insel der Welt – und mehreren kleinen Inseln im Indischen Ozean vor der Südostküste Afrikas. Man nimmt an, dass die ersten Bewohner Madagaskars Südostasiaten aus Indonesien waren, die in den ersten Jahrhunderten n. Chr. ankamen und denen bald Kontinentalafrikaner und schließlich Araber folgten. Angelockt von den wertvollen Laubwäldern kamen ab 1500 auch Europäer, aber die Kolonisationspläne der Portugiesen, Niederländer und Engländer scheiterten am heftigen Widerstand der Inselbewohner. Bis in das 19. Jahrhundert war Madagaskar in mehrere kleine Königreiche aufgeteilt, dann wurden die Inseln mithilfe der fremden Kaufleute und Missionare im Königreich des hochlandbewohnenden Merina-Volkes vereint. Nach Annexion durch Frankreich im Jahr 1896 regte sich bald starker Widerstand gegen die Kolonialherren, der nicht nachließ, bis das Land 1960 unabhängig wurde.

Die madagassische Flagge wurde 1958 eingeführt, als das Land die Selbstverwaltung erhielt, und hat einen vertikalen weißen Streifen am Liek, daneben zwei horizontale Streifen in Rot und Grün. Rot und Weiß waren die traditionellen Farben der Merina, und Grün soll für die andere ethnische Gruppe der Insel, die *cotiers* (Küstenbewohner) stehen, die frühere Bauernklasse.

Offizieller Name:
Mfuka la Malawi
(Republik Malawi)

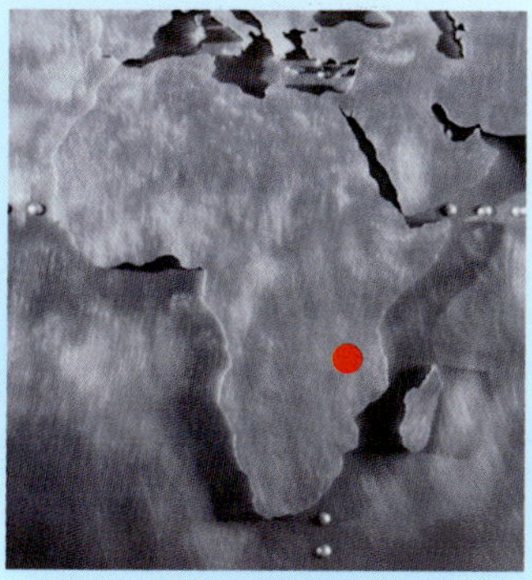

Hauptstadt:
Lilongwe

Lage:
Südostafrika

Währung:
1 Malawi-Kwacha = 100 Tambala

Sprachen:
Englisch (Amtssprache), Chichewa (Landessprache), mehrere Bantusprachen

Religionen:
Christen, Muslime, Naturreligionen

Flagge eingeführt:
6. Juli 1964

Schnitt:
2:3

Vom 15. bis zum 19. Jahrhundert verhinderten Kriege zwischen den rivalisierenden Yao und Ngoni, zusammen mit den schwierigen Geländebedingungen, das Eindringen von Fremden nach Malawi. Der Entdeckungsreisende Dr. David Livingstone erreichte 1859 den Njasa-See. Njasa ist ein Wort der Chichewa-Sprache und bedeutet ebenfalls See, daher kam es zur Umbenennung in Malawisee. Die Briten annektierten die Region 1891 und machten sie 1907 zum Protektorat Njasaland. Malawi war von 1953 bis 1963 Teil der Föderation von Rhodesien und Njasaland (den heutigen Staaten Simbabwe, Sambia und Malawi). 1963 wurde die Föderation aufgelöst, wozu auch eine von der Malawi Congress Party (MCP) geführte Kampagne für Unabhängigkeit beitrug. 1964 proklamierte Malawi seine Unabhängigkeit, 1966 wurde es Republik.

Die Farben der Flagge von Malawi sind die gleichen wie die der MCP, die sie wiederum von der rot-schwarz-grünen Trikolore des »Zurück-nach-Afrika«-Aktivisten Marcus Garvey übernommen hat. Die Farben symbolisieren die afrikanischen Menschen (Schwarz), das Blut der Freiheitskämpfer (Rot) und die Fruchtbarkeit des Landes (Grün). »Malawi« bedeutet »Flammende Wasser«, ein Name, der sich auf die Reflektion der Sonne auf dem Malawisee bezieht. Diese Symbolik ist auch in der *kwacha* (aufsteigenden Sonne) auf der Nationalflagge enthalten.

MALAYSIA

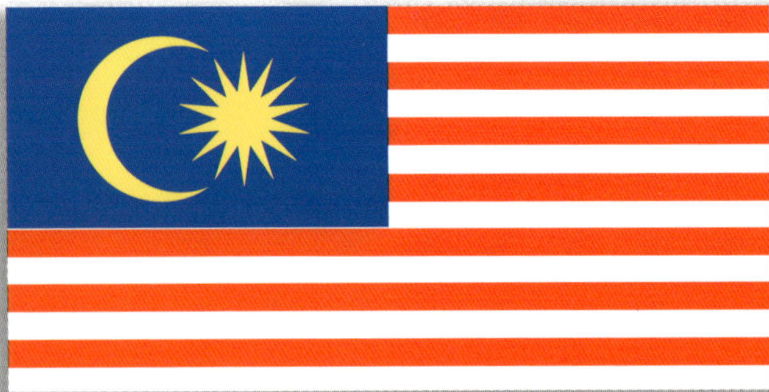

Offizieller Name:
Persekutuan Malaysia
(Malaysische Föderation)

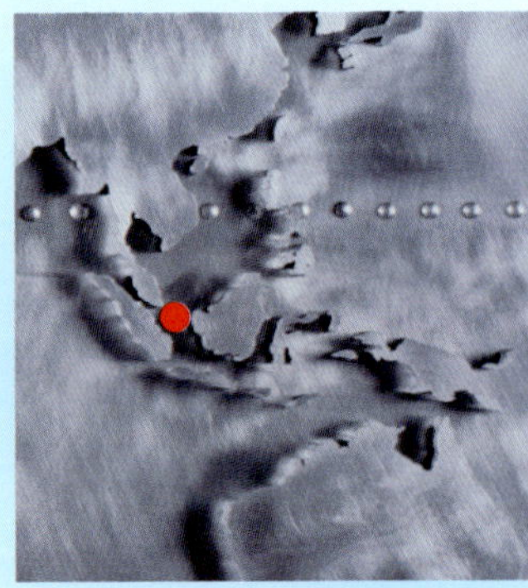

Hauptstadt:
Kuala Lumpur

Lage:
Südostasien

Währung:
1 Ringgit = 100 Cents

Sprachen:
Bahasa-Malaiisch, Chinesisch, Tamil, Englisch

Religionen:
Muslime, Buddhisten, Hindus

Flagge eingeführt:
16. September 1963

Schnitt:
1:2

Malaysias ethnische Vielfalt widerspiegelt die komplizierte Geschichte des Landes, denn seine Reichtümer und seine strategische Lage haben zahlreiche Völker angezogen. Vom 9. bis zum 14. Jahrhundert war es Teil des buddhistischen Königreiches von Srivijaya, bevor es an die hinduistischen Javaner fiel. Der Islam erreichte die Region im 15. Jahrhundert, während der Gewürzhandel das Land für Niederländer, Portugiesen und Briten interessant machte. Die britische Herrschaft wurde im 19. und 20. Jahrhundert immer weiter ausgebaut, bis Malaya, wie das Land damals hieß, 1957 unabhängig wurde. Die Malaysische Föderation wurde 1963 gegründet.

Die erste Flagge des unabhängigen Malaysia basierte auf den »Stars and Stripes«. Die *Jular Gemilang* (»Glorreiche Streifen«) genannte Flagge hatte elf rote und weiße Streifen und ein blaues Obereck mit einem goldenen islamischen Halbmond und einem elfzackigen Stern. Die Zahl der Streifen und der Zacken bezeichnet den gleichberechtigten Status der elf Staaten der Föderation. 1963 traten drei weitere Staaten – Sabah, Sarawak und Singapur – der Föderation bei, weshalb die Zahl der Streifen und Zacken auf 14 erhöht wurde. Obwohl Singapur die Föderation 1965 wieder verließ, wurde die Flagge so beibehalten, wobei der 14. Streifen nun den föderierten Bezirk Kuala Lumpur symbolisieren soll, während die 14 Zacken des Sterns für die Einigkeit der Staaten und der Föderationsregierung stehen.

MALEDIVEN

Offizieller Name:
Dehevi Jumhuriyya
(Republik Malediven)

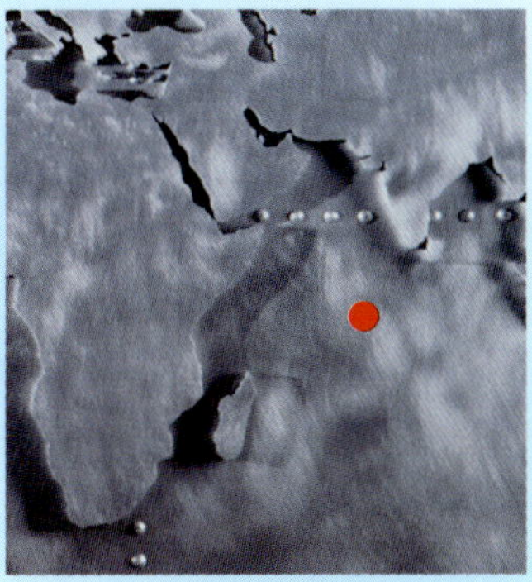

Hauptstadt:
Male

Lage:
Indischer Ozean

Währung:
1 Maledivische Rufiyaa = 100 Laari

Sprache:
Divehi

Religion:
Muslime

Flagge eingeführt:
26. Juli 1965

Schnitt:
2:3

Die Malediven sind eine Gruppe von 1196 Koralleninseln im Indischen Ozean ca. 640 km südwestlich von Sri Lanka. 203 der in der Region so genannten »Tausend Inseln« sind bewohnt. Die ursprünglich von buddhistischen Völkern aus Asien besiedelten Inseln kamen im 12. Jahrhundert unter muslimische Kontrolle, bevor 1518 die portugiesische Herrschaft begann. Von 1645 bis 1948 waren die Maledibveninseln, wie sie damals hießen, von Ceylon (jetzt Sri Lanka) abhängig, von 1887 bis 1965 waren sie britisches Protektorat. Nachdem 1953 eine Republik ausgerufen worden war, wurde 1954 der Sultan wieder eingesetzt, aber 1968, drei Jahre nach Erlangung der Unabhängigkeit, kehrten die Malediven zum Status einer Republik zurück.

Während des 20. Jahrhunderts war die Flagge der Malediven rot mit einem weißen, dem Liek zugewandten Halbmond als Symbol der islamischen Kultur des Landes. Als die Malediven 1948 von Ceylon unabhängig wurden, wurde der Halbmond herumgedreht und auf ein grünes Feld gesetzt (Grün ist die traditionelle Farbe des Propheten Mohammed und bedeutet auch Frieden und Wohlergehen). Am Liek wurde ein Muster aus schwarzen und weißen Diagonalen eingefügt, aber bei Erreichen der Unabhängigkeit 1965 wieder entfernt.

MALI

Offizieller Name:
République de Mali
(Republik Mali)

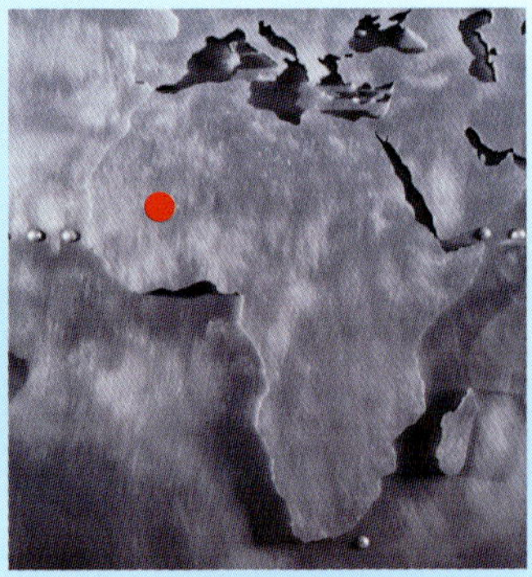

Hauptstadt:
Bamako

Lage:
Westafrika

Währung:
1 CFA-Franc = 100 Centimes

Sprachen:
Französisch, Bambara, Songhai

Religionen:
Muslime, Naturreligionen

Flagge eingeführt:
1. März 1961

Schnitt:
2:3

Vom 4. bis zum 11. Jahrhundert gehörte Mali zu dem alten Königreich Ghana und danach zum muslimischen Reich Mali, das vom 7. bis zum 15. Jahrhundert einen Großteil Nordwestafrikas einnahm. Das mächtige muslimische Reich der Songhai beherrschte die Region im 16. Jahrhundert, doch 1591 drangen Truppen aus Marokko ein, die nach Kontrolle über den sudanesischen Goldhandel strebten, und ließen die Region in viele kleine Königreiche geteilt zurück. Die Europäer, die zunächst auf Handelszentren entlang der Küsten Wert legten, interessierten sich für das Binnenland Mali erst im 19. Jahrhundert. Durch Verträge zwischen einheimischen Herrschern und Franzosen wurde Mali 1895 Teil der Kolonie Französisch-Sudan. 1959 bildeten Mali und Senegal eine Föderation, und als Senegal 1960 aus dieser ausschied, wurde Mali eine unabhängige Republik.

Die Farben der Flagge der Föderation, die Mali noch bis 1961 führte, waren die zuerst von Ghana angenommenen panafrikanischen Farben Grün, Gelb und Rot, allerdings nach dem Muster der französischen Trikolore vertikal angeordnet. Im gelben Mittelstreifen befand sich eine stilisierte menschliche Figur *(kanaga)*. Auf Druck der Muslime, die eine Darstellung der menschlichen Gestalt ablehnen, wurde das schwarze *kanaga*-Symbol im März 1961 entfernt.

Offizieller Name:
Repubblica ta'Malta
(Republik Malta)

Hauptstadt:
Valletta

Lage:
Südeuropa

Währung:
1 Maltesische Lira = 100 Cents
= 1000 Mils

Sprachen:
Maltesisch, Englisch, Italienisch

Religion:
Katholiken

Flagge eingeführt:
21. September 1964

Schnitt:
2:3

Wegen seiner strategischen Lage im Mittelmeer wurde Malta von Phöniziern, Griechen, Karthagern, Römern und Arabern besetzt und schließlich 1090 durch Roger von Sizilien erobert. Danach blieb es mehrere Jahrhunderte unter sizilianischer Herrschaft. 1530 gab der Kaiser des Heiligen Römischen Reiches, Karl V., die Insel, die ein wichtiges Bollwerk während der Kreuzzüge war, dem Jerusalemer Johanniterorden. Nachdem Napoleon 1798 die Herrschaft der Ritter beendet hatte, wurde die Insel 1814 von den Briten annektiert und in der Folgezeit zu einem wichtigen Stützpunkt der Royal Navy. Malta erlitt im Zweiten Weltkrieg heftige Bombenangriffe der Achsenmächte und wurde dafür mit dem Georgskreuz, einem britischen Tapferkeitsorden, belohnt. 1964 wurde Malta unabhängig.

Die Streifen der maltesischen Flagge sollen nach der Legende Quadrate sein, die Roger von Sizilien von seiner eigenen rot-weiß karierten Flagge abschnitt. Wahrscheinlicher ist jedoch, dass die Farben vom Wappen der Malteserritter, einem weißen Malteserkreuz auf rotem Schild, übernommen wurden. Während der britischen Kolonialherrschaft war die maltesische Flagge mit einem Symbol in Form eines rot-weißen Schildes belegt, und 1943 kam noch ein blaues Obereck mit dem Georgskreuz hinzu. Als Malta unabhängig wurde, entfiel das blaue Obereck, und das Georgskreuz wurde rot abgesetzt.

MAROKKO

Offizieller Name:
Al Mamlakah al Maghribiyah
(Königreich Marokko)

Hauptstadt:
Rabat

Lage:
Nordwestafrika

Währung:
1 Dirham = 100 Centimes

Sprachen:
Arabisch, Berbersprachen, Französisch

Religion:
Muslime

Flagge eingeführt:
17. November 1915

Schnitt:
2:3

Das ursprünglich von Berbern bewohnte Marokko wurde im 7. Jahrhundert von Arabern erobert. Seit dem 11. Jahrhundert war das Land unter den Almoraviden vereint, zu deren muslimischem Reich auch Algerien und Spanien gehörten. Die Almoraviden wurden von den Almohaden abgelöst, deren Reich sich auf Libyen und Tunesien erstreckte. Im Laufe des 16. und 17. Jahrhunderts wurde die Dynastie der Alouiten mächtig, die ihre Ursprünge auf den Propheten Mohammed zurückführt und das Land noch heute regiert. Das Land wurde 1912 in ein französisches und ein spanisches Protektorat geteilt und 1956 als Sultanat Marokko unabhängig, wobei das ehemalige spanische Protektorat zusammen mit Tanger (vorher internationale Zone) sich mit dem früheren französischem Protektorat zu einem neuen Staat vereinte. 1957 wurde der Sultan wieder zum König erklärt.

Im 16. Jahrhundert waren die marokkanischen Flaggen einfarbig rot, womit die Blutsverwandtschaft der Sultane mit dem Propheten Mohammed betont werden sollte. 1915, unter der Herrschaft von Mulay Yussuf, wurde der grün umrissene fünfzackige Stern auf die rote Grundfläche gesetzt. Diese Flagge wurde während der französischen bzw. spanischen Verwaltung beibehalten, war aber auf den Gebrauch an Land beschränkt und wurde bei Erreichen der Unabhängigkeit wieder bestätigt.

MARSCHALL-INSELN

Offizieller Name:
Republik Marschallinseln

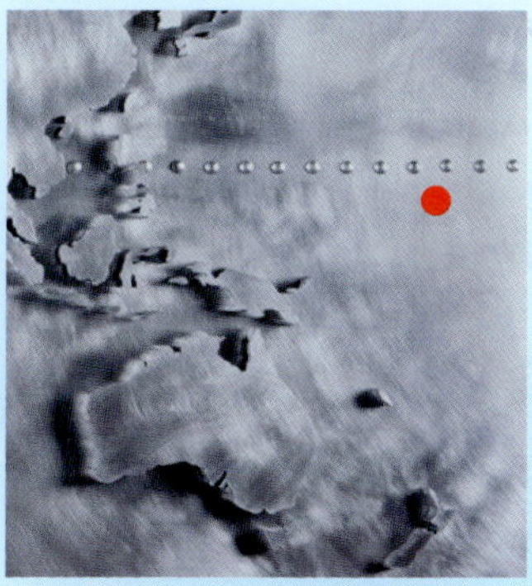

Hauptstadt:
Dalap-Uliga-Darrit (Majuro)

Lage:
Pazifischer Ozean

Währung:
1 US-Dollar = 100 Cents

Sprachen:
Marschallesisch, Englisch

Religionen:
Protestanten, Katholiken

Flagge eingeführt:
1. Mai 1979

Schnitt:
10:19

Die Marschallinseln bestehen aus zwei Gruppen von Koralleninseln und Atollen: der Ralik-Kette im Norden mit 11 Inseln und der Rattak-Kette im Süden mit 13 Inseln. Obwohl schon im 16. Jahrhundert erstmals von Europäern entdeckt, wurden die Inseln erst 1906 von Deutschland kolonisiert. Von 1919 bis 1946 wurden sie von Japan verwaltet und gingen 1946 als Teil des Pazifischen Treuhandgebietes an die USA über. Die Inseln wurden weltbekannt, als zwischen 1946 und 1963 auf Bikini und Eniwetok die Atom- und Wasserstoffbombentests der USA stattfanden. Nach Selbstverwaltung ab 1979 erhielten die Marschallinseln 1991 die volle Unabhängigkeit.

Die 1979 angenommene Nationalflagge wurde von Emlain Kabua entworfen, der Frau des Präsidenten. Die blaue Grundfläche steht für den Pazifischen Ozean, die beiden Streifen in Weiß und Orange für die beiden Inselketten Rattak (Sonnenaufgang) und Ralik (Sonnenuntergang). Außerdem symbolisieren die Farben traditionell Tapferkeit (Orange) und Frieden (Weiß). Der Stern symbolisiert den christlichen Glauben, und seine 24 Zacken weisen sowohl auf die geografische Lage der Inseln über dem Äquator als auch auf ihre 24 Verwaltungsbezirke hin. Die vier längeren Zacken stehen für die vier großen Zentren Majuro, Ebeye, Jaluit und Wotje.

MAURETANIEN

Offizieller Name:
Al Jumhuriyah al Islamiyah al Muritaniyah
(Islamische Republik Mauretanien)

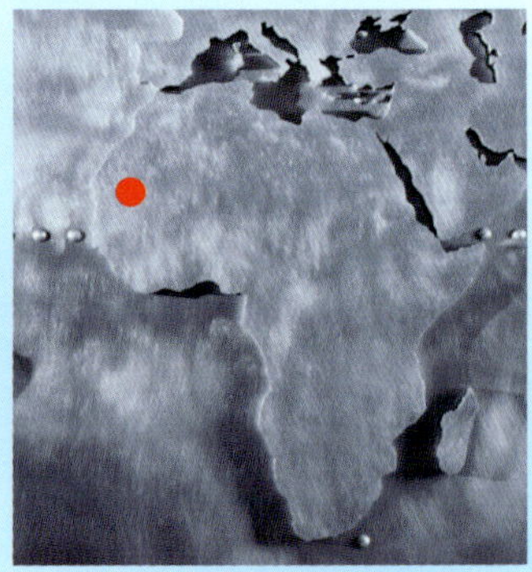

Hauptstadt:
Nouakchott

Lage:
Nordwestafrika

Währung:
1 Mauretanische Ouguiya = 5 Khoums

Sprachen:
Arabisch (Amtssprache), Poular, Wolof, Soninke (Landessprachen)

Religion:
Muslime

Flagge eingeführt:
1. April 1959

Schnitt:
2:3

Mauretanien nannten die Römer ihre Provinz in Nordwestafrika, die größtenteils in der Wüste Sahara liegt und von den Mauri, einem Berbervolk, bewohnt war. Nachdem das Land im 7. Jahrhundert unter die Herrschaft Ghanas gekommen war, wurden die Berber im 8. Jahrhundert zum Islam bekehrt. Der beherrschende Einfluss der Araber in der Region dauerte an, selbst nachdem die Franzosen angekommen waren, um mit Gummiarabikum zu handeln. Mauretanien wurde 1920 Teil der Kolonie Französisch-Westafrika, errang 1958 die Selbstverwaltung und 1960 die volle Unabhängigkeit.

Die Nationalflagge wurde 1958 angenommen, und die Gestaltung der Flagge soll von Mouktar Ould Daddah bestimmt worden sein, dem Führer der Mauretanischen Volkspartei (PPM) und ersten Präsidenten des unabhängigen Mauretanien. Die Flagge betont sowohl die Lage des Landes in Afrika als auch die offizielle Religion, den Islam. Grün und Gelb sind nicht nur panafrikanische Farben, sie symbolisieren darüber hinaus die Hoffnung Mauretaniens auf eine leuchtende Zukunft (Grün) und den Sand der Sahara (Gold). Der Halbmond ist ein Emblem des Islam, während Grün als Farbe des Propheten Mohammed bekannt ist. Insgesamt ist die Flagge symbolischer Ausdruck für den Namen des Landes, Islamische Republik Mauretanien.

Offizieller Name:
Republik Morisiê
(Republik Mauritius)

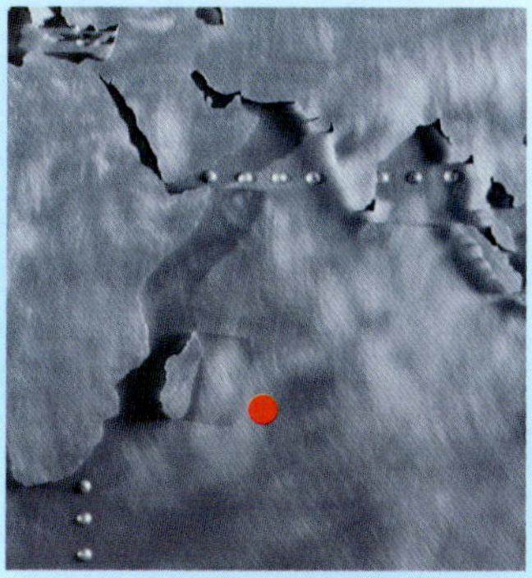

Hauptstadt:
Port Louis

Lage:
Südlicher Indischer Ozean

Währung:
1 Mauritius-Rupie = 100 Cents

Sprachen:
Englisch (Amtssprache), Französisch, Hindi, Kreolisch, Bjopuri

Religionen:
Hindus, Katholiken, Muslime

Flagge eingeführt:
9. Januar 1968

Schnitt:
2:3

Es überrascht vielleicht, dass Mauritius, obgleich es den arabischen und portugiesischen Seefahrern bekannt war, samt den entlegenen Inseln Rodriguez und Agalega unbewohnt blieb, bis die Niederländer 1598 eine kleine Kolonie gründeten und die Insel nach dem Statthalter der Niederlande, Prinz Moritz von Nassau, benannten. Nachdem die Niederländer sich 1710 zurückgezogen hatten, ergriffen 1715 die Franzosen Besitz von Mauritius, brachten Sklaven aus Afrika zur Arbeit auf den Zuckerplantagen und nannten die Insel Île de France. Während der Napoleonischen Kriege 1810 von den Briten eingenommen, wurde Mauritius 1814 britische Kolonie. Die Abschaffung der Sklaverei im Jahre 1833 führte zum Import von Vertragsarbeitern aus Indien, deren Nachfahren heute über 70 % der Bevölkerung von Mauritius ausmachen, die Übrigen sind überwiegend Kreolen (mit afrikanischen und europäischen Vorfahren). Mauritius errang 1957 die Selbstverwaltung und 1968 die volle Unabhängigkeit.

Die Nationalflagge, die vor der Unabhängigkeit vom British College of Arms entworfen wurde, ist in den Farben des 1906 an Mauritius verliehenen Wappens gestaltet. Die Farben sind symbolisch: Rot bedeutet Mauritius' Unabhängigkeit, Blau seine Lage im Indischen Ozean, Grün seine üppige Vegetation und Gelb die Hoffnung der Menschen auf eine leuchtende Zukunft.

MAZEDONIEN

Offizieller Name:
Republika Makedonija
(Republik Mazedonien)
[Anmerkung: Die Bezeichnung bei den Vereinten Nationen ist »Ehemalige jugoslawische Republik Mazedonien«; ein Kompromiss, denn auch Griechenland hat ein Gebiet, das Mazedonien heißt.]

Hauptstadt:
Skopje

Lage:
Südosteuropa

Währung:
1 Mazedonischer Dinar = 100 Paras

Sprachen:
Mazedonisch, Albanisch

Religionen:
Mazedonisch-Orthodoxe, Muslime

Flagge eingeführt:
5. Oktober 1995

Schnitt:
1:2

Die alte Region Mazedonien, wovon die heutige Republik nur einen Teil einnimmt, wurde im 6. Jahrhundert von Slawen besiedelt. Sie wurde später von den Bulgaren, von Byzanz, Serbien und dem Osmanischen Reich erobert, bevor sie 1913 zwischen Griechenland, Bulgarien und Serbien aufgeteilt wurde. Nach dem Ersten Weltkrieg wurde Serbisch-Mazedonien – die heutige Republik – Teil der jugoslawischen Föderation.

Als Teil Jugoslawiens hatte Mazedonien eine rote Flagge mit einem roten, golden abgesetzten Stern im Obereck. Bei seiner Unabhängigkeitserklärung 1991 nahm Mazedonien zunächst eine rote Flagge mit dem »Stern von Vergina« an, nach einem Symbol, das im Grab Philipp II., des Vaters von Alexander dem Großen, in Vergina gefunden worden war. Nach Einwänden aus Griechenland (es handele sich um ein rein griechisches Symbol) nahm Mazedonien 1995 die gegenwärtige Flagge an, auf deren roter Grundfläche eine goldgelbe Sonne dargestellt ist, deren acht Strahlen sich nach den Rändern hin verdicken.

MEXIKO

Offizieller Name:
Estados Unidas Méxicanos
(Vereinigte Staaten von Mexiko)

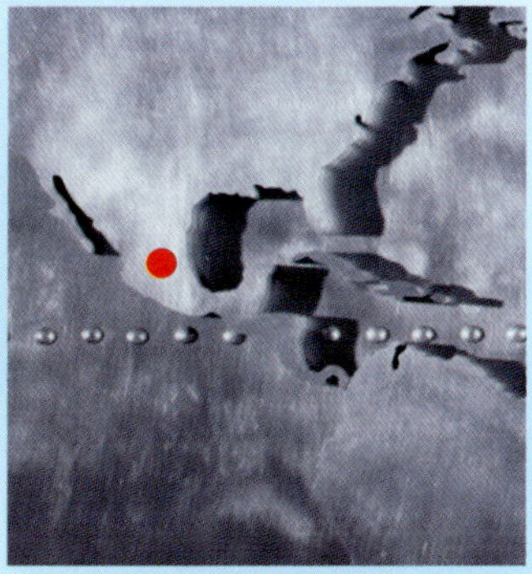

Hauptstadt:
Mexico City

Lage:
Nordamerika

Währung:
1 Mexikanischer Peso =
100 Centavos

Sprachen:
Spanisch, Nahuatl

Religion:
Katholiken

Flagge eingeführt:
2. November 1821

Schnitt:
4:7

Viele Kulturen haben ihren Anfang in Mexiko genommen, u.a. die Olmeken, Maya, Tolteken, Mixteken, Zapoteken und Azteken. Letztere siedelten auf dem hochgelegenen Zentralplateau in Mexiko. Nachdem bei der Eroberung der Region durch die Spanier im Jahr 1520 der letzte Aztekenkönig, Montezuma II., ermordet worden war, wurde 1535 das Vizekönigtum Neu-Spanien errichtet. Die Mexikaner empfanden die Kolonialherrschaft zunehmend als Unterdrückung und begannen 1810 den Kampf um ihre Unabhängigkeit, die sie 1821 erreichten.

Die im Befreiungskampf verwendete Flagge war von der revolutionären französischen Trikolore inspiriert, allerdings in den Farben der Befreiungsarmee. Das Grün symbolisiert die Hoffnung, das Weiß Einheit, Reinheit und Ehrlichkeit und Rot das Blut der Nationalhelden. Mexikos Staatsemblem – Adler und Schlange – geht auf die Unabhängigkeit zurück und wurde 1968 eingefügt, um die Flagge von der italienischen Trikolore zu unterscheiden. Das Emblem erzählt eine Legende, wonach der Gott Huitzilopochtli die Azteken ermahnte, einen Ort zu suchen, an dem ein Adler auf einem Feigenkaktus gelandet ist, um eine Schlange zu verspeisen. Nach Jahrhunderten des Wanderns fanden die Azteken das gesuchte Zeichen auf einer sumpfigen Insel im Texcocosee. Dort siedelten sie im Jahr 1325 und nannten den Ort Tenochtitlán (Ort des Feigenkaktus). Heute befindet sich an dieser Stelle die moderne Stadt Mexico City.

MIKRONESIEN

Offizieller Name:
Föderierte Staaten von Mikronesien

Hauptstadt:
Palikir

Lage:
Pazifischer Ozean

Währung:
1 US-Dollar = 100 Cents

Sprache:
Englisch

Religion:
Christen

Flagge eingeführt:
30. November 1978

Schnitt:
10:19

Die Inseln im Pazifischen Ozean werden in drei Gruppen unterteilt: Polynesien (die Inseln von den Hawaiischen Inseln südlich bis Neuseeland), Melanesien (die Inseln im Südpazifik, nordöstlich von Australien) und Mikronesien (die Inseln nördlich des Äquators und östlich der Philippinen). Mikronesien, dessen wichtigste Inselgruppen Palau, die Karolinen, die Marianen und die Marschallinseln sind, gehörte zum UN-Treuhandgebiet Pazifische Inseln, das 1945 gebildet und von den Vereinigten Staaten verwaltet wurde. Mikronesien führt seit 1962 eine Flagge in den Farben der Vereinten Nationen, aber die Zahl der Sterne hat sich verändert. 1962 waren es sechs Sterne, für Palau, die Marschallinseln, die Marianen, Pohnpei, Chuuk und Yap (in den Karolinen). 1976 schieden die Marianen, jetzt Nördliche Marianen, aus der Föderation Mikronesien aus, nachdem sie den Status eines Überseeterritoriums der USA erlangt hatten; später trat der 1977 gebildete Staat Kosrae der Föderation bei.

Die mikronesische Flagge wurde 1978, als die Marschallinseln und Palau die Föderation verließen, verändert, indem man die Zahl der Sterne auf vier reduzierte. Angeordnet wie die Spitzen einer Windrose stehen sie für die verbleibenden Staaten Chuuk (Truk), Kosrae (Kusaie), Yap und Pohnpei (Ponape), die zusammen das unabhängige Mikronesien bilden.

Offizieller Name:
Republika Moldowa
(Republik Moldowa)

Hauptstadt:
Kishinev (Chisinau)

Lage:
Osteuropa

Währung:
1 Moldawischer Leu = 100 Bani

Sprachen:
Rumänisch, Ukrainisch, Russisch

Religion:
Moldawisch-Orthodoxe

Flagge eingeführt:
12. Mai 1990

Schnitt:
2:3

Moldawien wurde vom 10. bis zum 12. Jahrhundert von der Kiewer Rus regiert und hieß Bessarabien. Ab dem 15. Jahrhundert, als es ein rumänisches Fürstentum innerhalb des Osmanischen Reiches war, wurde es Moldawien genannt. 1812 wurde es an Russland abgetreten und blieb unter dessen Kontrolle, bis 1917 eine kurzlebige Bessarabische Republik gegründet wurde. Schon 1918 kam es zu einer russischen Invasion, danach wurde Moldawien Teil des Königreiches Rumänien. Nach der sowjetischen Invasion 1944 wurde es zur Moldauischen Sowjetrepublik und nach der Auflösung des UdSSR im Jahr 1991 zur unabhängigen Republik Moldowa.

Moldawiens Trikolore (die mit der rumänischen Flagge fast identisch ist) wurde im Jahr 1848, dem europäischen Revolutionsjahr, angenommen. Damals standen die Farben für die drei osmanischen Provinzen Moldawien (Rot), Oltenien (Ostwalachei, Blau) und Muntenien (Westwalachei, Gelb). Heute gelten die Farben als Symbole für Moldawiens Vergangenheit, Gegenwart und Zukunft. Im gelben Streifen befindet sich das moldawische Wappen, ein goldener Adler mit einem christlich-orthodoxen Kreuz im Schnabel und einem Ölzweig und einem Zepter in den Fängen. Auf dem Adler liegt ein geteilter Schild mit dem Kopf eines Auerochsen und einem astrologischen Emblem. Alle Darstellungen sind Symbole für Moldawien.

MONACO

Offizieller Name:
Principauté de Monaco
(Fürstentum Monaco)

Hauptstadt:
Monaco

Lage:
Südwesteuropa

Währung:
1 Euro = 100 Cents

Sprachen:
Französisch, Monegassisch

Religion:
Katholiken

Flagge eingeführt:
4. April 1881

Schnitt:
4:5

Das unabhängige Fürstentum Monaco liegt als Enklave in Südostfrankreich an der Mittelmeerküste. Mit seiner Fläche von nur 1,95 km^2 ist es einer der am dichtesten bevölkerten Staaten der Welt. Das Fürstentum wurde 1297 durch das Haus Grimaldi gegründet, das noch heute in Monaco regiert. Nach der Legende konnten die Grimaldi die befestigte Stadt betreten, weil ihre Soldaten als Mönche verkleidet waren. Während der Französischen Revolution wurde Monaco von französischen Truppen annektiert, die Familie Grimaldi wurde gefangen gesetzt und ein Familienmitglied guillotiniert, bevor sie 1814 unter dem Schutz des Königs von Sardinien wieder eingesetzt wurden. 1848 wurde Monaco wieder von Frankreich annektiert und verlor einen Großteil seines Territoriums an seinen Nachbarn, dem es als Teil Italiens galt. Dennoch hat Monaco immer enge Beziehungen sowohl mit Frankreich als auch mit Italien unterhalten: Seit 1861 genießt Monaco den Schutz Frankreichs, obwohl die Familie Grimaldi aus Genua in Italien stammt und die Sprache der Monegassen ein Gemisch aus Französisch und Italienisch ist.

Die einfache rot-weiße Bikolore Monacos wurde 1881 angenommen. Vom Familienwappen der Grimaldi abgeleitet, in dem sich ein rot-weiß karierter Schild befindet, ersetzte die Bikolore die frühere Flagge, die auf weißer Grundfläche den gleichen Schild und eine Krone zeigte.

Offizieller Name:
Mogol Uls
(Mongolische Republik)

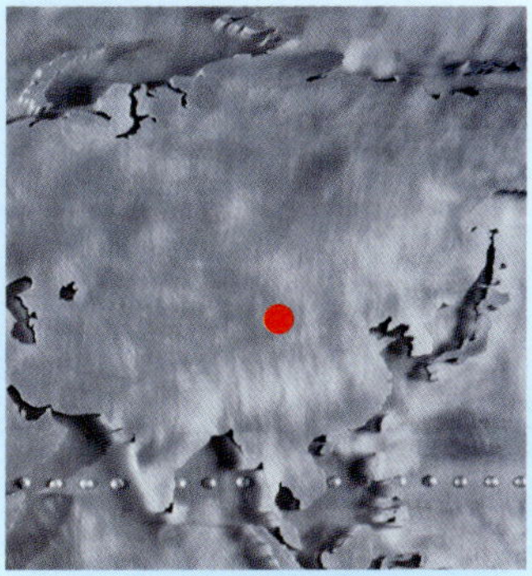

Hauptstadt:
Ulan Bator (Ulaanbaatar)

Lage:
Ostasien

Währung:
1 Tugrik = 100 Mongo

Sprachen:
Mongolisch, Kasachisch, Russisch

Religionen:
Buddhisten, Muslime, Schamanentum, Russisch-Orthodoxe

Flagge eingeführt:
12. Februar 1912

Schnitt:
1:2

Die ursprünglich von nordasiatischen Nomaden bevölkerte Mongolei wurde 1206 durch Dschingis-Khan geeint und war Ende des 13. Jahrhunderts Teil des Mongolenreiches. Die Äußere Mongolei im Norden bewahrte ihre Autonomie als buddhistische Monarchie, die Innere Mongolei dagegen wurde ab 1689 von China beherrscht. 1911 wurde die Mongolei autonom, und 1924 gründeten Nationalisten die Mongolische Volksrepublik.

Die mongolische Flagge zeigt *soyombo,* das nationale Emblem der Republik mit alten mongolischen und buddhistischen Symbolen. An der Spitze befindet sich ein Feuersymbol, das auf den häuslichen Herd und die mongolischen Menschen hinweist und dessen drei Flammen für Vergangenheit, Gegenwart und Zukunft stehen. Darunter befinden sich die Symbole für Sonne und Mond, ein Bezug auf die Tradition des mongolischen Schamanentums. Zwei Dreiecke stellen zur Erde gerichtet Pfeile oder Speere dar mit der Bedeutung »Tod den Feinden«, wogegen die zwei Rechtecke eine Festung, d. h. die Stärke des mongolischen Staates, darstellen. Der Yin-Yang-Kreis stellt in der mongolischen Symbolik einen Fisch dar, der Verstand und Weisheit versinnbildlicht (weil Fische nie die Augen schließen). Zwischen 1924 und 1940 befand sich das Emblem in der Mitte der Flagge. Während der kommunistischen Herrschaft wurde es zum Liek gerückt und ein blauer Mittelstreifen mit einem Stern des Sozialismus eingefügt. Der Stern wurde 1992 wieder entfernt.

MOÇAMBIQUE

Offizieller Name:
República de Moçambique
(Republik Moçambique)

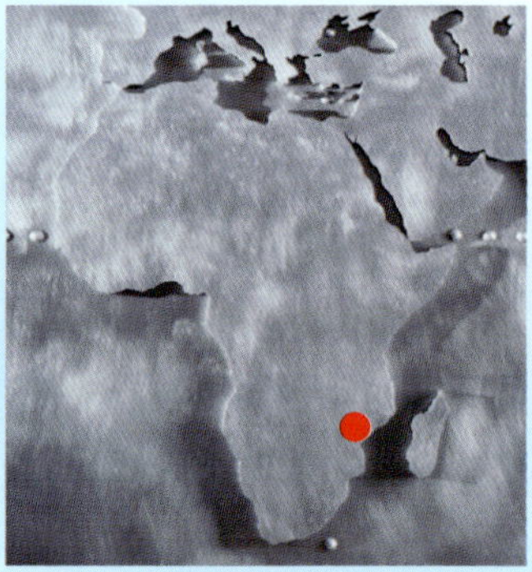

Hauptstadt:
Maputo

Lage:
Südostafrika

Währung:
1 Metical = 100 Centavos

Sprachen:
Portugiesisch, Bantu

Religionen:
Katholiken, Muslime, Naturreligionen

Flagge eingeführt:
1. Mai 1983

Schnitt:
2:3

Die ersten fremden Siedler, die das Land der Bantu anlockte, waren arabische Händler im 9. Jahrhundert. Die Portugiesen kolonisierten Moçambique 1505, beuteten die Gold- und Elfenbeinreserven aus und versklavten die Menschen, die sie auf Zuckerplantagen in Kuba und Brasilien transportierten.

Gruppen von Gegnern der portugiesischen Herrschaft vereinten sich in den 1960er-Jahren zur Front für die Befreiung Moçambiques (*Frente de Liberação do Moçambique,* FRELIMO), deren Flagge die panafrikanischen Farben horizontal in der Reihenfolge Grün, Rot, Schwarz zeigte, weiß abgesetzt und mit einem roten Dreieck am Liek. Sie war kurzzeitig die Flagge Moçambiques, als das Land 1974 unabhängig wurde. (Während der Kolonialzeit gab es keine Flagge für Moçambique, denn die portugiesischen Kolonien galten als Landesteile Portugals.) Auf der ersten offiziellen Flagge Moçambiques bildeten die Streifen vier unregelmäßige Dreiecke, die strahlenförmig vom oberen Liek ausgingen, worin ein weißes Zahnrad (für die Industrie) sowie eine Hacke, überkreuzt mit einer Kalaschnikow (für Landwirtschaft und Verteidigung) über einem offenen Buch (als Symbol der Bildung) zu sehen waren, dazu ein kleiner roter Stern als Sinnbild für den Sozialismus. Anfang der 1980er-Jahre wurde die horizontale Anordnung wieder eingeführt und das Landeswappen im roten Dreieck mit einem gelben Stern unterlegt. 1983 entfiel das Zahnrad, und der gelbe Stern des Marxismus wurde vergrößert.

Offizieller Name:
Pyiduangsu Myanma Naingngandaw
(Union Myanmar)

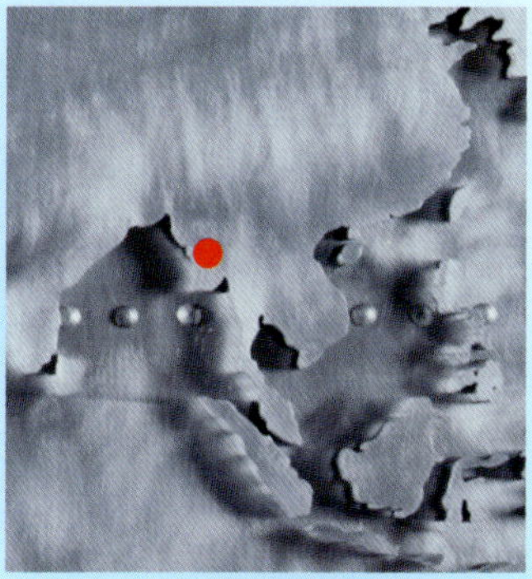

Hauptstadt:
Rangun (Yangon)

Lage:
Südasien

Währung:
1 Myanmar-Kyat = 100 Pyas

Sprache:
Birmanisch

Religion:
Buddhisten

Flagge eingeführt:
3. Januar 1974

Schnitt:
5:9

Bis 1989 war Myanmar als Birma bekannt. Die Birmesen kamen 638 aus der Grenzregion zwischen China und Tibet und bauten bis 850 einen großen birmesischen Staat im Irawaddy-Tal auf. Nach einer Reihe von Kriegen mit den Briten war Birma von 1886 bis 1937 indische Provinz und danach britische Kronkolonie, bis es 1948 die Unabhängigkeit erhielt. Die Flagge von Myanmar hat ihren Ursprung in Banner der Widerstandsbewegung, die im Zweiten Weltkrieg gegen die japanischen Okkupationstruppen kämpfte, einer roten Flagge mit einem weißen Stern. Bei Beginn der Unabhängigkeit wurde die Flagge verändert. Sie hat eine rote Grundfläche mit blauem Obereck, worin fünf kleine Sterne (für die ethnische Vielfalt des Landes) um einen großen Stern angeordnet waren, so die Einheit des Landes symbolisierend. 1974, als Birma Sozialistische Republik in der Föderation Birma wurde, erschienen im Emblem 14 Sterne (einer für jeden der Staaten in der Föderation) um ein Zahnrad und Reisähren (für die Einheit von Industrie und Landwirtschaft) angeordnet. Die Farben der Flagge stehen für die Tapferkeit der Menschen (Rot), Frieden (Blau) und Tugendhaftigkeit (Weiß). Zwar änderte Birma 1989 seinen Namen in Union Myanmar, aber die Flagge blieb unverändert.

NAMIBIA

Namibia war ursprünglich von den Damara und danach von Khoikhoi, Ovambo und Hereros bewohnt. Als erster Europäer kam 1448 Bartolomeo Diaz nach Namibia. 1884 wurde gegen starken Widerstand die Kolonie Deutsch-Südwestafrika gegründet. Ein erfolgloser Aufstand von 1904 bis 1908 kostete über 50000 Hereros das Leben. Südafrika eroberte das Gebiet 1915 und erhielt 1920 ein Mandat des Völkerbundes, es zu regieren. Die Vereinten Nationen annullierten das Mandat 1966, was von Südafrika ignoriert wurde. Namibia wurde schließlich 1990 nach einem von der nationalistischen Südwestafrikanischen Volksorganisation (SWAPO) geführten Guerillakrieg befreit.

Bei Beginn der Unabhängigkeit nahm Namibia eine Flagge an, die das Nationale Komitee für Symbole aus 835 eingesendeten Entwürfen auswählte. Die Flagge vereint die Farben der SWAPO (Blau, Rot und Grün) und die der anderen großen politischen Partei, der Demokratischen Turnhallen-Allianz (Rot, Weiß, Blau). Offiziell symbolisiert das Rot die wertvollste Ressource Namibias: die Menschen und ihre heroische Entschlossenheit, eine bessere Zukunft aufzubauen. Die schmalen weißen Streifen stehen für Frieden und Einheit, das grüne Dreieck bezeichnet die Landwirtschaft, und das blaue Dreieck steht für Namibias Wasserressourcen, den Himmel und den Atlantischen Ozean. Die goldene Sonne bedeutet Leben und Energie.

Offizieller Name:
Republik Namibia

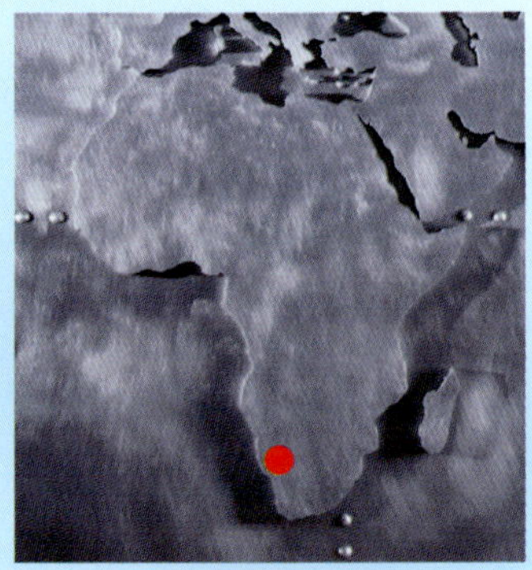

Hauptstadt:
Windhoek

Lage:
Südwestafrika

Währung:
1 Namibischer Dollar = 100 Cents

Sprachen:
Englisch, Afrikaans, Deutsch

Religion:
Protestanten

Flagge eingeführt:
21. März 1990

Schnitt:
2:3

NAURU

Offizieller Name:
Republik Nauru

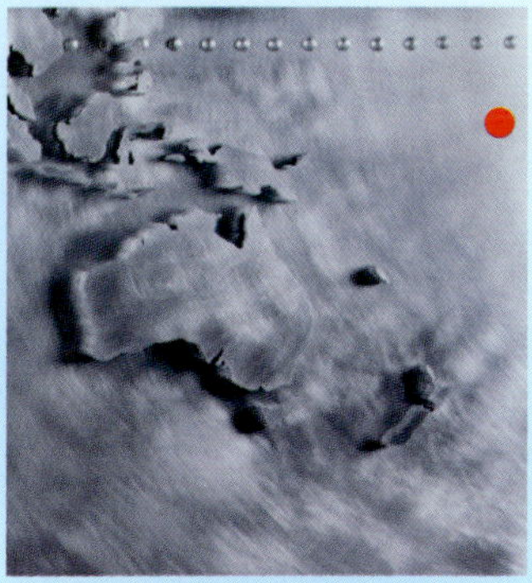

Hauptstadt:
Yaren

Lage:
Pazifischer Ozean

Währung:
1 Australischer Dollar =
100 Cents

Sprachen:
Nauruisch, Englisch

Religionen:
Protestanten, Katholiken

Flagge eingeführt:
31. Januar 1968

Schnitt:
1:2

Die Koralleninsel Nauru (auch: Naoeru) hat eine Gesamtfläche von nur 21,2 km^2. Trotz der geringen Größe des Landes gehören die rund 10 000 Einwohner zu den reichsten der Welt. Sie leben vom Abbau eines hochwertigen Phosphatgesteins für die Düngemittelproduktion. Leider hat die Industrie aber auch die Umwelt zerstört, die einmal so schön war, dass die Briten Nauru ab 1798 als Pleasant Island (angenehme Insel) bezeichneten. Fast 80 % der Insel sind jetzt unbewohnbar, und wahrscheinlich werden die Inselbewohner in der Zukunft umziehen müssen. 1880 wurde Nauru von Deutschland besetzt und 1920 vom Völkerbund (den späteren Vereinten Nationen) unter australische Verwaltung gestellt. 1966 erhielt das Land die Selbstverwaltung und 1968 die volle Unabhängigkeit.

Die Flagge von Nauru mit einem gelben Streifen auf blauer Grundfläche und einem außermittigen weißen Stern symbolisiert die geografische Lage der Insel: 1° südlich des Äquators im Südwestpazifik, östlich der internationalen Datumsgrenze. Die zwölf Zacken des Sterns sollen die zwölf auf der Insel beheimateten Stämme bezeichnen.

NEPAL

Offizieller Name:
Sri Nepala Sarkar
(Königreich Nepal)

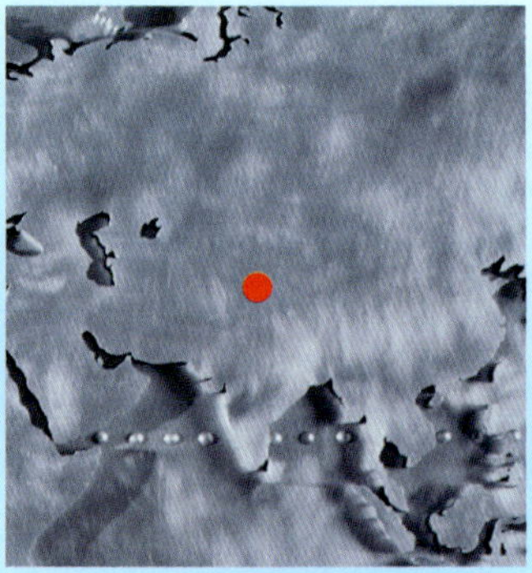

Hauptstadt:
Katmandu

Lage:
Südasien

Währung:
1 Nepalesische Rupie = 100 Paisa

Sprachen:
Nepali, Indische Sprachen

Religionen:
Hindus, Buddhisten, Muslime

Flagge eingeführt:
16. Dezember 1962

Schnitt:
4:3 (die geraden Seiten)

Mehrere kleine Gurkha-Fürstentümer hoch im Himalaja wurden 1768 als Nepal unter König Prithvi Narayan Shah vereint.1816 wurde Nepal britisches Schutzgebiet, und obgleich seine Unabhängigkeit 1923 anerkannt wurde, blieb es durch vertragliche Verpflichtungen bis 1947 an Großbritannien gebunden. Nepal wurde ab 1845 von einem erblichen Premierminister aus der Familie Rana regiert, bis diese Familie 1951 in einer Revolution gestürzt und die Monarchie wieder errichtet wurde. Die absolute Monarchie endete erst 1991 mit den ersten Mehrparteienwahlen.

Nepal hat die einzige Nationalflagge, die weder quadratisch noch rechteckig ist, sondern sich aus zwei ursprünglich getrennten dreieckigen Wimpeln zusammensetzt. Im oberen Dreieck sind eine Mondsichel und ein Halbstern als Symbol des Königshauses dargestellt, während im unteren Dreieck ein Sonnenmotiv die Familie Rana symbolisiert. Die Kombination beider Wimpel wird als Ausdruck der Hoffnung gedeutet, dass Nepal so lange bestehen möge, wie Sonne und Mond am Himmel erscheinen. Sonne und Mond hatten ursprünglich menschliche Gesichter, die aber 1962 entfernt wurden. Das Karminrot der Dreiecksflächen ist die Farbe der nationalen Symbolblume Nepals, des Rhododendrons, während die blaue Kante, die beide Wimpel zusammenfasst, den Frieden symbolisiert.

NEUSEELAND

Offizieller Name:
Aotearoa
(Neuseeland)

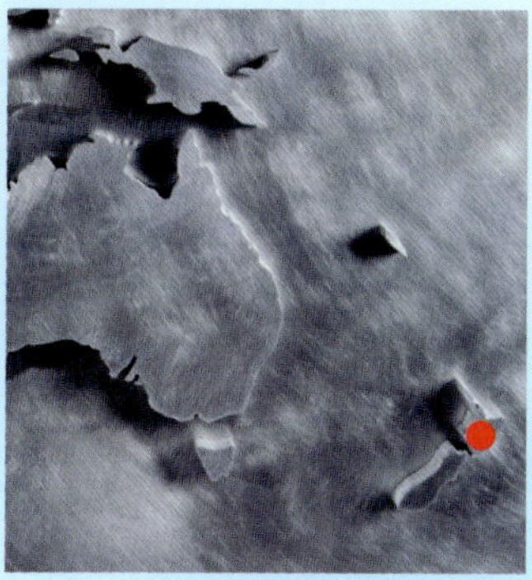

Hauptstadt:
Wellington

Lage:
Pazifischer Ozean

Währung:
1 Neuseeländischer Dollar = 100 Cents

Sprachen:
Englisch, Maori

Religionen:
Anglikaner, Presbyterianer, Katholiken

Flagge eingeführt:
12. Juni 1902

Schnitt:
1:2

Neuseeland, aus zwei Pazifikinseln bestehend, wurde vor dem 15. Jahrhundert von den polynesischen Maori besiedelt, und diese ließen den niederländischen Entdeckungsreisenden Abel Tasman, als er 1642 die Inseln erreichte, nicht an Land kommen. Die weitere Erkundung der Küste erfolgte zwischen 1769 und 1777 durch den britischen Kapitän James Cook, und ab 1815 kamen britische Missionare. Mit dem Vertrag von Waitangi (1840) zwischen Großbritannien und den Maori wurde die britische Herrschaft über Neuseeland besiegelt, und die Kolonisierung begann. 1853 erhielt die Kolonie die Selbstverwaltung. Weil sie sich mit dem Verlust ihres Landes nicht abfinden wollten, erhoben sich die Maori zwischen 1845 und 1847 und nochmals zwischen 1860 und 1872 und erkämpften sich die parlamentarische Vertretung. 1907 wurde Neuseeland Dominion und 1947 vollkommen unabhängig von Großbritannien.

Dass Neuseeland in jüngerer Zeit britische Kolonie war, zeigt sich in der Flagge, in deren Obereck ein britischer Union Jack abgebildet ist. Im fliegenden Rand bilden vier verschieden große, weiß abgesetzte rote Sterne auf blauem Hintergrund ein stilisiertes Kreuzes des Südens. Die vier dargestellten Sterne sind Alpha, Beta, Gamma und Delta Crucis. Die Flagge wurde 1869 entworfen, damals aber nur auf See verwendet und erst 1902 offiziell als Nationalflagge angenommen.

NICARAGUA

Offizieller Name:
República de Nicaragua
(Republik Nicaragua)

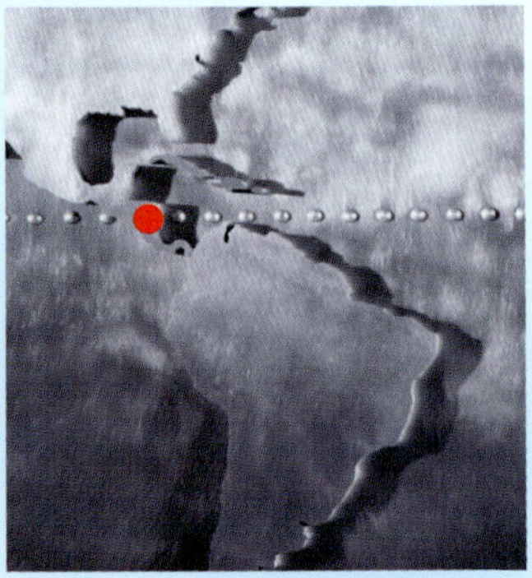

Nicaragua wurde zwar schon 1502 von Christoph Kolumbus gesichtet, aber der erste Europäer, der an Nicaraguas Küste landete, war Gil Gonzales de Avila, der das Land 1522 für Spanien beanspruchte. Es blieb bis 1821 spanischer Besitz und bildete dann mit Costa Rica, El Salvador, Honduras und Guatemala die Vereinigten Provinzen von Mittelamerika (1823–38).

Als Mitglied dieser Union nahm Nicaragua die blau-weiß gestreifte Flagge der Vereinigten Provinzen mit dem dreieckigen Emblem in der Mitte an, und von allen fünf ehemaligen Mitgliedsstaaten hat Nicaragua die Flagge, die der Flagge der Vereinigten Provinzen am ähnlichsten ist. In dem dreieckigen Emblem, einem Symbol für Gleichheit, sind fünf Vulkane (einer für jeden Mitgliedsstaat) abgebildet, dazu ein Regenbogen, der für Frieden und eine leuchtende Zukunft steht, sowie die rote phrygische Jakobinermütze, von der Sonnenstrahlen ausgehen, als Zeichen der Freiheit. Alle diese Elemente enthielt auch das ursprüngliche Emblem. Seit 1823 ist das Wappen allerdings mit dem Namen des Nationalstaates, *República de Nicaragua*, sowie *Mittelamerika* umschrieben anstelle der Bezeichnung *Provincias Unidad del Centor America* (Vereinigte Provinzen von Mittelamerika).

Nicaraguas ursprüngliches Wappen, das dem Wappen auf der gegenwärtigen Flagge von El Salvador sehr ähnlich war, wurde 1823 angenommen, hat sich aber im Laufe der Jahre mehrfach verändert, bevor 1971 die gegenwärtige Form eingeführt wurde.

Hauptstadt:
Managua

Lage:
Mittelamerika

Währung:
1 Córdoba-Oro = 100 Centavos

Sprache:
Spanisch

Religion:
Katholiken

Flagge eingeführt:
27. August 1971

Schnitt:
3:5

NIEDERLANDE

Offizieller Name:
Koninkrijk der Nederlanden
(Königreich der Niederlande)

Hauptstadt:
Amsterdam,
Den Haag (Regierungssitz)

Lage:
Westeuropa

Währung:
1 Euro = 100 Cents

Sprachen:
Niederländisch, Friesisch

Religionen:
Katholiken, Protestanten

Flagge eingeführt:
19. Februar 1937

Schnitt:
2:3

Im Mittelalter wurden viele der meist von Kaufleuten regierten niederländischen Städte wohlhabend. Im 15. Jahrhundert kamen die Niederlande (Holland, Belgien und Flandern) an die Herzöge von Burgund und 1504 an die spanischen Habsburger. Die wachsende Opposition gegen die spanische Herrschaft gipfelte 1568 in einem von Wilhelm von Oranien geführten Aufstand gegen König Philip II. von Spanien, und sieben nördliche Provinzen bildeten die Vereinigten Provinzen, die 1648 offiziell als Republik der Niederlande anerkannt wurden. Die Kämpfe zwischen den Oraniern, die einen Statthalter favorisierten, und den Republikanern endeten 1672, als Wilhelm von Oranien (König William III. von England) Statthalter wurde. 1814 wurden die Niederlande Königreich.

Die niederländische Flagge, vielleicht die erste revolutionäre Trikolore, könnte das Vorbild für die französische Trikolore gewesen sein. Die erste niederländische Trikolore, die *Prinsenvlag,* war orange, weiß und blau wie die Livree des Prinzen von Oranien. Da das Orange nicht haltbar war, wurde es gegen 1660 durch Rot ersetzt. Bis 1800 änderten sich Anordnung und Zahl der Streifen mehrfach, und erst 1937 wurden Farben und Anordnung offiziell festgeschrieben. Jedes Jahr im Juni hissen Schulabgänger die Flagge mit einer Schultasche an der Spitze des Flaggenstocks.

NIGER

Offizieller Name:
République du Niger
(Republik Niger)

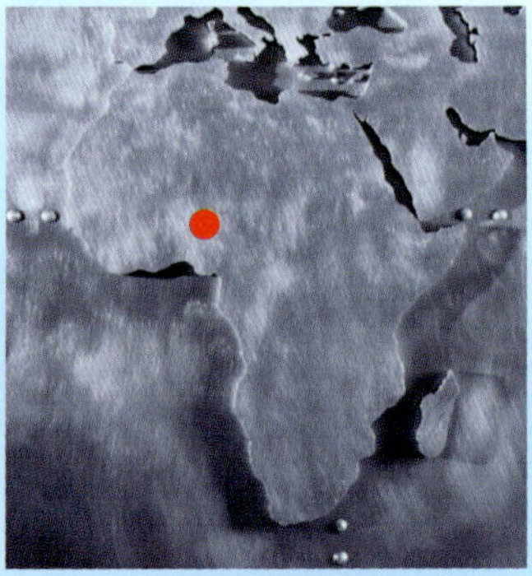

Hauptstadt:
Niamey

Lage:
Westafrika

Währung:
1 CFA-Franc = 100 Centimes

Sprachen:
Französisch, Hausa, Djerma

Religionen:
Sunnitische Muslime, Naturreligionen

Flagge eingeführt:
23. November 1959

Schnitt:
2:3

Die als Niger bezeichnete Region Westafrikas wurde ab dem 15. Jahrhundert vom Königreich der Hausa und später vom nigerianischen Reich der Sokoto beherrscht. Im 18. Jahrhundert landeten Entdeckungsreisende an der Küste, und vom Norden her drangen die Tuareg ein. Obwohl das Land 1901 Teil von Französisch-Westafrika wurde, kam ein Großteil des Landes bis 1920 nicht unter französische Kontrolle. 1920 erhielt das Land die Selbstverwaltung und 1960 die volle Unabhängigkeit.

Wie viele ehemalige französische Kolonien in Afrika hat auch Niger eine Flagge, die sich an der französischen Trikolore orientiert. Sie wurde mit der Flagge der Elfenbeinküste zusammen entworfen, mit der Niger (neben dem Tschad und dem heutigen Benin) 1958 verbündet war. Die Flagge wurde 1959 entworfen, aber die angestrebte Allianz kam nie zustande. Dennoch verwendete Niger die Flagge beim Eintritt in die Unabhängigkeit weiter. Die Farbe Orange symbolisiert die nördlich angrenzende Sahara, das Grün das flache Grasland im Süden und Westen sowie den Fluss Niger, der es bewässert, das Weiß bezeichnet die Hoffnung und die Sahelzone im zentralen Landesteil, während die orangefarbene Scheibe in der Mitte der Flagge für die Sonne steht, die auf das Land scheint.

NIGERIA

Offizieller Name:
Bundesrepublik Nigeria

Hauptstadt:
Abuja

Lage:
Westafrika

Währung:
1 Naira = 100 Kobo

Sprachen:
Englisch, Ibo, Yoruba, Hausa

Religionen:
Christen, Muslime, Naturreligionen

Flagge eingeführt:
1. Oktober 1960

Schnitt:
1:2

Zwischen dem 11. und dem 14. Jahrhundert war die Blütezeit des Kanem-Reiches im nördlichen Nigeria, und in dieser Zeit wurde der Islam eingeführt. Vom 15. Jahrhundert an entwickelten sich verschiedene mächtige Königreiche – Hausa, Yoruba, Benin und Ibo –, während portugiesische und britische Sklavenhändler die Küsten überfielen. Anfang des 19. Jahrhunderts begannen die Briten mit der Erkundung des Landesinneren, wobei die Stadt Lagos 1861 angeblich einem Häuptling abgekauft wurde. 1914 wurde aus den beiden britischen Protektoraten Nord- und Südnigeria die größte britische Kolonie, Nigeria, gebildet. Nigeria wurde 1954 Föderation, 1960 unabhängige konstitutionelle Monarchie und 1963 Republik.

Mit Beginn der Unabhängigkeit wurde eine Flagge nach dem Entwurf von Michael Taiwo Akinkunmi angenommen, der als Sieger aus über 2500 Einsendungen ausgewählt wurde. Der Originalentwurf enthielt eine rote Sonne mit Strahlen sowie einen roten Streifen. Beides wurde von den Juroren verworfen, und so entstand die jetzige grün-weiße Flagge. Die grünen Felder stellen die Landwirtschaft dar, der weiße Streifen steht für Frieden und Einheit zwischen den verschiedenen ethnischen Gruppen Nigerias, weist aber auch auf den Fluss Niger hin, der das Land durchströmt und die grünen Felder bewässert.

NORDKOREA

Offizieller Name:
Choson-minjujuui-inmin-konghwaguk
(Demokratische Volksrepublik Korea)

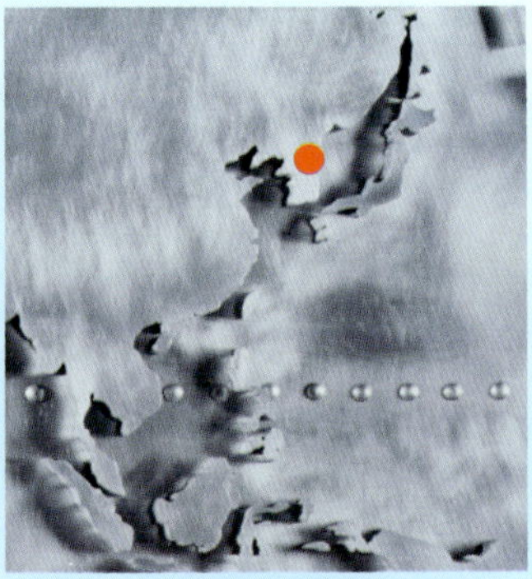

Hauptstadt:
Pjöngjang

Lage:
Nordostasien

Währung:
1 Won = 100 Chon

Sprachen:
Koreanisch, Chinesisch

Religionen:
Religion des Himmlischen Weges (eine Kombination aus Konfuzianismus und Taoismus), Buddhismus

Flagge eingeführt:
8. September 1948

Schnitt:
1:2

Obwohl die Gründung des koreanischen Staates traditionell auf die Tangun-Dynastie ca. 2400 v. Chr. zurückgeführt wird, wurden Nord- und Südkorea erst im 10. Jahrhundert n. Chr., nach Jahrhunderten interner Kriege und Invasionen, geeint. Während des Waffenstillstandes nach dem Ende des Zweiten Weltkrieges sorgten die Besatzungstruppen – sowjetische Truppen nördlich des 38. Breitengrades und US-Truppen südlich davon – für eine anhaltende Teilung des Landes in das kommunistisch beherrschte Nordkorea und das demokratische Südkorea.

Die nordkoreanische Flagge wurde 1948 angenommen, als das Land eine Volksrepublik unter Führung der Koreanischen Arbeiterpartei (KWP) wurde. Die traditionellen Farben der koreanischen Flagge – Rot, Weiß und Blau – wurden beibehalten, jedoch mit mehr Betonung auf der Symbolik der Farbe Rot. Auch wurde eine weiße Scheibe mit einem roten Stern hinzugefügt. Die blauen Streifen sollen den Wunsch des koreanischen Volkes nach Frieden bedeuten, das Rot bezeichnet ihren revolutionären Geist und das Weiß die Reinheit ihrer Ideale. Die weiße Scheibe mit dem fünfzackigen Stern, der auf den Weg des Volkes zum Sozialismus hinweist, erinnert an das traditionelle koreanische Symbol des Alls, das *t'aeguk* (Yin und Yang).

NORDZYPERN

Offizieller Name:
Kuzey Kibris Turk Cumhuriyeti
(Türkische Republik
Nordzypern)
FLAGGE UMSTRITTEN

Das Eindringen türkischer Truppen im Jahre 1974 in den Norden Zyperns führte zur Teilung der Insel. Seither halten Truppen der Vereinten Nationen die Attila-Linie zwischen dem griechischen Süden und dem türkischen Norden besetzt. Nordzypern hat sich zur Republik erklärt, wird aber von keinem Staat (außer der Türkei) und auch nicht von den Vereinten Nationen anerkannt.

Die Flagge der Republik Zypern (siehe Seite 224) ist offiziell die Flagge der gesamten Insel, und sie ist die einzige international anerkannte zypriotische Flagge.

NORWEGEN

Offizieller Name:
Kongeriket Norge
(Königreich Norwegen)

Hauptstadt:
Oslo

Lage:
Nordwesteuropa

Währung:
1 Norwegische Krone = 100 Øre

Sprachen:
Norwegisch, Lappländisch, Finnisch

Religion:
Lutheraner

Flagge eingeführt:
13. Juli 1821

Schnitt:
8:11

Norwegen war ursprünglich von den Samen (Lappen) und anderen Nomaden bewohnt, die von örtlichen Häuptlingen beherrscht wurden, bis es 1015 unter König Olaf II. geeint wurde. Durch eine Heirat der Königshäuser wurden Norwegen und Dänemark 1380 vereint und bildeten ab 1397 zusammen mit Schweden die Kalmarer Union unter einem Souverän. Schweden schied 1523 aus der Union aus, aber Norwegen blieb bis 1814 unter dänischer Herrschaft und wurde dann an Schweden abgetreten. Zwischen dem norwegischen Parlament und der schwedischen Krone bestanden Konflikte, bis Norwegen sich 1905 für unabhängig erklärte und Prinz Carl (von Dänemark) zum König wählte, der den Namen Haakon VII. annahm.

Unter dänischer Herrschaft führte Norwegen den *Danebrog* (Dänisches Tuch) bis 1814, danach für kurze Zeit die dänische Flagge mit einem norwegischen Löwen. Die gegenwärtige Flagge, die Frederik Meltzer, ein Politiker aus Bergen, entworfen hat, stammt von 1821, als ein blaues skandinavisches Kreuz (für Schweden, das Norwegen damals regierte) in die rot-weiße dänische Flagge eingefügt wurde. Die Flagge widerspiegelt nicht nur die historischen und andauernden Verbindungen Norwegens zu Dänemark und Schweden; die Farben Rot, Weiß und Blau werden auch mit der Freiheit assoziiert, erscheinen sie doch in den Flaggen Frankreichs, der Niederlande, des Vereinigten Königreichs und der Vereinigten Staaten.

Offizieller Name:
Saltanaat al-'Umman
(Sultanat Oman)

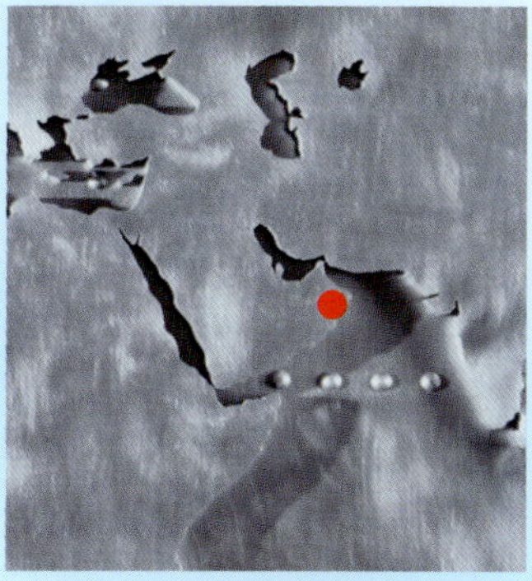

Hauptstadt:
Maskat (Masqat)

Lage:
Südwestasien

Währung:
1 Omanischer Rial =
1000 Baizas

Sprachen:
Arabisch, Baluchi, Englisch

Religion:
Muslime

Flagge eingeführt:
18. Oktober 1995

Schnitt:
1:2

Oman wurde ab dem 4. Jahrhundert n. Chr. von den Persern beherrscht, bevor im 7. Jahrhundert arabische Truppen eindrangen. Der florierende Handel der Region mit dem Osten zog 1507 die Portugiesen an, die Masqat gründeten und die Küste bis 1658 besetzt hielten. Nachdem Persien zwischen 1658 und 1744 Oman zurückerobert hatte, wurde Ahmad ibn Said 1749 der Imam (Führer) von Oman und gründete die Dynastie, die bis heute besteht. Im späten 19. Jahrhundert kamen die Briten ins Land, und Oman wurde erst 1951 wieder völlig unabhängig als Sultanat Masqat und Oman.

Während dieser Zeit wurde in Oman meist das einfarbige rote Banner der charidjitischen Muslime als Flagge verwendet. Nach einem unblutigen Staatsstreich wurde das Land 1970 wieder in Sultanat Oman umbenannt und eine neue Nationalflagge eingeführt. Rot, das die Kämpfe Omans gegen fremde Invasoren symbolisiert, bleibt zwar die bestimmende Farbe, aber zum fliegenden Rand hin sind Streifen von Weiß und Grün eingefügt worden, die Frieden und Wohlstand bzw. die grünenden Felder darstellen. Im Obereck befindet sich das Emblem des Sultanats, ein *khanjar* (gekrümmter Dolch) und ein Gürtel über zwei gekreuzten Schwertern. 1995 wurden die Proportionen der Flagge von 2:3 auf 1:2 geändert und der vertikale Streifen am Liek von einem Drittel auf ein Viertel des fliegenden Randes reduziert.

ÖSTERREICH

Offizieller Name:
Republik Österreich

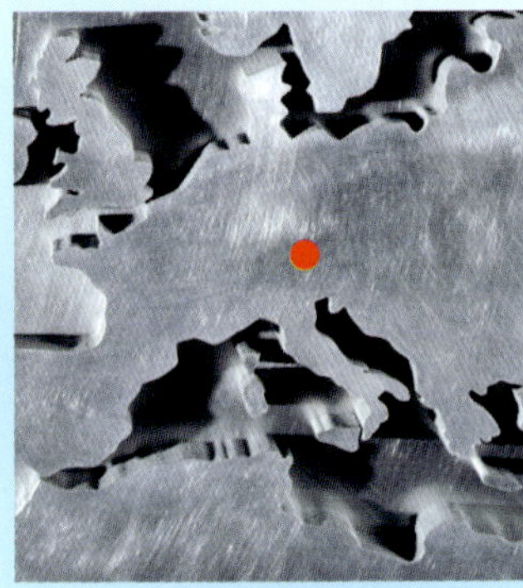

Hauptstadt:
Wien

Lage:
Mitteleuropa

Währung:
1 Euro = 100 Cents

Sprache:
Deutsch

Religionen:
Katholiken, Protestanten

Flagge eingeführt:
1. Mai 1945

Schnitt:
2:3

In alten Zeiten war dieses bergige Binnenland von keltischen Stämmen bewohnt. Im Jahre 14 v. Chr. wurde das Land südlich der Donau von den Römern eingenommen. Nach dem Fall des Römischen Reiches wurde die Region nacheinander von den Vandalen, Goten, Hunnen, Lombarden und Awaren erobert, bis Karl der Große 791 n. Chr. die Grundlagen des österreichischen Reiches legte.

Vom 10. Jahrhundert bis 1250 regierten hier die Babenberger, und nach der Legende wurde in der Schlacht von Acre im Jahre 1191 das weiße Obergewand des Kreuzritters Herzog Leopold V. so blutig, dass nur unter dem Schwertgehenk ein weißer Streifen blieb. So wurden Rot und das weiße Band die Farben Leopolds und Österreichs, und sie blieben über 900 Jahre lang ein Emblem Österreichs. Damit ist dies eine der ältesten Flaggen der Welt. Als das Land 1918 nach dem Sturz des letzten habsburgischen Kaisers eine Republik wurde, nahm Österreich diese Flagge offiziell an. Im Zweiten Weltkrieg, nach der Besetzung Österreichs durch die Hitlertruppen und der Angliederung an das Deutsche Reich, wurde die österreichische Flagge verboten. Mit dem Kriegsende 1945 wurde sie wieder eingesetzt.

OSTTIMOR

Offizieller Name:
Timor Loro-Sae
FLAGGE UMSTRITTEN

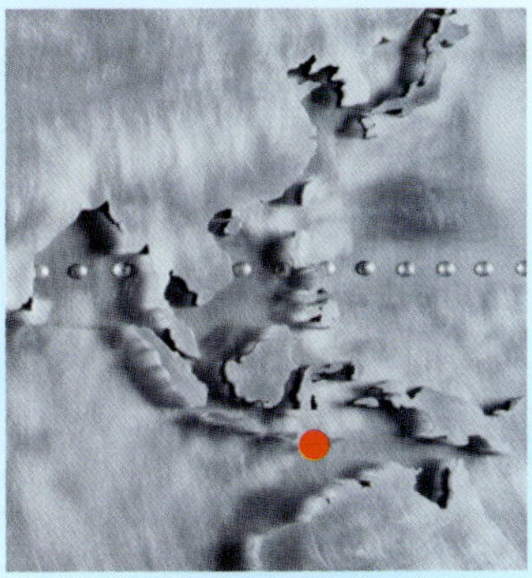

Hauptstadt:
Dili

Lage:
Südostasien

Währung:
Indonesische Rupie

Sprachen:
Tetun, Javanisch, Portugiesisch, Kreolisch

Religionen:
Katholiken, Naturreligionen

Osttimor, auf der Insel Timor im Malaiischen Archipel gelegen, ist eine frühere portugiesische Kolonie. Als die Portugiesen sich 1975 zurückzogen, besetzte die Revolutionäre Front von Osttimor (FRETILIN) Dili und proklamierte die Unabhängigkeit Osttimors, woraufhin das benachbarte Indonesien in Osttimor einfiel und es zur Provinz erklärte. Dieser Anspruch wird von den Vereinten Nationen jedoch nicht anerkannt, und Osttimor steht gegenwärtig unter UN-Mandat.

Deshalb gibt es keine eigene Flagge für die Insel, die organisatorisch noch Teil Indonesiens ist. Die offiziell in Osttimor verwendete Flagge ist die der Vereinten Nationen. 1975 war Osttimor einige Tage »unabhängig« und hisste die Flagge der Unabhängigkeitsbewegung, aber es wäre falsch, diese als Flagge von Osttimor zu veröffentlichen. Die Insel wurde dann von Indonesien annektiert. Wird das Land unabhängig, was in Kürze der Fall sein könnte, wird es eine Nationalflagge einführen.

PAKISTAN

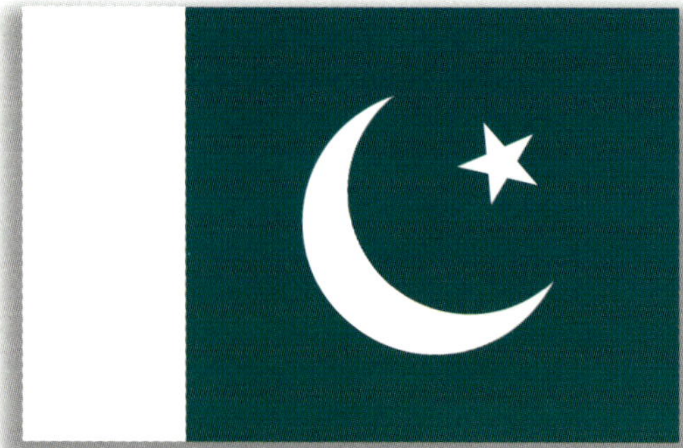

Offizieller Name:
Islami Jumhuriya-e-Pakistan
(Islamische Republik Pakistan)

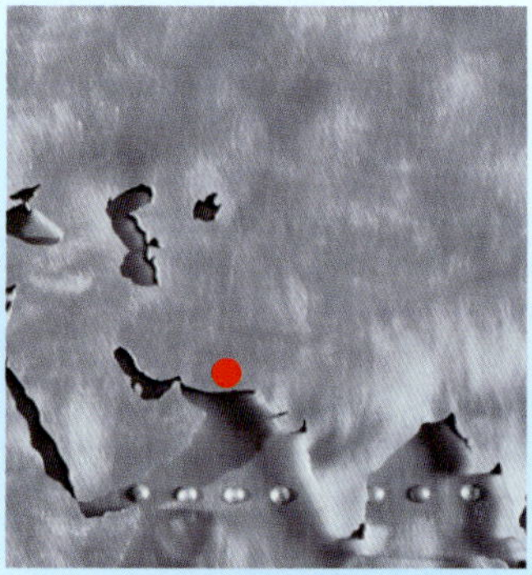

Hauptstadt:
Islamabad

Lage:
Südasien

Währung:
1 Pakistanische Rupie = 100 Paisa

Sprachen:
Urdu, Punjabi

Religion:
Sunnitische Muslime

Flagge eingeführt:
14. August 1947

Schnitt:
2:3

Pakistan wurde vom 18. Jahrhundert an als Teil Britisch-Indiens regiert, das 1947 in die beiden Dominions Indien und Pakistan geteilt wurde, da die Angst vor der Übermacht der Hindu-Mehrheit in Indien zur Gründung eines separaten muslimischen Staates Pakistan geführt hatte. Der Name Pakistan wurde 1930 von Rahmat Ali für einen muslimischen Teil Britisch-Indiens ersonnen und ist von den Namen der muslimischen Teile des indischen Subkontinents abgeleitet: Punjab, die Nordwestgrenze Afghanistans, Kashmir, Sind und Belutschistan. Außerdem sind *pak* und *stan* die Urdu-Wörter für »rein« bzw. »Land«.

Die pakistanische Flagge ist an die der Moslemliga angelehnt, die 1906 vom Aga Khan gegründet wurde. In die ursprüngliche grüne Flagge mit weißem Stern und Halbmond in der Mitte wurde am Liek ein weißer Streifen eingefügt, der die nichtmuslimischen Minderheiten in Pakistan repräsentiert, wogegen das vorherrschende Dunkelgrün für die muslimische Mehrheit steht. Der Halbmond ist ein Emblem des Islam, bedeutet aber auch Fortschritt, während der fünfzackige Stern Licht und Wissen bezeichnet. Die Legende schreibt die Gestaltung der Flagge Muhammed Ali zu, dem Gründer des pakistanischen Staates und dem Präsidenten der Moslemliga, aber offiziell gilt Ameer-ud-din Khidwai als Gestalter der Flagge.

PALÄSTINA

Offizieller Name:
Al-Solata al-Wataniya Al-Filastiniya
(Palästinensische Nationalbehörde)
FLAGGE UMSTRITTEN

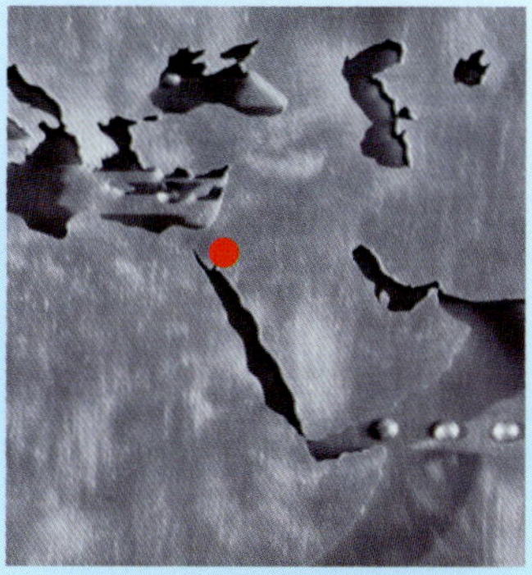

Hauptstadt:
Stadt Gaza (provisorisch)

Lage:
Westasien, auf israelischem und jordanischem Gebiet

Währungen:
Israelischer Schekel, Jordanischer Dinar

Sprachen:
Arabisch, Hebräisch

Religionen:
Muslime, Juden, Christen

Die Palästinensische Autonomiebehörde und Israel verhandeln noch über eine endgültige Regelung für Palästina. Verhandelt wird unter anderem über den Status des umstrittenen Ostteils von Jerusalem, der von beiden Seiten beansprucht wird, sowie anderer Stätten, die sowohl Muslimen als auch Juden heilig sind.

Die palästinensische Flagge ähnelt der jordanischen (siehe Seite 95), nur fehlt das Sternen-Emblem Jordaniens. Als Flagge für den Arabischen Aufstand 1916 entworfen, wurde sie später von der 1964 gegründeten Palästinensischen Befreiungsorganisation (PLO) übernommen. Die Flagge wurde 1974, als die PLO Beobachterstatus bei den Vereinten Nationen erhielt, international anerkannt.

PALAU

Offizieller Name:
Belu'u era Belau
(Republik Palau)

Hauptstadt:
Koror

Lage:
Pazifischer Ozean

Währung:
1 US-Dollar = 100 Cents

Sprachen:
Palauisch, Englisch

Religion:
Katholiken

Flagge eingeführt:
1. Januar 1981

Schnitt:
5:8

Spanien beherrschte die Inselgruppe im Pazifischen Ozean ab 1600 und verkaufte sie 1899 an Deutschland. Japan machte die Inseln im Zweiten Weltkrieg zu seinem Hauptquartier in Mikronesien, doch 1947 wurde Palau Teil des von den Vereinten Nationen gegründeten und von den USA verwalteten Treuhandgebietes Pazifische Inseln.

Die Flagge des Treuhandgebietes war blau mit einem Sechseck aus Sternen für die sechs Mitglieder (Palau, die Marschallinseln, Kosrae, Pohnpei, Chuuk und Yap). Palau erhielt 1980 die Selbstverwaltung und nahm ein Jahr später, als es Republik wurde, offiziell seine blau-gelbe Flagge an. (Seit 1994 ist das Land vollkommen unabhängig und Mitglied der Vereinten Nationen. Es ging eine freiwillige Verbindung mit den USA ein, die für seine Verteidigung Sorge tragen.)

Die Gestaltung der Flagge von Palau ist einfach, ihre Symbolik jedoch vielschichtig. Wie bei vielen anderen Staaten der Region weist das Blau auf die Lage im Pazifischen Ozean hin, aber auch auf den Übergang der Inseln vom Status eines Treuhandgebietes zur Republik. Die leicht zum Liek hin verschobene goldene Scheibe steht für den Vollmond, der nach Palauanischer Tradition die Zeit für Feste anzeigt, aber auch ein Friedenssymbol ist.

PANAMA

Offizieller Name:
República de Panama
(Republik Panama)

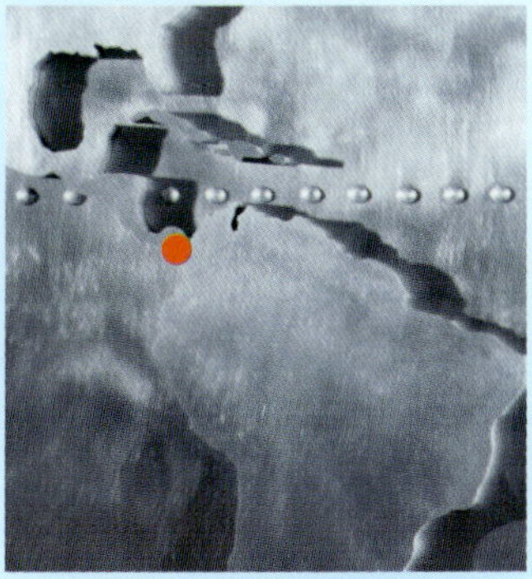

Hauptstadt:
Panama

Lage:
Mittelamerika

Währung:
1 Balboa = 100 Centésimos

Sprache:
Spanisch

Religionen:
Katholiken, Protestanten, Muslime

Flagge eingeführt:
20. Dezember 1903

Schnitt:
2:3

Christoph Kolumbus besuchte Panama 1501, und Vasco Núñez de Balboa entdeckte 1513 die Route vom Atlantik zum Pazifik von der darischen Landenge aus. Panama wurde zunächst von Spanien als Teil Neugranadas regiert und erhielt 1821 seine Unabhängigkeit, wurde dann Teil Großkolumbiens und blieb Provinz bis 1903, als es mit Unterstützung der Vereinigten Staaten unabhängig wurde. Gleichzeitig erhielten die USA das Recht zum Bau des Panamakanals.

Ursprünglich war für Panama eine Flagge aus sieben roten und gelben Streifen und einem blauen Obereck vorgesehen, in dem zwei goldene Sonnen die Verbindung des Atlantik und des Pazifik durch den Panamakanal symbolisieren sollten. Dieser Entwurf wurde vom Präsidenten des Landes, Manuel Amador Guerrero, abgelehnt, der stattdessen eine leicht an den »Stars and Stripes« orientierte Flagge einführte, deren Prototyp von seiner Frau genäht worden war. Die rechteckige Flagge ist in vier Viertel unterteilt: ein rotes, zwei weiße und ein blaues. Die Farben weisen auf die zwei wichtigsten politischen Parteien hin: Rot auf die Liberalen und Blau auf die Konservativen, während Weiß den erhofften Frieden zwischen beiden symbolisiert. Der blaue Stern in einem der weißen Felder bedeutet die Rechtschaffenheit des Landes, der rote Stern in dem anderen symbolisiert Gesetz und Autorität der Republik.

PAPUA-NEUGUINEA

Neuguinea ist seit mindestens 50 000 Jahren bewohnt, und die ersten Siedler kamen vermutlich von den östlichen Inseln Indonesiens. Der erste Europäer war um 1526 der portugiesische Entdeckungsreisende Jorge de Menezes, der die Insel *Ilhas dos Papua* (Insel Papua) nannte. Mitte des 16. Jahrhunderts beanspruchten die Spanier die Insel und nannten sie Neuguinea, weil sie fanden, dass die Einwohner denen der Küstenregionen von Guinea in Afrika ähnelten. 1828 brachten die Niederländer die Westhälfte der Insel (Neuguinea) unter ihre Kontrolle, 1884 beanspruchten die Briten den südöstlichen Teil (Territorium Papua) und Deutschland den nordöstlichen Teil (Territorium Neuguinea). Die Territorien Papua und Neuguinea wurden 1946 vereint und als Treuhandgebiet der Vereinten Nationen von Australien verwaltet, bis sie 1975 als Papua-Neuguinea die Unabhängigkeit erhielten. (Die Niederlande traten den Westteil der Insel 1962 ab, er bildet jetzt die indonesische Provinz Irian Jaya.)

Die gegenwärtige, 1971 angenommene Flagge wurde von der Kunsterzieherin Susan Karike in traditionellen Farben entworfen. Ein goldener Paradiesvogel (*kumul*) fliegt durch das obere, rote Dreieck und symbolisiert die Entstehung der nationalen Souveränität von Papua-Neuguinea. Die fünf weißen Sterne im unteren, schwarzen Dreieck symbolisieren das Kreuz des Südens, aber auch die Lage des Landes und seine Verbindungen zu anderen Nationen im Pazifik.

Offizieller Name:
Papua Niugini
(Unabhängiger Staat Papua-Neuguinea)

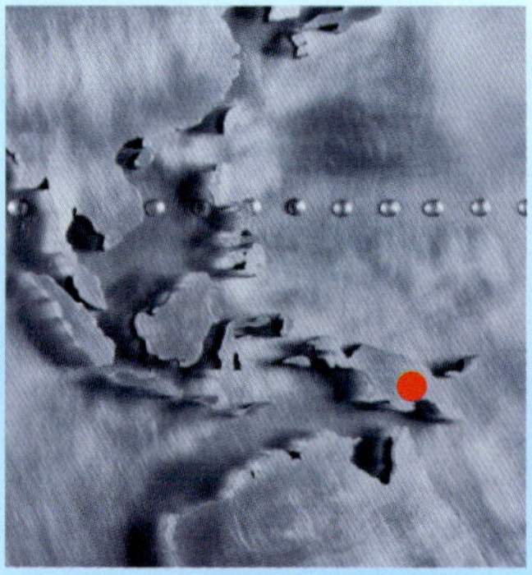

Hauptstadt:
Port Moresby

Lage:
Ozeanien

Währung:
1 Kina = 100 Toea

Sprachen:
Englisch, über 700 papuanische Sprachen und Dialekte

Religionen:
Naturreligionen, Protestanten, Katholiken

Flagge eingeführt:
1. Juli 1971

Schnitt:
3:4

PARAGUAY

Offizieller Name:
República del Paraguay
(Republik Paraguay)

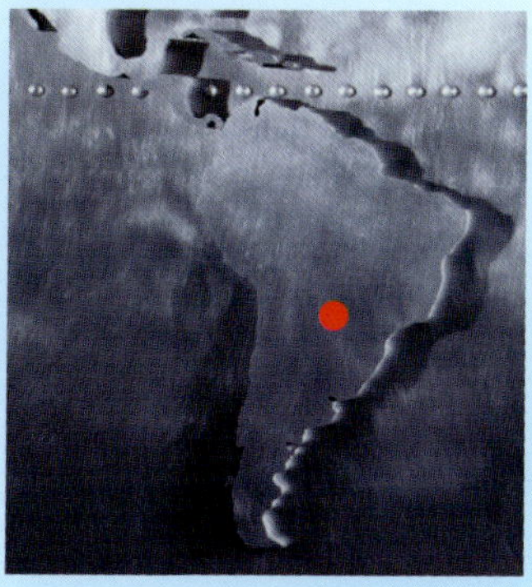

Hauptstadt:
Asunción

Lage:
Südamerika

Währung:
1 Paraguayischer Guarani =
100 Céntimos

Sprachen:
Spanisch, Guaraní

Religion:
Katholiken

Flagge eingeführt:
25. November 1842

Schnitt:
3:5

Paraguay wurde ursprünglich vom Volk der Guarani bewohnt. Die ersten Europäer erschienen in den 1520er-Jahren, und von 1600 bis zu ihrer Vertreibung 1767 verwalteten jesuitische Missionare das Land. Anschließend wurde es Teil des spanischen Vizekönigreiches Peru und ab 1776 Teil des Vizekönigreiches Buenos Aires, bevor es sich 1811 von Spanien unabhängig erklärte.

Vor der Annahme der gegenwärtigen paraguayischen Flagge im Jahr 1842 waren einige Varianten in Gebrauch. Sie alle waren von der französischen Trikolore abgeleitet, die zu einem Symbol der Befreiung geworden war. Rot-weiß-blaue Flaggen führten zum Beispiel die paraguayischen Truppen, die Buenos Aires 1806 gegen die britische Invasion verteidigten; 1814 dagegen, unter dem Regime von José de Francia, wurde eine Trikolore mit dem Wappen der Stadt Asunción auf der einen Seite und dem des Königs von Spanien auf der anderen gehisst. Die gegenwärtige Flagge hat weiterhin, unüblicherweise, auf beiden Seiten unterschiedliche Wappen: Auf dem Avers befindet sich der Name des Landes mit dem Mai-Stern, der den Monat bezeichnet, in dem Paraguay seine Unabhängigkeit erlangte; auf dem Revers ist das Siegel der Finanzverwaltung von Paraguay dargestellt, auf dem ein Löwe eine phrygische Jakobinermütze auf einem Pfahl bewacht. Der Wahlspruch lautet *Paz y Justicia* (Frieden und Gerechtigkeit).

PERU

Offizieller Name:
República del Perú
(Republik Peru)

Peru erlebte ab etwa 1200 n. Chr. eine Blüte der Chimu-Kultur, die später allmählich von der Inka-Kultur abgelöst wurde. 1531 begann der spanische Konquistador Francisco Pizzaro die Reichtümer des Landes zu plündern und seine Menschen zu versklaven. Schon 1533, als der letzte Inkakaiser Atahualpa ermordet wurde, war die spanische Herrschaft gefestigt, und Lima war fortan das Verwaltungszentrum des Vizekönigreiches Peru. Ein Aufstand der Tupac Amaru gegen die spanische Herrschaft 1780 schlug fehl, und Peru blieb das letzte spanische Herrschaftsgebiet und errang erst 1824 seine Unabhängigkeit.

Die Farben Rot und Weiß in der peruanischen Flagge gelten als Farben des Inkareiches. Sie wurden von General José de San Martín ausgewählt, der eine wichtige Rolle bei der Befreiung Chiles und Argentiniens von der spanischen Herrschaft spielte, bevor er 1820 seine Unabhängigkeitsarmee in Peru führte. Nach der Legende sah San Martín einen Schwarm Flamingos mit weißen Brüsten und roten Schwingen über seine Truppen hinwegfliegen; er betrachtete sie als gutes Vorzeichen und erklärte ihre Farben zu den Farben der Freiheit. Auf der rot-weißen Flagge Perus befand sich ursprünglich ein weiteres Emblem der Inka, eine aufgehende Sonne, die 1825 auf Wunsch Simón Bolívars entfiel, als die Flagge ihre heutige Form erhielt.

Hauptstadt:
Lima

Lage:
Südamerika

Währung:
1 Neuer Sol = 100 Centimos

Sprachen:
Spanisch, Ketschua, Aimara

Religion:
Katholiken

Flagge eingeführt:
25. Februar 1825

Schnitt:
2:3

PHILIPPINEN

Offizieller Name:
Republika ng Pilipinas
(Republik der Philippinen)

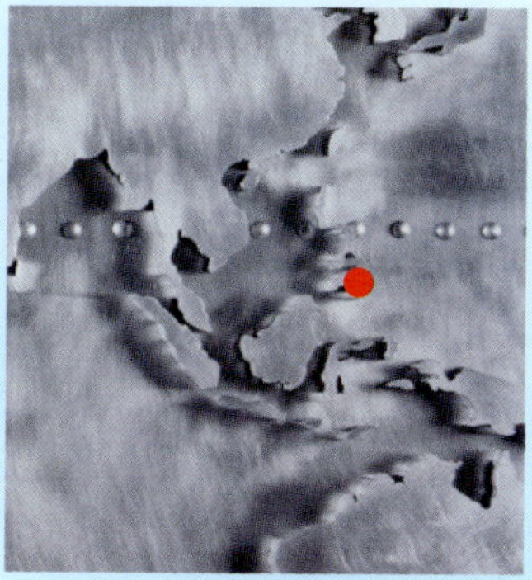

Hauptstadt:
Manila

Lage:
Südostasien

Währung:
1 Philippinischer Peso = 100 Centavos

Sprachen:
Tagalog (Pilipino), Englisch, Spanisch

Religionen:
Katholiken, Muslime

Flagge eingeführt:
19. Mai 1898

Schnitt:
1:2

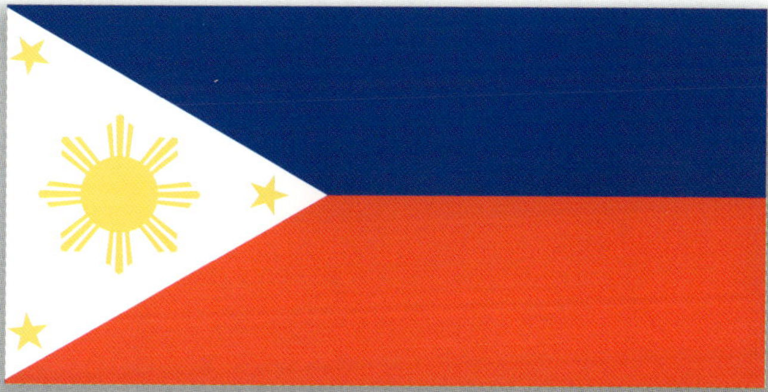

Ferdinand Magellan sichtete 1521 als erster Europäer die Philippinen und benannte sie nach dem spanischen König, Philip II. Im Laufe des 16. Jahrhunderts wurde die spanische Herrschaft ausgebreitet. Im 19. Jahrhundert führten wachsender Nationalismus und Ablehnung der wirtschaftlichen Ungerechtigkeit zu einer Reihe bewaffneter Aufstände. 1898, im Spanisch-Amerikanischen Krieg, versenkten die Vereinigten Staaten die spanische Flotte in der Bucht von Manila, und die Philippinen erklärten ihre Unabhängigkeit, wurden aber danach an die USA abgetreten. Der bewaffnete Widerstand gegen die Fremdherrschaft dauerte bis 1935 an, als den Philippinen die Selbstverwaltung gewährt wurde. 1946 wurden sie eine unabhängige Republik.

Die Nationalflagge der Philippinen hat ihren Ursprung in der Befreiungsbewegung der 1890er-Jahre. 1897 von General Aguinaldo entworfen, wurde sie im Mai 1898 in den Kampf gegen die Spanier getragen. Die achtstrahlige Sonne (für die acht aufständischen Provinzen) und die drei goldenen Sterne (für die Hauptregionen Luzon, Visayas und Mindanao) im weißen Dreieck symbolisieren das Heraufdämmern einer neuen Zeit. Der rote Streifen steht für Tapferkeit, der blaue für Patriotismus. In Kriegszeiten wird die Anordnung der Streifen vertauscht. Das weiße Dreieck steht für Frieden sowie für Katipunan, die revolutionäre Organisation, die den Unabhängigkeitskampf geführt hat.

POLEN

Die polnischen Stämme wurden erstmals im 10. Jahrhundert unter dem christlichen Herrscher Mieczyslaw geeint. Gegen Ende des 14. Jahrhunderts war Polen eine Großmacht und, durch die Vereinigung mit Litauen, das größte Land Europas. Kriege mit Russland, Schweden und Brandenburg in der Mitte des 17. Jahrhunderts sowie mit dem Osmanischen Reich im 18. Jahrhundert führten zur Einmischung Österreichs, Preußens und Russlands, die Polen schließlich 1795 okkupierten. Aufstände in den Jahren 1830, 1848 und 1863 führten zu größeren Repressionen von Seiten Russlands; 1919 jedoch nutzte Polen die innere Krise Russlands nach der Revolution der Bolschewiki und erklärte sich zur unabhängigen Republik. Wegen seiner strategischen Lage in Nordeuropa litt Polen im 20. Jahrhundert unter Okkupation und Annexion, und erst 1945 wurden seine Grenzen dauerhaft festgeschrieben.

Die Farben der polnischen Flagge haben ihren Ursprung in mittelalterlichen Wimpeln. König Wladyslaw (Ladislaus) Jagiello führte in der Schlacht bei Grunwald 1410 eine rote Flagge mit weißem Adler. Die Farben wurden beim Aufstand von 1830 in Form rot-weißer, von den Patrioten getragener Bänder wieder verwendet und 1919 offiziell als Nationalfarben anerkannt.

Offizieller Name:
Rzeczpospolita Polska
(Republik Polen)

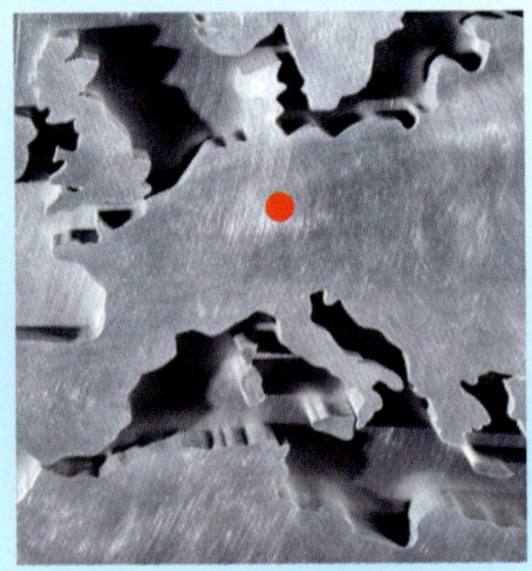

Hauptstadt:
Warschau

Lage:
Nordeuropa

Währung:
1 Zloty = 100 Groszy

Sprache:
Polnisch

Religion:
Katholiken

Flagge eingeführt:
1.August 1919

Schnitt:
5:8

Offizieller Name:
República Portugusea
(Republik Portugal)

Hauptstadt:
Lissabon

Lage:
Westeuropa

Währung:
1 Euro = 100 Cents

Sprache:
Portugiesisch

Religion:
Katholiken

Flagge eingeführt:
30. Juni 1911

Schnitt:
2:3

Portugal wurde 1139 unabhängige Monarchie unter König Alfons Heinrich, der 1147 Lissabon von den Mauren eroberte, die während des folgenden Jahrhunderts aus Portugal vertrieben wurden. Im 15. Jahrhundert war Portugal bereits eine dynamische Handelsnation, die, gefördert von Prinz Heinrich dem Seefahrer, eine führende Rolle in der Erkundung der Meere fern von Europas Küsten spielte, sodass Portugal Mitte des 16. Jahrhunderts ein riesiges Reich in Brasilien, Afrika und Asien sein Eigen nannte. Ein Bürgerkrieg von 1832 bis 1834 schadete Portugal jedoch so sehr, dass die politische Instabilität im gesamten 19. Jahrhundert fortdauerte.

Mit dem Sturz der Monarchie im Jahre 1910 und der Ausrufung der Republik erhielt Portugal auch eine neue Flagge. Die rot-grüne Grundfläche, die sowohl die Revolution (Rot) als auch Portugals Tradition der Erkundungen (Grün für »Neuland«) symbolisiert, wurde mit einen Symbol der imperialen Vergangenheit Portugals belegt: ein Schild auf einer goldenen Armillarsphäre (einem frühen Navigationsgerät). Der mit fünf blauen Schilden belegte weiße Schild in der Mitte steht für den Sieg Alfons Heinrich über fünf maurische Prinzen im Jahr 1139, ihre weißen Markierungen symbolisieren die fünf Wunden Christi, während die sieben goldenen Kastelle auf dem roten Bord auf die Erweiterung Portugals durch die Heirat Alfons Heinrich im Jahre 1146 verweisen.

RUANDA

Offizieller Name:
Republika y'u Rwanda
(Republik Ruanda)

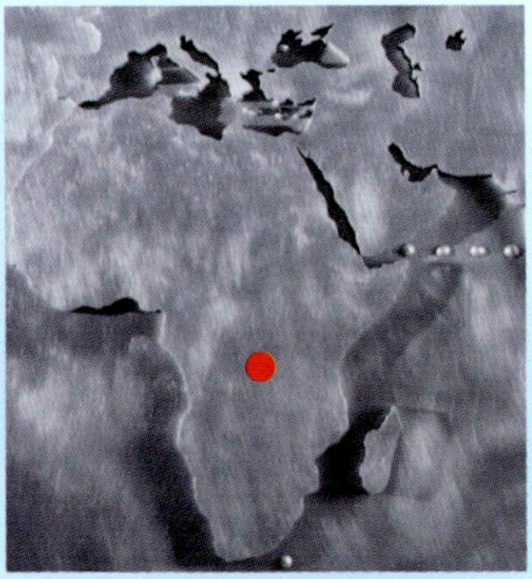

Hauptstadt:
Kigali

Lage:
Zentralafrika

Währung:
1 Ruanda-Franc = 100 Centimes

Sprachen:
Französisch, Kinyarwanda, Suaheli

Religionen:
Naturreligionen, Katholiken

Flagge eingeführt:
September 1961, geändert 1962

Schnitt:
2:3

Das feudale Königreich Ruanda mit seinen beiden großen ethnischen Gruppen, den Hutu und Tutsi, sowie den Twa-Pygmäen, war von 1819 bis 1919 in Deutsch-Ostafrika mit dem benachbarten Urundi (dem heutigen Burundi) vereint. Danach wurde es mit Mandat der Vereinten Nationen von Belgien verwaltet und wurde schließlich UN-Treuhandgebiet. 1961 wurde die Monarchie (die Vertretung der dominierenden Tutsi-Minderheit) von den Hutu gestürzt, und das nun Ruanda genannte Land errang 1962 die volle Unabhängigkeit.

Als im Juni 1961 die Republik ausgerufen wurde, war eine Flagge in den panafrikanischen Farben, die Nationalismus und Einheit Afrikas symbolisieren, in drei vertikalen Streifen in der Anordnung Grün (Liek), Gelb (Mitte) und Rot (fliegender Rand) vorgesehen. Nur drei Monate zuvor jedoch, am 21. März 1961, nahm Mali eine identische Flagge an, und Ruanda änderte die Anordnung der Farben auf Rot-Gelb-Grün. Bald stellte sich heraus, dass die Flagge in dieser Anordnung mit der Flagge Guineas identisch war, und so wurde noch vor dem Unabhängigkeitstag, dem 1. Juli 1962, ein »R« eingefügt mir der Bedeutung »R(uanda), durch R(evolution) geboren und durch R(eferendum) bestätigt«.

Anmerkung *Am 30. September 1999 schlug die Regierung Ruandas vor, die jetzige Flagge zu ersetzen, da sie zu stark mit dem Völkermord von 1994 assoziiert sei. Bis heute hat man sich jedoch noch nicht auf eine neue Gestaltung geeinigt.*

RUMÄNIEN

Offizieller Name:
România
(Rumänien)

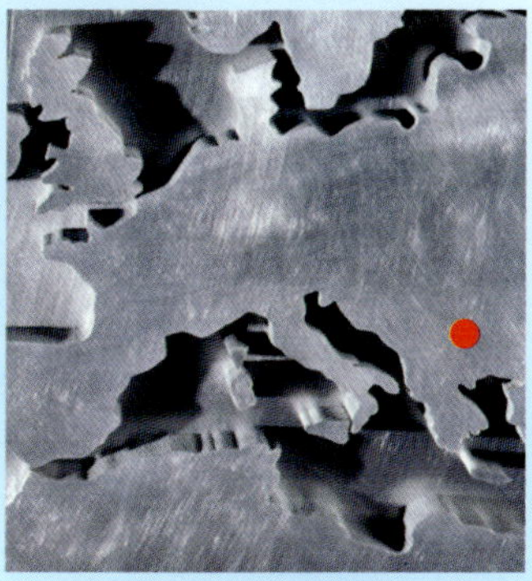

Hauptstadt:
Bukarest

Lage:
Südosteuropa

Währung:
1 Rumänischer Leu = 100 Bani

Sprachen:
Rumänisch, Ungarisch

Religionen:
Rumänisch-Orthodoxe, Katholiken

Flagge eingeführt:
27. Dezember 1989

Schnitt:
2:3

Rumänien war einst die römische Provinz Dakien, in die später die Goten, Hunnen, Bulgaren und Slawen einfielen, bevor sie im 15. Jahrhundert Teil des Osmanischen Reiches wurde. Nach der Türkenherrschaft war von 1829 bis 1856 Russland Schutzmacht. 1859 wählten die Moldau (im Süden) und die Walachei (im Osten) Prinz Alexander Cuza zu ihrem Herrscher, und 1878 wurde das geeinte Land international als unabhängig anerkannt. 1946 zwang jedoch eine kommunistische Koalitionsregierung den König zur Abdankung und rief die Volksrepublik Rumänien aus. Nach über 40 Jahren streng kommunistischer Herrschaft wurde 1989 die Diktatur von Nicolae Ceauçescu gestürzt, anschließend fanden freie Wahlen statt.

Die rumänische Flagge geht auf das Revolutionsjahr 1848 zurück, als Rumänien wie viele andere entstehende Staaten nach französischem Beispiel eine Trikolore einführte. Die rumänischen Farben Blau, Gelb und Rot, die auf die Banner der früheren römischen Provinz zurückgehen und selbst im Kommunismus beibehalten wurden, stehen auch für die Provinzen Walachei (Blau und Gelb) und Moldau (Rot und Blau). Von 1866 bis 1948 befand sich in der Mitte des gelben Streifens das königliche Wappen, das 1948 durch das kommunistische Emblem ersetzt wurde. Dieses wiederum wurde nach dem Fall Ceauçescus 1989 entfernt.

RUSSLAND

Russland, das flächenmäßig größte Land der Welt, war einst die größte und mächtigste aller Republiken in der Union der Sozialistischen Sowjetrepubliken (UdSSR). Russland wurde ein selbstständiges Land, als 1991 die UdSSR aufgelöst wurde. Russland gliedert sich verwaltungsmäßig in 21 Republiken (von denen jede eine eigene Flagge hat), sechs Regionen (*kraj*), 10 Kreise (*okrug*) und 49 Gebiete (*oblast*), ein autonomes Gebiet und zwei Städte mit Föderalstatus.

Zar Peter der Große soll die russische Flagge von der niederländischen abgeleitet haben, als er 1697 inkognito die Niederlande besuchte, allerdings mit veränderter Anordnung der Farben. Der weiße Streifen soll Gott symbolisieren, der blaue den Zaren und der rote das Volk; der blaue Streifen des Zaren steht in der Mitte – unter Gott, aber über dem Volk. Nach einer anderen Deutung sind dies die alten Farben Moskaus. Seit dem 19. Jahrhundert sind diese Farben von vielen osteuropäischen Nationen angenommen worden und gelten heute als panslawische Farben. Nach der Oktoberrevolution von 1917 schaffte das kommunistische Regime alle früheren Flaggen ab und ersetzte sie durch die rote Flagge der Sowjetunion. Als Russland 1991 selbstständig wurde, führte es jedoch seine traditionelle Trikolore wieder ein.

Offizieller Name:
Rossiyskaya Federatsiya
(Russische Föderation)

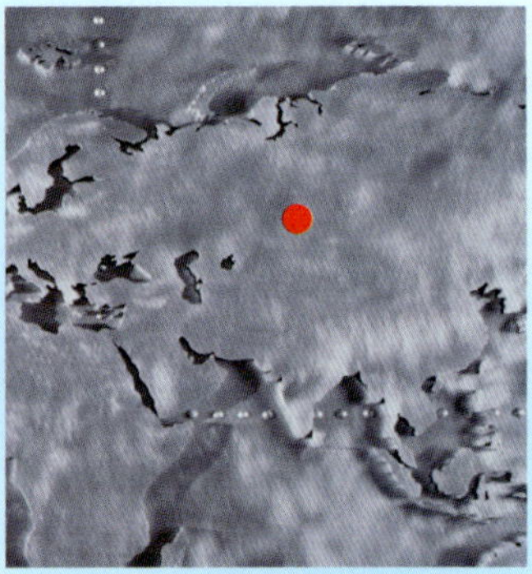

Hauptstadt:
Moskau

Lage:
Eurasien

Währung:
1 Rubel = 100 Kopeken

Sprache:
Russisch

Religionen:
Russisch-Orthodoxe, Muslime

Flagge eingeführt:
22. August 1991

Schnitt:
2:3

SAINT KITTS UND NEVIS

Offizieller Name:
Föderation St. Christopher (St. Kitts) und Nevis, auch St. Kitts und Nevis

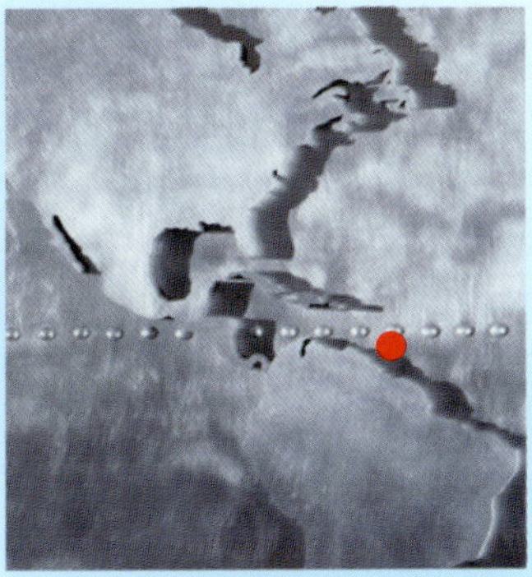

Hauptstadt:
Basseterre

Lage:
Karibik

Währung:
1 Ostkaribischer Dollar = 100 Cents

Sprachen:
Englisch, regionale Dialekte

Religionen:
Protestanten, Katholiken

Flagge eingeführt:
19. September 1983

Schnitt:
2:3

Die Karibikinseln Saint Kitts und Nevis in der Gruppe der Leeward Inseln erhielten ihre Namen 1493 von Christoph Kolumbus, der Saint Christopher, besser bekannt als Saint Kitts, zu Ehren seines Namenspatrons benannte. Saint Kitts wurde 1623 die erste britische Kolonie in Westindien, und Nevis wurde wenig später besiedelt. Obwohl die Franzosen die Inseln mehrmals einnahmen, wurden Saint Kitts, Nevis und das benachbarte Anguilla 1871 als britisches Schutzgebiet geeint. Die Inseln erhielten 1967 die Selbstverwaltung als Assoziierte Staaten von Westindien. Anguilla, das die Assoziation 1980 verließ, ist britisches Schutzgebiet geblieben, während Saint Kitts und Nevis 1983 gemeinsam die volle Unabhängigkeit erhielten.

Die für Saint Kitts und Nevis angenommene Flagge war das Ergebnis eines Wettbewerbs und wurde von dem Studenten Edrice Lewis entworfen. Wie die Flaggen vieler Karibikstaaten enthält sie die panafrikanischen Farben Grün, Rot und Gelb, die aber offiziell eine sehr eigene Deutung erfahren. Das Grün soll für den sehr fruchtbaren Boden der Inseln stehen, das Rot für ihren Kampf für die Freiheit und das Gelb für den Sonnenschein, dessen sich die Inseln das ganze Jahr über erfreuen. Die afrikanische Herkunft vieler Inselbewohner wird durch die schwarze Diagonale symbolisiert, die zwei Sterne als Zeichen für Hoffnung und Freiheit enthält.

SAINT LUCIA

Offizieller Name:
Saint Lucia

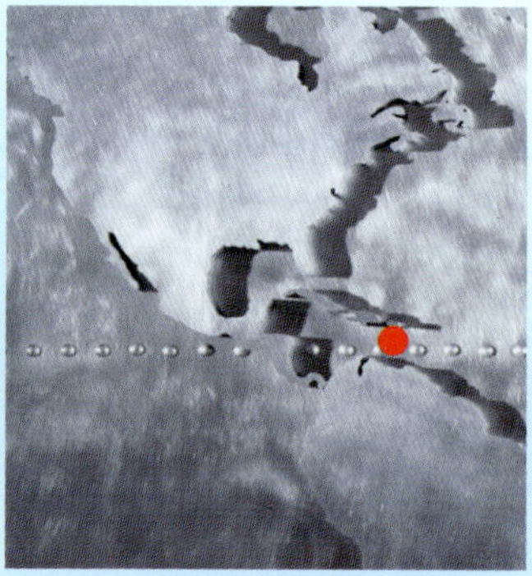

Hauptstadt:
Castries

Lage:
Karibik

Währung:
1 Ostkaribischer Dollar = 100 Cents

Sprachen:
Englisch, Französisch, regionale Dialekte

Religion:
Katholiken

Flagge eingeführt:
22. Februar 1979

Schnitt:
1:2

Obwohl Saint Lucia schon 1502 von Christoph Kolumbus entdeckt wurde, waren die ersten Kolonisatoren die Franzosen, die ab 1635 die Insel besiedelten und 1660 einen Vertrag mit den eingeborenen Kariben abschlossen. Ab 1663 wechselte die Herrschaft über die Insel mehrfach zwischen Frankreich und Großbritannien, bis sie 1803 endgültig an Großbritannien abgetreten wurde. Bis 1960 war Saint Lucia eine britische Kolonie in der Föderation der Winward Islands und erlangte 1967 die Selbstverwaltung innerhalb der Föderation. 1975 kamen die assoziierten Staaten überein, sich separat unabhängig zu machen, und Saint Lucia erreichte dieses Ziel im Jahre 1979.

Während der französischen Herrschaft hatte die Insel die gleiche Flagge verwendet wie die Nachbarinsel Martinique. Bei Beginn der Selbstverwaltung nahm Saint Lucia eine von dem einheimischen Künstler Dunstan Saint Omer entworfene Flagge an. Sie stellt die von den blauen Wassern der Karibik und des Atlantik umgebene Insel dar. Die beiden Dreiecke stehen für zwei Vulkane, die Pitons; das gelbe Dreieck symbolisiert die karibische Sonne, die schwarze, weiß abgesetzte Pfeilspitze verweist auf die Harmonie der beiden Rassen auf Saint Lucia. Von 1967, als Saint Lucia ein assoziierter britischer Staat wurde, bis zum Beginn der Unabhängigkeit 1979 war das goldene Dreieck weniger hoch und die blaue Grundfläche heller als in der heutigen Flagge.

SAINT VINCENT UND GRENADINEN

Offizieller Name:
Saint Vincent und
die Grenadinen

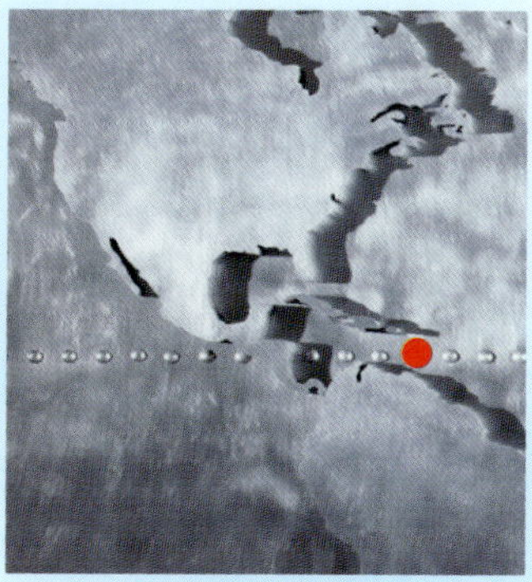

Hauptstadt:
Kingstown

Lage:
Karibik

Währung:
1 Ostkaribischer Dollar =
100 Cents

Sprache:
Englisch

Religionen:
Protestanten, Katholiken

Flagge eingeführt:
21. Oktober 1985

Schnitt:
2:3

Christoph Kolumbus war zwar schon 1498 auf Saint Vincent gelandet, aber die Inseln wurden von den Kariben energisch verteidigt und konnten erst 1762 kolonisiert werden, und zwar von den Briten. Die Insel Saint Vincent selbst war zusammen mit den nördlichen Grenadinen (deren größte Bequia, Canouan, Mustique, Mayreau und Union sind) bis 1962 Teil der Westindischen Föderation. Sie erhielten 1969 die Selbstverwaltung als mit Großbritannien assoziierter Staat und wurden im Oktober 1979 unabhängig.

Die zu Beginn der Unabhängigkeit erstmals gehisste Flagge war aus einem landesweiten Wettbewerb hervorgegangen. Sie trug in der Mitte das Wappen der Insel auf einem Blatt des Brotfruchtbaumes. Diese Gestaltung fand jedoch keine allgemeine Zustimmung, da der Brotfruchtbaum, von den Briten in der Karibik eingeführt, eine unwillkommene Erinnerung an die koloniale Vergangenheit war, und so wurde 1985 eine neue Flagge in Dienst gestellt. Die Farben der Flagge mit der Bezeichnung »Die Edelsteine« symbolisieren das Blau des Himmels und des Meeres, das üppige Grün der Vegetation und den leuchtend »goldenen« Geist der Menschen. An der Stelle des Wappens stellen drei grüne Diamanten, als »V« geordnet, Saint Vincent und die Grenadinen dar, die von den Einheimischen gern als die »Edelsteine der Antillen« gesehen werden.

SALOMONEN

Offizieller Name:
Salomonen, Salomoninseln

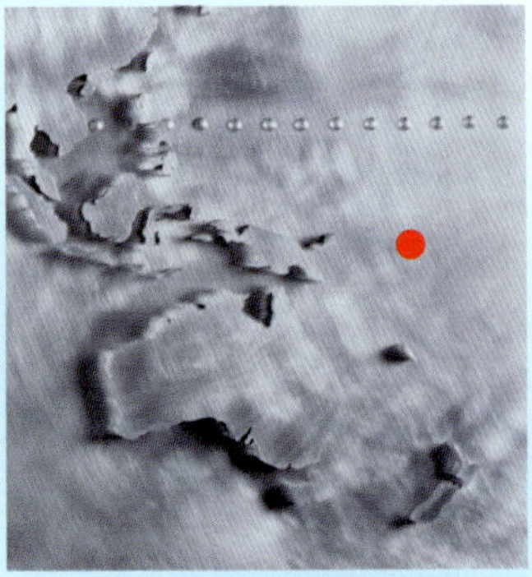

Die Salomonen sind eine Gruppe von hunderten Atollen und Inseln im südwestlichen Pazifik. Die größte der Inseln im Archipel, auf der sich auch die Hauptstadt Honiara befindet, ist Guadalcanal. Die ursprünglich von Melanesiern bewohnte Insel wurde erstmals von Europäern gesichtet, als eine von dem spanischen Seefahrer Alvaro de Mendaña geführte Expedition aus Peru 1568 dort ankam. Die Salomonen wurden von 1568 bis 1606 durch Spanier kolonisiert; in dieser Zeit wurden die Inselbewohner als Arbeitskräfte für die Plantagen auf anderen Pazifikinseln ausgebeutet. 1893 wurden die Salomonen britisches Protektorat. Im Zweiten Weltkrieg waren sie Schauplatz erbitterter Kämpfe, unter anderem der großen Schlacht um Guadalcanal (1942). Die Inseln erhielten 1976 die Selbstverwaltung und 1978 die volle Unabhängigkeit.

Die Nationalflagge der Salomonen wurde 1977 in Erwartung der Unabhängigkeit angenommen. Ein diagonaler Streifen, der für den Sonnenschein der Inseln steht, teilt die Grundfläche in ein oberes, blaues Dreieck, das den Pazifischen Ozean symbolisiert, und ein unteres, grünes Dreieck für das Land. Die fünf weißen Sterne im Obereck stellten zunächst die ursprünglichen fünf Provinzen des Landes dar, doch nach Abschaffung der Provinzen im Jahre 1984 wurden sie umgedeutet und symbolisieren nun die fünf Hauptinselgruppen.

Hauptstadt:
Honiara

Lage:
Pazifischer Ozean

Währung:
1 Salomonen-Dollar = 100 Cents

Sprachen:
Englisch, regionale Sprachen

Religionen:
Protestanten, Katholiken

Flagge eingeführt:
18. November 1977

Schnitt:
1:2

Offizieller Name:
Republik Sambia

Hauptstadt:
Lusaka

Lage:
Südafrika

Währung:
1 Kwacha = 100 Ngwee

Sprachen:
Englisch, Bantu

Religionen:
Christen, Naturreligionen

Flagge eingeführt:
24. Oktober 1964

Schnitt:
2:3

Im späten 18. Jahrhundert kamen Portugiesen und 1815 der britische Entdeckungsreisende Dr. David Livingstone in das im mittleren Südafrika gelegene Sambia. In den 1890er-Jahren befand sich das Gebiet unter der Kontrolle der British South Africa Company von Cecil Rhodes. Als Nordrhodesien wurde es 1924 britisches Protektorat und war bis 1963 Teil der Föderation von Rhodesien und Njassaland mit Südrhodesien (heute Simbabwe) und Njassaland (heute Malawi). 1964 wurde Nordrhodesien als Republik Sambia unabhängig.

Zu Beginn der Unabhängigkeit war die Vereinigte Nationale Unabhängigkeitspartei (UNIP) die dominierende Partei in Sambia, und mit ihren Farben wurde die Flagge gestaltet. In die grüne Grundfläche, die auf die Landwirtschaft Sambias hinweist, ist eine rot-schwarz-orangefarbene Trikolore eingesetzt, deren Rot für den Freiheitskampf, Schwarz für das Volk und Orange für die Bodenschätze des Landes stehen. Über der Trikolore ist ein *Nkwazi* (Fischadler) abgebildet, der am Sambesi häufig vorkommt. Er stammt aus dem Wappen von Sambia und hatte ursprünglich einen Fisch in den Fängen. Beim Eintritt in die Unabhängigkeit wurde der Fisch entfernt, da er als Erinnerung an die Kolonialherrschaft empfunden wurde. Ungewöhnlich an der Flagge Sambias ist, dass die Embleme sich im fliegenden Rand befinden und also nur bei starkem Wind zu sehen sind.

SAMOA

Offizieller Name:
Malo Sa'oloto Tuto'atasi o Samoa
(Unabhängiger Staat Samoa)

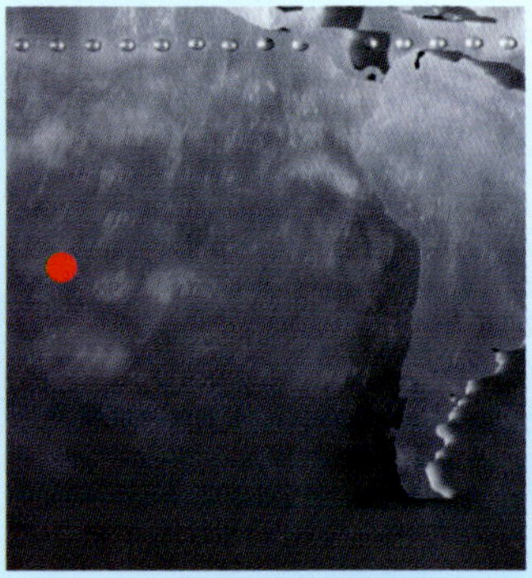

Hauptstadt:
Apia

Lage:
Pazifischer Ozean

Währung:
1 Tala = 100 Sene

Sprachen:
Samoanisch, Englisch

Religionen:
Protestanten, Katholiken

Flagge eingeführt:
1. Januar 1962

Schnitt:
1:2

Als erste Europäer erreichten die Niederländer 1722 die Inselgruppe Samoa im Pazifik. Im 19. Jahrhundert wetteiferten Deutschland, Großbritannien und die Vereinigten Staaten um Einfluss auf den Inseln, was 1899 zu deren Teilung in Amerikanisch-Samoa und die deutsche Kolonie Westsamoa führte; letztere umfasste die Inseln Savai'i, Upolu, Manono und Apolima. Nach dem Ersten Weltkrieg wurde Westsamoa von Neuseeland verwaltet und wurde 1962 der erste unabhängige Staat in Polynesien. 1997 nahm das Land offiziell den Namen Samoa an.

Die traditionellen Herrscher Westsamoas, die Malietoa- und Tamasese-Könige, hatten ihre eigenen Flaggen: Die Flagge der Malietoa bestand aus einer einfarbig roten Grundfläche mit weißem Kreuz und Stern im Obereck, während die der Tamasese auf weißer Grundfläche ein schwarzes Kreuz sowie einen weißen Stern im roten Obereck hatte. Als Territorium Neuseelands nahm Samoa 1948 eine Flagge an, in der die rote Grundfläche der Flagge der Malietoa mit den vier Sternen vom Kreuz des Südens aus der Flagge Neuseelands in einem blauen Feld im Obereck kombiniert wurde. Die Flagge, in die 1949 noch ein fünfter Stern eingefügt worden war, behielt Samoa auch nach Beginn der Unabhängigkeit bei.

SAN MARINO

Offizieller Name:
Repubblica di San Marino
(Republik San Marino)

Hauptstadt:
San Marino

Lage:
Südeuropa

Währung:
1 Euro = 100 Cents

Sprache:
Italienisch

Religion:
Katholiken

Flagge eingeführt:
6. April 1862

Schnitt:
3:4

San Marino, eine Festlandsenklave in Norditalien und eine der kleinsten Republiken der Welt, soll im Jahre 301 n. Chr. von einem christlichen Steinmetz mit Namen Marinus gegründet worden sein, der auf dem Berg Titano Zuflucht vor der Christenverfolgung gesucht hatte. Durch ihre isolierte Lage in den östlichen Apenninen und geschicktes Verhandeln mit ihren mächtigeren Nachbarn konnte die Republik ihre Autonomie wahren. Ihre Unabhängigkeit wurde 1292 von Papst Nikolaus IV., 1797 von Napoleon, 1815 vom Wiener Kongress, 1862 vom Königreich Italien und später auch von der Republik Italien anerkannt.

Die Flagge San Marinos stammt aus dem Jahr 1797. Die Farben wurden vom Wappen der Republik übernommen, einem herzförmigen Schild mit einer Krone darauf. Das Blau soll den Himmel über San Marino bezeichnen, während das Weiß für die Wolken über und den Schnee auf dem Titano steht. Auf dem Schild sind die drei Zitadellentürme Guaita, Cesta und Montale auf den Gipfeln des Titano dargestellt, Symbole für das Vermögen der Republik, ihre Freiheit zu verteidigen. Das Wappen erscheint zwar nicht auf der Nationalflagge, aber auf der zu offiziellen Anlässen gehissten Staatsflagge.

SÃO TOMÉ UND PRÍNCIPE

Offizieller Name:
República Democrática de São Tomé e Príncipe
(Demokratische Republik São Tomé und Príncipe)

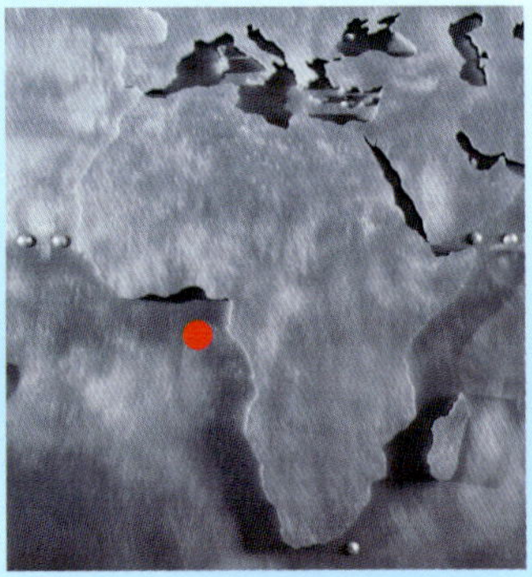

Die beiden Inseln São Tomé und Príncipe vor der Westküste Afrikas waren unbewohnt, bis 1471 die Portugiesen landeten und sie mit Sträflingen und ausgewiesenen Juden bevölkerten. Die Sklaverei wurde ein wichtiger Aspekt in der Wirtschaft der Inseln, denn Sklaven bearbeiteten die Zucker- und Kaffeeplantagen. Nachdem 1822 der Kakaobaum auf den Inseln eingeführt worden war, gehörten São Tomé und Príncipe bald auch zu den führenden Kakaoproduzenten im 19. Jahrhundert. Bis 1951 waren São Tomé und Príncipe Kolonie, wurden dann portugiesische Überseeprovinz, erlangten 1973 die Selbstverwaltung und 1975 die volle Unabhängigkeit.

Die Nationalflagge beruht auf der Flagge der Befreiungsbewegung, *Movimento de Liberacion de São Tomé e Príncipe* (MLSTP), bei der allerdings die drei horizontalen Streifen gleich breit waren. Die Kombination von Rot, Gelb und Grün mit schwarzen Sternen wurde von der Flagge Ghanas übernommen (des ersten unabhängigen Staates in Afrika), deren panafrikanische Farben die Inspiration für viele afrikanische Flaggen gewesen war. Die beiden schwarzen Sterne stehen für die Inseln São Tomé und Príncipe, während das rote Dreieck am Liek den Kampf für die Unabhängigkeit symbolisiert.

Hauptstadt:
São Tomé

Lage:
Westafrika

Währung:
1 Dobra = 100 Centimos

Sprachen:
Portugiesisch, Fang (Bantu)

Religion:
Katholiken

Flagge eingeführt:
5. November 1975

Schnitt:
1:2

SAUDI-ARABIEN

Offizieller Name:
Al Mamlakah al Arabiyah as Sa'udiyah
(Königreich Saudi-Arabien)

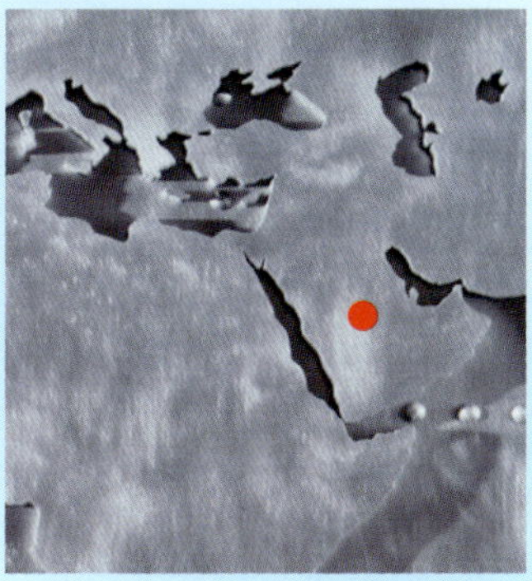

Hauptstadt:
Riad (Er Riad)

Lage:
Südwestasien

Währung:
1 Saudi Riyal = 20 Qirshes = 100 Halalas

Sprache:
Arabisch

Religion:
Muslime

Flagge eingeführt:
15. März 1973

Schnitt:
2:3

Das moderne Saudi-Arabien ist fast vollständig Abd-al Asis Ibn Saud (1880–1953) zu verdanken, dem ersten König Saudi-Arabiens, der von 1932 bis 1953 herrschte. Zwischen 1918 und 1925 bekämpfte Ibn Saud rivalisierende arabische Herrscher, um sich als König der Hedschas und Sultan von Nedsch zu etablieren; diese Territorien wurden 1932 als Königreich Saudi-Arabien vereint.

Das Grün der saudi-arabischen Flagge ist die Farbe des Propheten Mohammed und wurde von den Wahhabiten favorisiert, einer von Muhammad Ibn-Abd-al-Wahab (1703–92) gegründeten puritanisch-islamischen saudiarabischen Sekte, die sich bis Anfang des 20. Jahrhunderts über die Arabische Halbinsel verbreitet hatte und bis heute die offizielle Religion Saudi-Arabiens ist. Die Inschrift auf der Flagge ist die *shahada*, das muslimische Glaubensbekenntnis: »Es gibt keinen Gott außer Allah, und Mohammed ist sein Prophet«. Die *shahada* wurde 1901 in die Flagge eingefügt und erscheint auf beiden Seiten. Weil die arabische Schrift von rechts nach links gelesen wird, wird die *shahada* für die Rückseite separat gefertigt und auf die Flagge aufgenäht, damit der Text immer richtig gelesen werden kann. Unter der Inschrift erinnert ein Schwert an die Siege von Ibn Saud; die Spitze des Schwertes zeigt auf der Vorderseite nach links und auf der Rückseite nach rechts.

SCHWEDEN

Offizieller Name:
Konungariket Sverige
(Königreich Schweden)

Hauptstadt:
Stockholm

Lage:
Nordeuropa

Währung:
1 Schwedische Krone = 100 Öre

Sprache:
Schwedisch

Religion:
Lutheraner

Flagge eingeführt:
16. Jahrhundert, neu angenommen 22. Juni 1906

Schnitt:
5:8

Schweden ist seit etwa 6000 v. Chr. bewohnt, und seine wohl berühmtesten Söhne waren die Wikinger. Im 10. Jahrhundert wurde es eine christliche Monarchie, und in Folge einer Reihe von Kreuzzügen vom 12. bis zum 14. Jahrhundert brachte es Finnland unter seine Herrschaft. Die dänisch dominierte Kalmarer Union vereinte 1397 die Kronen von Schweden, Norwegen und Dänemark. Während der Herrschaft Gustavs I., des Begründers des Hauses Wasa, wurde die dänische Herrschaft 1523 abgeschüttelt. Das Haus Wasa regierte bis 1818, als der französische Marschall Jean-Baptiste Bernadotte zum Kronprinzen gewählt wurde und als Karl XIV. den Thron bestieg. 1809 verlor Schweden Finnland an Russland, annektierte aber 1814 Norwegen. Nachdem 1905 die Union zwischen Schweden und Norwegen aufgelöst worden war, wurde die Nationalflagge, die in ähnlicher Form seit dem 16. Jahrhundert in Gebrauch gewesen war, 1906 formell neu angenommen.

Die Flagge enthält das skandinavische Kreuz, dessen senkrechter Balken nicht in der Mitte, sondern etwas näher zum Liek angeordnet ist, und das den nordischen Nationen gemeinsam ist. Die spezifischen Farben Blau und Gelb sollen vom schwedischen Nationalwappen übernommen worden sein, das aus dem 14. Jahrhundert stammt und drei goldene Kronen auf blauem Feld zeigt.

SCHWEIZ

Offizieller Name:
Confédération Suisse
(Schweizerische Eidgenossenschaft)

Hauptstadt:
Bern

Lage:
Westeuropa

Währung:
1 Schweizer Franken = 100 Centimes

Sprachen:
Französisch, Deutsch, Italienisch, Rätoromanisch

Religionen:
Katholiken, Protestanten

Flagge eingeführt:
12. Dezember 1889

Schnitt:
1 : 1

Trotz ihrer strategischen Lage zwischen Frankreich, Deutschland, Österreich, Liechtenstein und Italien hat sich die Schweiz im Verlaufe ihrer Geschichte nach Möglichkeit von der europäischen Machtpolitik ferngehalten. 1291 schlossen sich drei Territorien – die »Waldkantone« Schwyz (der Namensgeber des heutigen Landes), Uri und Unterwalden – im Ewigen Bund zusammen, um ihre Freiheit gegenüber dem Heiligen Römischen Reich zu verteidigen. Andere Kantone haben sich dem Bund angeschlossen (es sind jetzt 26), und obwohl es intensive Rivalitäten und oft auch Krieg zwischen ihnen gab, blieb der Bund intakt. Die völlige Unabhängigkeit der Schweiz wurde 1648 im Westfälischen Frieden anerkannt. 1815 gewährte der Wieder Kongress der Schweiz, die 1803 eine demokratische Föderation geworden war, die Neutralität, daraufhin haben viele internationale Organisationen ihren Sitz in der Schweiz genommen, wie z. B. das Rote Kreuz.

Die Schweizer Flagge (abgesehen von der des Vatikans die einzige quadratische Nationalflagge) ist seit dem 14. Jahrhundert ein nationales Emblem und beruht auf der Flagge des Kantons Schwyz. Obwohl die Flaggen der einzelnen Kantone weiter verwendet werden, wurde das weiße schwebende Kreuz auf roter Grundfläche 1848 als offizielle Flagge der Schweizer Eidgenossenschaft angenommen. 1889 wurden die Proportionen der Kreuzbalken zur heutigen Form geändert.

SENEGAL

Offizieller Name:
République du Sénégal
(Republik Senegal)

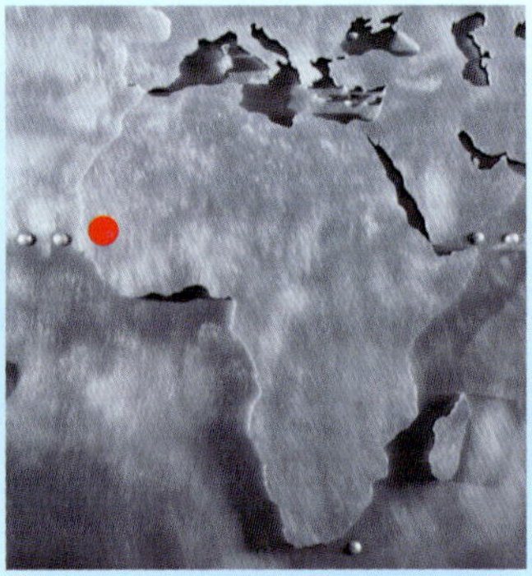

Hauptstadt:
Dakar

Lage:
Westafrika

Währung:
1 CFA-Franc = 100 Centimes

Sprachen:
Französisch, verschiedene Stammessprachen

Religionen:
Muslime, Christen, Naturreligionen

Flagge eingeführt:
September 1960

Schnitt:
2:3

Einst Teil des mächtigen, mittelalterlichen Malireiches, wurde Senegal im 15. Jahrhundert von den Portugiesen erkundet, bevor es im 17. Jahrhundert unter französische Kontrolle kam. Es hatte ab 1854 einen französischen Gouverneur und wurde 1895 Teil der Kolonie Französisch-Westafrika (gemeinsam mit den heutigen Staaten Mauretanien, Sudan, Burkina Faso, Guinea, Niger, Elfenbeinküste und Benin). Der Dichter Léopold Sédar Senghor, Begründer der schwarzen literarischen und philosophischen Bewegung *negritude*, führte das Land 1960 in die Unabhängigkeit.

In Vorbereitung auf die Unabhängigkeit bildete Senegal 1959 gemeinsam mit seinem Nachbarn die Föderation Mali und nahm die Flagge der Föderation an. Es war eine Trikolore aus Grün, Gelb und Rot in vertikalen Streifen (gestaltet wie die französische Trikolore, doch mit den von Ghana zuerst verwendeten panafrikanischen Farben), belegt mit einem schwarzen Emblem, das als *kanaga* bekannt ist und eine stilisierte menschliche Gestalt darstellt. Nach Auflösung der Föderation im August 1960 nahm Senegal eine neue Flagge an. Die Farben der Streifen wurden beibehalten, aber das *kanaga*-Emblem wurde durch einen grünen Stern ersetzt, der die Öffnung Senegals nach den fünf Kontinenten symbolisiert. In der Zeit der Konföderation Senegambia (zwischen Senegal und Gambia) änderte keines der beiden Länder sein nationales Emblem.

SEYCHELLEN

Offizieller Name:
Republik Sesel
(Republik Seychellen)

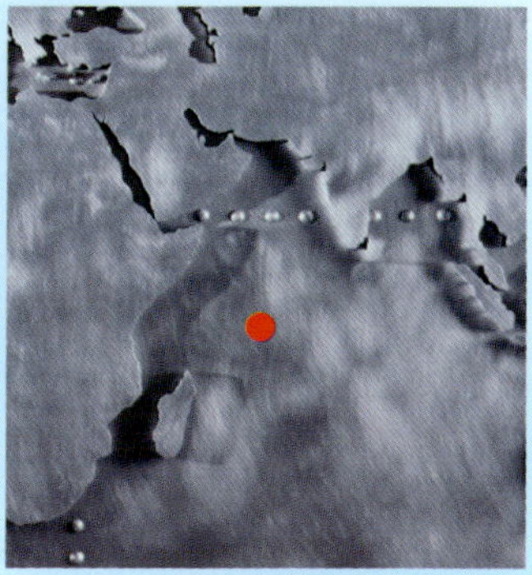

Hauptstadt:
Victoria

Lage:
Indischer Ozean

Währung:
1 Seychellen-Rupie = 100 Cents

Sprachen:
Kreolisch, Englisch, Französisch

Religionen:
Katholiken, Protestanten

Flagge eingeführt:
18. Juni 1996

Schnitt:
1:2

Die Seychellen bestehen aus ca. 155 Inseln im westlichen Teil des Indischen Ozeans, die meisten davon niedrig gelegene, unbewohnte Koralleninseln. Unter den 32 Inseln der Mahé-Gruppe befinden sich die Hauptinseln, u.a. Mahé, die größte der Inseln, Praslin, La Digue und Silhouette. Die von europäischen Entdeckungsreisenden erstmals im frühen 16. Jahrhundert besuchten Inseln wurden 1756 von den Franzosen beansprucht und besiedelt, 1914 an Großbritannien abgegeben und als Teil von Mauritius regiert, bis sie 1903 Kronkolonie wurden. Ihr volle Unabhängigkeit erhielten die Seychellen 1976.

Die daraufhin angenommene Flagge der Seychellen war ein weißes Schrägkreuz, das die Grundfläche in Dreiecke teilte (Liek und fliegender Rand blau, oben und unten rot). Nach einem Staatsstreich 1977 wurde diese Flagge durch eine neue ersetzt, die auf der Flagge der herrschenden Marxistischen Volkspartei der Seychellen (SPUP) beruhte und aus horizontalen, gewellten Streifen in Grün, Weiß und Rot bestand. Die dritte, gegenwärtige Flagge der Seychellen wurde 1996 offiziell als unparteiische Flagge angenommen, passend für die neue Ära der Mehrparteiendemokratie, denn sie enthält die Farben aller politischen Parteien. Die schrägen Streifen symbolisieren den Himmel und das Meer (Blau), die Sonne (Gelb), das Volk (Rot), soziale Harmonie und Gerechtigkeit (Weiß) und das Land (Grün).

SIERRA LEONE

Offizieller Name:
Republik Sierra Leone

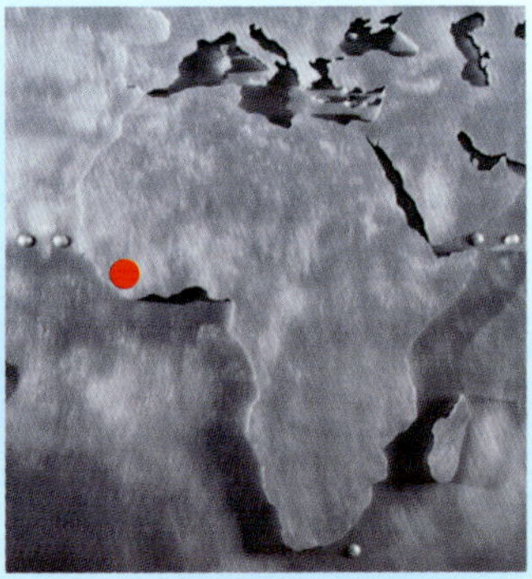

Hauptstadt:
Freetown

Lage:
Westafrika

Währung:
1 Leone = 100 Cents

Sprachen:
Englisch, Mende, Temne, Kreolisch

Religionen:
Naturreligionen, Muslime, Christen

Flagge eingeführt:
27. April 1961

Schnitt:
2:3

Freetown, die Hauptstadt von Sierra Leone, wurde 1787 von britischen Philanthropen als Heimat für befreite Sklaven gegründet und wurde 1808 britische Kolonie, das Binnenland von Sierra Leone kam 1896 hinzu.

Bis zur Erlangung der Unabhängigkeit wurde in Sierra Leone eine britische Kolonialflagge mit dem Union Jack im Obereck und einem Abzeichen in Form einer Palme vor einer Landschaft auf der Fläche verwendet. Diese Kolonialflagge wurde außerdem von Gambia und der Goldküste (jetzt Ghana) geführt, als sie britische Kolonien waren; die Länder wurden durch die entsprechenden Initialen – »S.L.«. »G« bzw. »G.C.« – unter dem Abzeichen unterschieden. Mit Beginn der Unabhängigkeit 1961 nahm Sierra Leone eine neue Flagge mit drei horizontalen Streifen in Grün, Weiß und Blau an. Der grüne Streifen steht für die Landwirtschaft des Landes, die Savanne im Norden und die dichten Wälder im Südosten Sierra Leones; der weiße Streifen symbolisiert Frieden und Gerechtigkeit; der blaue Streifen bezeichnet den Atlantischen Ozean, an dessen Küste der Hafen von Freetown liegt, sowie die zahlreichen Flüsse des Landes.

SIMBABWE

Offizieller Name:
Republik Simbabwe

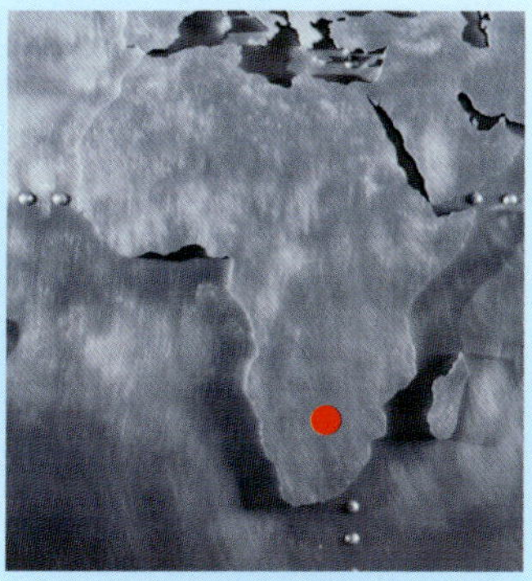

Hauptstadt:
Harare

Lage:
Südafrika

Währung:
1 Simbabwe-Dollar =
100 Cents

Sprachen:
Englisch, Bantu

Religionen:
Christen, Naturreligionen

Flagge eingeführt:
18. April 1980

Schnitt:
1:2

Das frühere britische Protektorat, das erst als Südrhodesien und dann als Rhodesien bezeichnet wurde, erhielt 1980 den Namen Simbabwe, nach der steinernen Stadt Groß-Simbabwe, die im 14. Jahrhundert im Südosten des Landes entstand. (Simbabwe ist Bantu und bedeutet »Haus aus Stein«.) Nach der Abspaltung von der Föderation von Rhodesien und Njassaland kämpften afrikanische Nationalisten für volle Demokratie und Unabhängigkeit für Rhodesien. Zwar rief die Regierung von Ian Smith 1969 einseitig eine unabhängige Republik Rhodesien aus, weigerte sich aber bis 1979, den Schritt zu einer Verfassung und einer schwarzen Mehrheitsregierung zu gehen. 1980, nachdem die Afrikanische Nationale Union – Patriotische Front von Simbabwe (ZANU-PF) durch Wahlen an die Regierung gekommen war, wurde Simbabwe völlig unabhängig.

Die von Simbabwe bei Beginn der Unabhängigkeit angenommene Flagge beruht auf der Flagge der ZANU, die aus konzentrischen Feldern in Grün, Gelb und Rot um einen schwarzen Mittelstreifen bestand. Die Farben, die zugleich die panafrikanischen Farben sind, bedeuten in der Flagge Simbabwes das Land (Grün), die Bodenschätze (Gelb), das Blut des Volkes (Rot) und die schwarze Bevölkerungsmehrheit (Schwarz). Das schwarze Dreieck am Liek, das sowohl den Frieden als auch den »Weg nach vorn« bezeichnet, enthält das nationale Emblem von Simbabwe, einen aus Speckstein geschnitzten Vogel (wie die in der Ruinenstadt Groß-Simbabwe gefundenen) auf einem roten Stern, der die internationale Einstellung Simbabwes symbolisiert.

SINGAPUR

Offizieller Name:
Hsin-chia-p'o
Kung-ho-kuo/
Republik Singapura/
Singapore Kudiyarasu
(Republik Singapur)

Hauptstadt:
Singapur

Lage:
Südostasien

Währung:
1 Singapur-Dollar = 100 Cents

Sprachen:
Chinesisch, Malaiisch, Tamil, Englisch
(alles Amtssprachen)

Religionen:
Buddhisten, Christen, Muslime,
Taoisten, Hindus

Flagge eingeführt:
3. Dezember 1959

Schnitt:
2:3

Singapur besteht aus der Hauptinsel gleichen Namens und 50 benachbarten Inseln und liegt zwischen Malaysia im Norden und Indonesien im Süden. Der sumpfige Dschungel wurde 1819 durch Sir Thomas Stamford Ruffles von der britischen Ostindien-Kompanie aus dem Dornröschenschlaf geweckt und entwickelte sich schnell zu einem wichtigen Umschlagplatz für Zinn und Gummi. Dank seiner strategischen Bedeutung wurde Singapur im 19. Jahrhundert britische Kolonie und eine der wichtigsten Militärbasen im Fernen Osten. 1946 erhielt Singapur die Selbstverwaltung, 1963 trat es der Föderation Malaysia bei, die es 1965 wieder verließ, als es sich zur unabhängigen Republik erklärte.

Die Flagge von Singapur besteht aus den traditionellen Farben der Malaien: Rot als Symbol der universellen Brüderlichkeit und Gleichheit, Weiß als Zeichen für Reinheit und Tugend. Der weiße Halbmond hatte ursprünglich den Zweck, den Malaien zu versichern, dass Singapur kein chinesischer Staat sei, obwohl die Bevölkerung zu drei Vierteln aus Chinesen bestand. Heute heißt es, die Mondsichel bedeute die Geburt der neuen Nation von Singapur. Ursprünglich hatte die Flagge nur drei Sterne, aber da man fürchtete, diese könnten Assoziationen zum Kommunismus nahe legen, wurde die Zahl auf fünf erhöht, die Singapurs fünf Ideale darstellen sollen: Demokratie, Frieden, Fortschritt, Gerechtigkeit und Gleichheit.

Offizieller Name:
Slovenská Republika
(Slowakische Republik)

Hauptstadt:
Bratislava

Lage:
Osteuropa

Währung:
1 Slowakische Krone = 100 Heller

Sprachen:
Slowakisch, Ungarisch, Tschechisch

Religionen:
Katholiken, Protestanten

Flagge eingeführt:
1. September 1992

Schnitt:
2:3

Die Slowakei war vom 11. Jahrhundert bis 1918 Teil Ungarns und wurde dann mit den tschechischen Ländern Böhmen und Mähren zur Tschechoslowakei vereint. 1938 erklärte die Slowakei sich auf Druck Hitlerdeutschlands für unabhängig, wurde stattdessen aber ein faschistischer Marionettenstaat. Nach einem Volksaufstand gegen die deutsche Herrschaft und der Befreiung 1944 wurde die Tschechoslowakei 1945 wieder hergestellt. 1993 trennten sich die Slowakei und die Tschechische Republik und wurden unabhängige Staaten.

Die erste slowakische Flagge war eine rot-weiße Bikolore, die im April 1848 erstmals verwendet wurde und ein Zeichen für die slowakische Forderung nach Freiheit von der Herrschaft Österreich-Ungarns war. Im August 1848 wurde ein blauer Streifen eingefügt und 1868 die Anordnung der Farben festgeschrieben. Die Tschechoslowakei hatte eine rot-weiße Flagge mit einem blauen Dreieck, doch während des Zweiten Weltkrieges nahm die Slowakei ihre Trikolore wieder an und fügte in der Mitte einen rot-blauen, weiß abgesetzten Schild mit einem weißen lothringischen Kreuz (einem alten christlichen Symbol) ein. Das Kreuz steht auf drei stilisierten Hügeln, welche die drei Gebirge Tatra, Matra und Fatra darstellen sollen, und repräsentiert offiziell drei Heilige: St. Konstantin und St. Method (die das Symbol nach der Slowakei gebracht haben sollen) sowie St. Benedikt. 1992 wurde der Schild näher zum Liek gerückt.

SLOWENIEN

Offizieller Name:
Republika Slovenija
(Republik Slowenien)

Hauptstadt:
Ljubljana

Lage:
Südosteuropa

Währung:
1 Slowenischer Tolar = 100 Stotinov

Sprache:
Slowenisch

Religion:
Katholiken

Flagge eingeführt:
25. Juni 1991

Schnitt:
1:2

Slowenien wurde ab 1335 von den Habsburgern regiert und später Teil der Kronlande Österreich-Ungarns – Krain, Steiermark und Kärnten. 1848, als Slowenien von Russland Hilfe bei der Erlangung der Unabhängigkeit erhoffte, entstand die erste slowenische Flagge – eine Trikolore in den panslawischen Farben Rot-Weiß-Blau, die von den österreichischen Behörden sofort verboten wurde.

1918 wurde Slowenien Teil des Königreiches der Serben, Kroaten und Slowenen, das 1929 in Jugoslawien umbenannt wurde. Als Teil Jugoslawiens führte Slowenien außer der jugoslawischen Trikolore in Blau-Weiß-Rot (der Marschall Tito 1946 noch einen golden abgesetzten roten Stern hinzufügte) seine eigene Flagge, die sich durch die Anordnung der Farben unterschied – Weiß-Blau-Rot.

Nach dem Zusammenbruch des Kommunismus in Osteuropa trennte sich Slowenien 1991 von Jugoslawien; seine Unabhängigkeit wurde 1992 anerkannt. Slowenien verwendete die slowenische Flagge weiter, fügte aber einen blauen Schild ins Obereck ein, wodurch eine neue Nationalflagge entstand. Der Schild ist dem in der slowakischen Flagge sehr ähnlich, aber die drei Berggipfel im slowenischen Wappen sollen den Triglav mit drei Bergspitzen darstellen. Die drei goldenen Sterne darüber stehen für die drei geschichtsträchtigen Jahre 1918, 1945 und 1991, während die beiden Wellenlinien unter den Gipfeln die Flüsse Drau und Save symbolisieren.

Offizieller Name:
Al Jumhuoriya As-Somalya Dimocradia
(Republik Somalia)

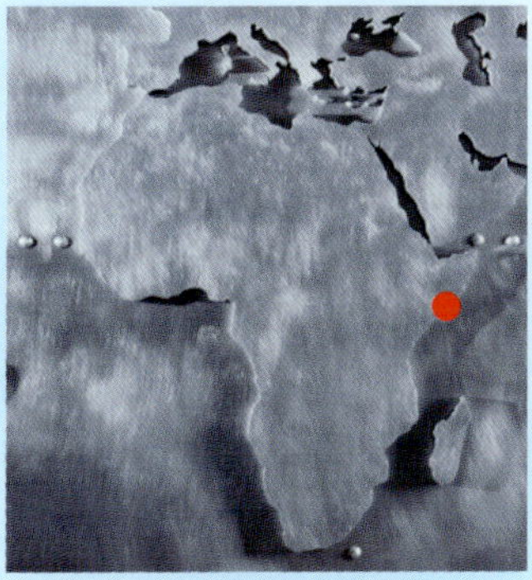

Hauptstadt:
Mogadischu

Lage:
Ostafrika

Währung:
1 Somalischer Schilling = 100 Centesimi

Sprachen:
Somali (Amtssprache), Arabisch, Englisch, Italienisch

Religion:
Muslime

Flagge eingeführt:
12. Oktober 1954

Schnitt:
nicht festgelegt, meist 2:3

Somalia entstand aus arabischen Handelsstationen, die zu Sultanaten anwuchsen. Die strategische Lage am Horn von Afrika an der Küste des Indischen Ozeans zog das Interesse der Europäer auf die Region. Großbritannien gründete 1884 im Nordteil der Region das Protektorat Somaliland und Italien 1889 im Süden das Protektorat Somalia. Die italienische Region wurde 1927 Kolonie und 1936 Teil von Italienisch-Ostafrika, bevor sie 1941 an Großbritannien fiel. Die Südregion, als UN-Treuhandgebiet designiert, kehrte 1950 wieder unter italienische Verwaltung zurück, allerdings nur für einen festgelegten Zeitraum von zehn Jahren. 1960 wurden die zwei früheren Kolonien zusammengelegt und als Somalia unabhängig.

Die von Mohammed Awale Liban 1954 entworfene somalische Flagge beruht auf der blau-weißen Flagge der Vereinten Nationen, die Somalia auf dem Weg in die Unabhängigkeit begleiteten. Das Blau der Grundfläche steht für die Vereinten Nationen, während der weiße Stern Frieden und Wohlstand symbolisiert. Der Stern hat fünf Zacken, eine für jeden Zweig des somalischen Volkes, das in verschiedenen Regionen lebt: die Somalis im früheren Italienisch-Somalia und im früheren Britisch-Somaliland, sowie die in Äthiopien, Djibouti und Nordkenia lebenden Somalis.

SOMALILAND

Offizieller Name:
Republik Somaliland
FLAGGE UMSTRITTEN

Im Mai 1991 wurde in der nordöstlichen Region Somalias die Republik Somaliland ausgerufen, die jedoch von keinem Land und auch nicht von den Vereinten Nationen anerkannt wird.

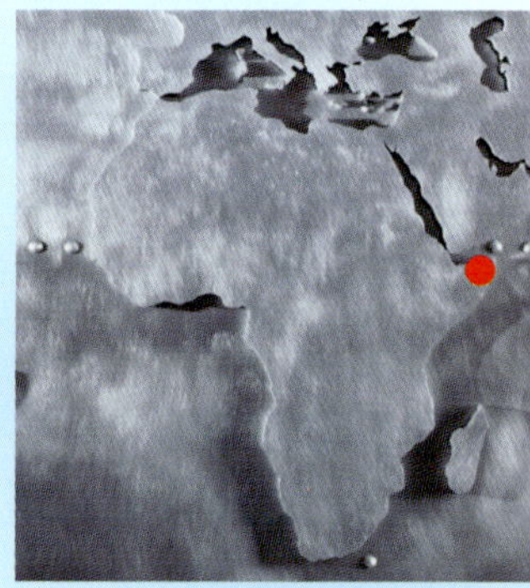

Lage:
Nordostafrika

SPANIEN

Offizieller Name:
Reino de España
(Königreich Spanien)

Hauptstadt:
Madrid

Lage:
Westeuropa

Währung:
1 Euro = 100 Cents

Sprachen:
Spanisch, Baskisch, Galizisch, Katalanisch

Religion:
Katholiken

Flagge eingeführt:
19. Juli 1927

Schnitt:
2:3

Die Farben der spanischen Flagge stammen von den Wappen der Provinzen Aragon und Kastilien. Im 13. Jahrhundert bestand Spanien aus mehreren kleinen Königreichen, die nach und nach in Aragon und Kastilien aufgingen. Die Heirat zwischen Isabella von Kastilien und Ferdinand von Aragon im Jahre 1469 einte Spanien, das schnell zur kolonialen Großmacht wurde.

Die erste rot-gelbe spanische Flagge kann bis 1785 zurückverfolgt werden. Sie entsprang dem Wunsch des spanischen Bourbonenkönigs Carlos III., die spanischen Kriegsschiffe auf See unterscheiden zu können. Die vorhandene Kriegsschiffsflagge war weiß und mit dem Wappen der Bourbonen belegt, das leicht mit denen anderer von Bourbonen regierter Länder verwechselt werden konnte, aber auch mit dem britischen weißen Ensign. Obwohl erst 1927 eingeführt, werden diese Farben traditionell mit Spanien verbunden.

Nachdem ab dem späten 19. Jahrhundert Republikaner, Sozialisten und Anarchisten um die Macht gewetteifert hatten, wurde 1931 eine Republik gegründet und eine neue Flagge in Form einer horizontalen Trikolore mit gleich breiten Streifen in Rot, Gelb und Violett angenommen. 1936 wurde die Republik jedoch durch eine von General Francisco Franco geführte Militärrebellion gestürzt und die gelb-rote Flagge wieder eingeführt. Als Franco 1975 starb, wurde König Juan Carlos Staatsoberhaupt, und für Staatszwecke gibt es die Flagge mit dem Nationalwappen im gelben Streifen nahe dem Liek.

SRI LANKA

Offizieller Name:
Shri Lanka Prajatantrika Samajavadi Janarajaya
(singhalesische Bezeichnung)
Ilangi Jananayaka Socialisa Kudiarasu
(tamilische Bezeichnung)
(Demokratische Sozialistische Republik Sri Lanka)

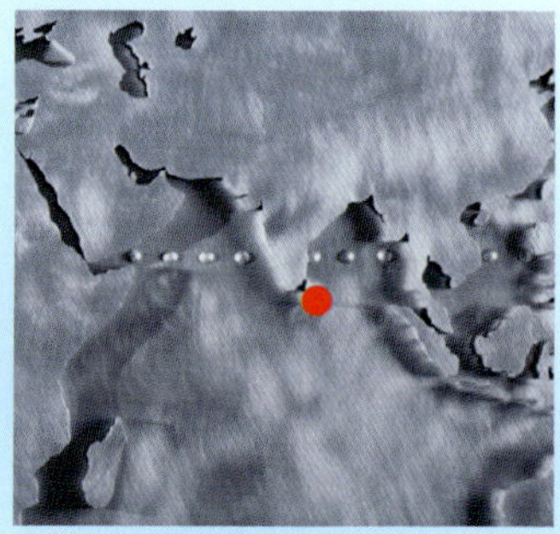

Die Ureinwohner von Sri Lanka (früher Ceylon genannt) waren die Wedda, die jedoch um 550 v. Chr. von Singhalesen aus Indien besiegt wurden. Im 3. Jahrhundert n. Chr. wurde die Insel ein Weltzentrum des Buddhismus. Durch den Gewürzhandel kamen Araber nach Ceylon, die die Insel *Serendip* nannten (eine durch Zufall gemachte lohnende Entdeckung). Die Europäer nannten die Insel Ceylon, und sie ging von den Portugiesen an die Niederländer und schließlich, 1796, an die Briten über. Ceylon erlangte 1948 die Unabhängigkeit und benannte sich 1972 in Sri Lanka um.

Die gegenwärtige Form der singhalesischen Flagge hat sich nach und nach entwickelt. Sie bestand ursprünglich nur aus einem goldenen Löwen und einem Schwert auf roter Grundfläche (das singhalesische Wort *Sinhala* bedeutet »Löwe« und ist die Grundlage für den Namen der Insel.) Da sie vom Emblem des singhalesischen Königreiches Kandy abgeleitet war, war sie bei den Minderheiten auf der Insel unbeliebt. 1951 wurde sie deshalb geändert, indem zwei Streifen in Grün (für die Muslime) und Orange (für die Tamilen) eingefügt wurden. Mit der Änderung des Landesnamens zu Sri Lanka wurde auch die Flagge nochmals geändert: Vier Blätter des Pipalbaumes (unter dem Siddharta saß, als er Buddha wurde) wurden in die vier Ecken des roten Feldes eingefügt.

Hauptstadt:
Colombo

Lage:
Südasien/Indischer Ozean

Währung:
1 Sri-Lanka-Rupie = 100 Cents

Sprachen:
Singhalesisch, Tamil, Englisch

Religionen:
Buddhisten, Hindus, Muslime, Christen

Flagge eingeführt:
17. Dezember 1978

Schnitt:
1:2

SÜDAFRIKA

Offizieller Name:
Republik Südafrika

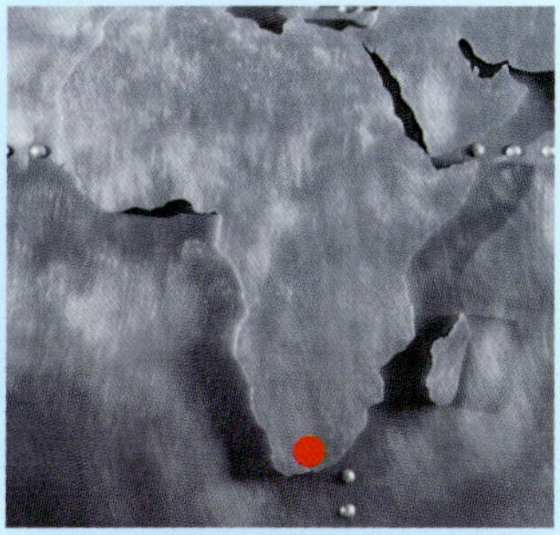

Hauptstadt:
Pretoria,
Kapstadt (Sitz des Parlaments)

Lage:
Südafrika

Währung:
1 Rand = 100 Cents

Sprachen:
Afrikaans, Englisch, Xhosa, Zulu

Religionen:
Christen, u.a. Niederländisch-Reformierte, Katholiken

Flagge eingeführt:
27. April 1994

Schnitt:
2:3

Das Land an der Südspitze des afrikanischen Kontinents war die Heimat der Sotho, Swasi, Xhosa und Zulu, bevor die Holländische Ostindien-Kompanie 1652 Kapstadt besiedelte. Es folgten Briten, die ebenfalls in Natal und Durban siedelten, und Buren (niederländische Bauern) gingen mit dem »Großen Treck« nach Norden und gründeten dort Transvaal und den Freistaat Oranien sowie die Kapkolonie im Norden Natals. Die Südafrikanische Union wurde 1910 gebildet und nahm 1928 eine Nationalflagge auf der Basis der von den ersten niederländischen Siedlern verwendeten rot-weiß-blauen Trikolore an.

1948 begann Südafrika mit der Apartheid-Politik, die 1991 endete, und nachdem eine neue Demokratie ohne Rassentrennung in der Verfassung verankert worden war, wurde 1994 beschlossen, eine neue Flagge einzuführen. Die Gestaltung der Flagge (durch den obersten Herold von Südafrika) verbindet die Farben der Burenrepubliken (Rot, Weiß und Blau) mit denen des Afrikanischen Nationalkongresses (Schwarz, Grün und Gelb) und der Inkatha-Freiheitspartei der Zulu (Schwarz, Grün, Gelb, Rot und Weiß). Das in die Gestaltung einbezogene Gabelkreuz (heraldischer Ausdruck für eine Y-Form) symbolisiert die Annäherung des Traditionellen und des Neuen und bedeutet den gemeinsamen Weg der Südafrikaner in die Zukunft.

SUDAN

Offizieller Name:
Jumhuryat es-Sudan
(Republik Sudan)

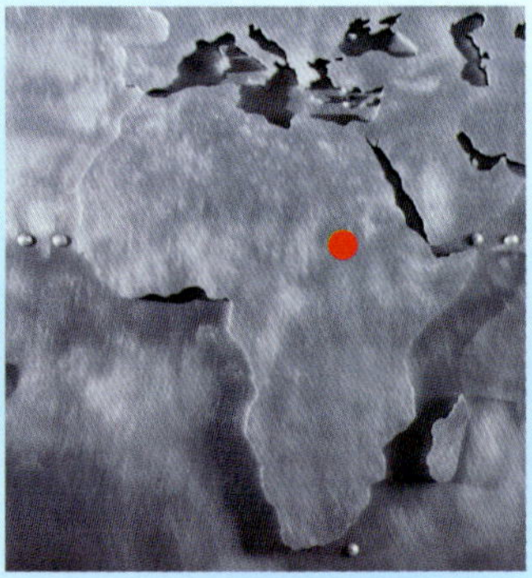

Hauptstadt:
Khartum (Al Khartum)

Lage:
Nordostafrika

Währung:
1 Sudanesischer Dinar =
10 Sudanesische Pfund

Sprachen:
Arabisch,
verschiedene Stammessprachen

Religionen:
Muslime, Christen, Naturreligionen

Flagge eingeführt:
20. Mai 1970

Schnitt:
1:2

In der Antike war der Sudan, Nubien genannt, Teil der Königreiche Ober- und Unterägypten. Die Nubier wurden im 6. Jahrhundert zum koptischen Christentum und im 15. Jahrhundert, nach Invasionen der Araber, zum Islam bekehrt. 1829 kam der Sudan wieder unter ägyptische Herrschaft, wogegen sich starker Widerstand regte. 1881 kam es zu einem Aufstand unter Führung eines Scheichs, der den Titel eines Mahdi annahm und 1895 Khartum eroberte. Der Aufstand wurde von anglo-ägyptischen Truppen unterdrückt, und von 1899 bis 1956 wurde das Land von Ägypten und Großbritannien gemeinsam verwaltet. 1956 wurde der Sudan unabhängige Republik.

Die Nationalflagge des unabhängig gewordenen Sudan war eine blau-gelb-grüne horizontale Trikolore. Nach einem Militärputsch, durch den die Regierung aus dem Amt getrieben wurde, wurde diese Flagge 1970 aufgegeben. Der Sudan ist zwar nach wie vor politisch instabil, seine Flagge drückt aber weiterhin arabischen Nationalismus aus. Der rote Streifen weist auf das im Kampf für die Unabhängigkeit vergossene Blut hin, der weiße steht für Frieden und Optimismus und der schwarze bezeichnet den Sudan und erinnert gleichzeitig an die schwarze Flagge des Mahdi-Aufstandes im 19. Jahrhundert. Das Grün am Liek ist eine Farbe, die in vielen Nationalflaggen der Araber vorkommt: Es gilt als die Lieblingsfarbe des Propheten Mohammed und ist die Farbe des Islam.

Offizieller Name:
Taehan-min'guk
(Republik Korea)

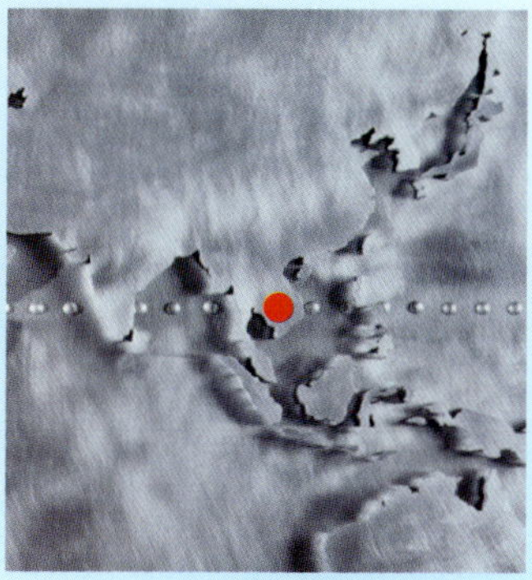

Hauptstadt:
Seoul

Lage:
Ostasien

Währung:
1 Won = 100 Chon

Sprache:
Koreanisch

Religionen:
Buddhisten, Protestanten, Katholiken, Konfuzianer

Flagge eingeführt:
8. September 1948

Schnitt:
2:3

Südkorea, mit offiziellem Namen Republik Korea, entstand aus der Zone südlich des 38. Breitengrades, die am Ende des Zweiten Weltkrieges von US-Truppen besetzt war. Da die nördliche Zone von der UdSSR besetzt war, ist Korea seit 1945 in Nordkorea und Südkorea geteilt. Eine amerikanische Militärregierung verwaltete Südkorea ab 1945, bis 1948 eine unabhängige Republik ausgerufen wurde.

Die südkoreanische Flagge beruht auf der Flagge des »geeinten« Korea im 19. Jahrhundert, die bei Beginn der Unabhängigkeit 1948 in leicht veränderter Form beibehalten wurde. Die weiße Grundfläche steht für Reinheit und Frieden, während die blau-rote Scheibe in der Mitte die Prinzipien Yin (negativ, blau) und Yang (positiv, rot) darstellt, die Konzepte der orientalischen Philosophie von Schöpfung und Entwicklung durch Dualismus und Balance. Der harmonische Zustand von Yin und Yang heißt auf Koreanisch *Taeguki* (Chinesisch: *Tai Chi*), und *Taeguk-ki* ist auch der Name der Nationalflagge (*ki* heißt Flagge). Die vier schwarzen *kwar* (Trigramme) in den Ecken stammen aus dem chinesischen Buch der Weissagungen *I-Ching* (Buch der Wandlungen) und symbolisieren die vier universellen Elemente. Im Obereck beginnend, sind das im Uhrzeigersinn: *Kun* (Himmel), *Yi* (Feuer), *Kam* (Wasser) und *Kon* (Erde).

SURINAM

Offizieller Name:
Republiek Suriname
(Republik Surinam)

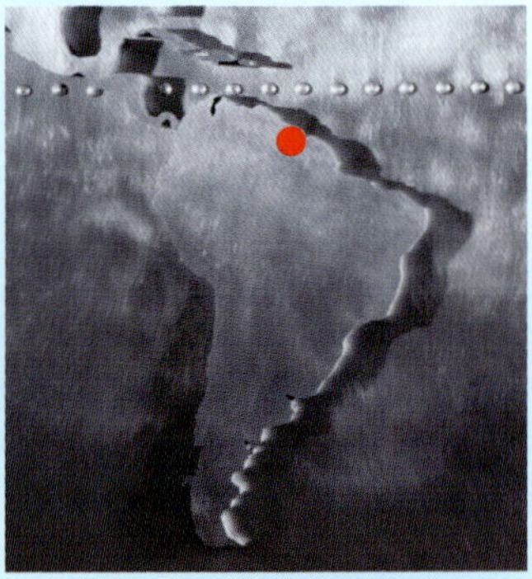

Surinam wurde Mitte des 17. Jahrhunderts von englischen und französischen Händlern besiedelt, wurde aber 1667 im Vertrag von Breda im Tausch gegen Neu-Amsterdan (heute New York) an Holland abgetreten und als Kolonie Niederländisch-Guyana genannt. In der Folgezeit entwickelte sich eine Plantagenwirtschaft auf der Basis von Sklavenarbeit, und als 1863 die Sklaverei abgeschafft wurde, wurden anstelle der afrikanischen Sklaven in China, Java und Indien angeworbene Immigranten in die Kolonie gebracht, deren ethnische Vielfalt die Grundlage für Surinams heutige multikulturelle Gesellschaft ist.

1975 wurde Surinam von den Niederlanden unabhängig und nahm seine gegenwärtige Nationalflagge an. Sie ersetzt die Flagge, die 1959, einige Jahre nach Beginn der Selbstverwaltung, eingeführt worden war. (Die frühere Flagge hatte eine weiße Grundfläche und fünf Sterne in den Farben Weiß, Schwarz, Braun, Gelb und Rot als Symbole für die ethnische Vielfalt Surinams.) Für die 1975 eingeführte Flagge war die Öffentlichkeit um Entwürfe gebeten worden, welche die Farben der drei wichtigsten politischen Parteien in einer Gestaltung vereinen sollten, die Surinams Einheit und Fortschritt verdeutlicht. Heute symbolisiert das Grün der Flagge die Fruchtbarkeit, das Weiß die Gerechtigkeit und das Rot die Freiheit, während der einzelne goldene Stern in der Mitte das Emblem der nationalen Einheit ist.

Hauptstadt:
Paramaribo

Lage:
Südamerika

Währung:
1 Surinam-Gulden = 100 Cents

Sprachen:
Niederländisch, Englisch, Sranatango (Taki-Taki)

Religionen:
Hindus, Protestanten, Muslime, Katholiken

Flagge eingeführt:
25. November 1975

Schnitt:
2:3

SWASILAND

Offizieller Name:
Umbuso we Swatini
(Königreich Swasiland)

Hauptstadt:
Mbabane

Lage:
Südostafrika

Währung:
1 Lilangeni = 100 Cents

Sprachen:
Swasi, Englisch

Religionen:
Protestanten, Katholiken, Naturreligionen

Flagge eingeführt:
30. Oktober 1967

Schnitt:
2:3

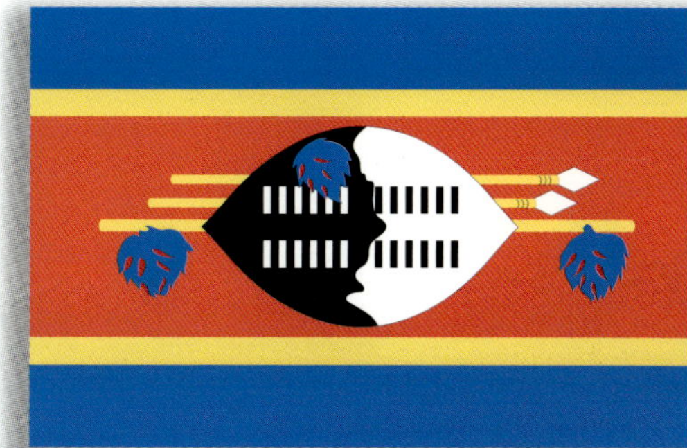

Die frühesten bekannten Einwohner Swasilands waren die Ndwandwe, die im Südosten der Region lebten und Mitte des 18. Jahrhunderts von den von Süden eindringenden Swasi besiegt wurden. Das Königreich Swasi wurde vom Herrscher der Ngwane, Sobhuza I., 1820 hoch im zentral gelegenen Bergland gegründet. Als in den 1880er-Jahren europäische Siedler ankamen, machten die Swasi ihnen Zugeständnisse; weil diese aber später die territoriale Unabhängigkeit der Swasi gefährdeten, schlossen Briten und Buren 1894 einen Vertrag, der Swasiland unter die Verwaltung des britischen Gouverneurs von Transvaal stellte, wodurch die Autonomie der Region gewahrt blieb. Zwar verlangte die südafrikanische Regierung wiederholt Kontrolle über die Region, aber das wurde sowohl von den Briten als auch von den Swasi abgelehnt. Swasiland erhielt 1967 die Selbstverwaltung und 1968 die Unabhängigkeit mit König Sobhuza II. als Staatsoberhaupt.

Die Nationalflagge von Swasiland beruht auf einer Flagge, die der König dem Swasi-Pionierkorps gegeben hatte, das im Zweiten Weltkrieg in der britischen Armee diente. Das zentrale Emblem ist der Schild eines Emasotha-Kriegers, horizontal über einen Kampfstock gelegt, von dem *injobo*-Quasten aus den Federn des Witwenvogels, des Emblems des Swasi-Königs, herabhängen. Über dem Stab befinden sich zwei *assegai*, Swasi-Speere.

SYRIEN

Offizieller Name:
Al-Jumhuriyah al-'Arabiyah as-Suriyah
(Arabische Republik Syrien)

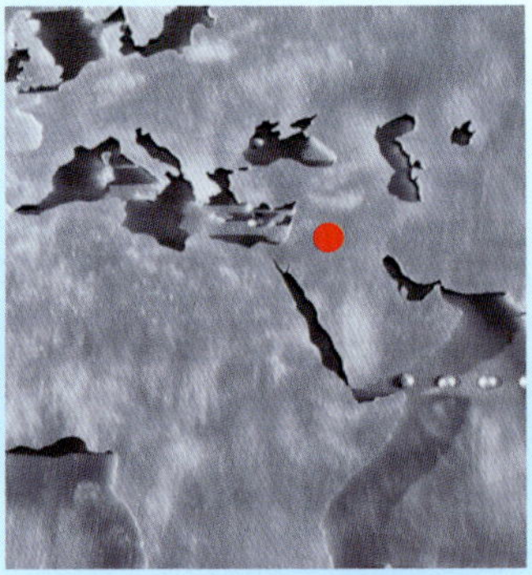

Hauptstadt:
Damaskus

Lage:
Westasien

Währung:
1 Syrisches Pfund = 100 Piaster

Sprachen:
Arabisch, Kurdisch, Armenisch

Religionen:
Muslime, Christen

Flagge eingeführt:
29. März 1980

Schnitt:
1:2

Das Syrien des Altertums war in mehrere kleine Königreiche geteilt, die das mächtige Assyrische Reich allmählich unter seine Kontrolle brachte. Nach Babyloniern, Persern, Römern und Byzantinern eroberten es im Jahre 636 n. Chr. die Sarazenen. In den Kreuzzügen des Mittelalters war Syrien Schauplatz vieler Schlachten. Nachdem es von 1516 bis 1918 Teil des Osmanischen Reiches gewesen war, wurde es nach dem Ersten Weltkrieg von britischen und französischen Truppen okkupiert. 1920 wurde Syrien unter französisches Mandat gestellt, und 1946 erhielt es schließlich die Unabhängigkeit.

Als französische Kolonie führte Syrien ein grün-weiß-grünes Triband mit der französischen Trikolore im Obereck. Beim Eintritt in die Unabhängigkeit wurde aus der Flagge eine grün-weiß-schwarze Trikolore mit drei roten Sternen in der Mitte für die drei Provinzen Syriens. Als Syrien sich 1958 mit Ägypten zur Vereinigten Arabischen Republik (UAR) zusammenschloss, nahm es die gegenwärtige rot-weiß-schwarze panarabische Trikolore an, jedoch mit drei Sternen belegt, denn es wurde mit dem Beitritt des Irak zur UAR gerechnet. Nach einem Militärputsch im Jahre 1961 verließ Syrien die UAR und kehrte für kurze Zeit zu der grün-weiß-schwarzen Trikolore zurück, bevor 1963 die panarabischen Farben wieder angenommen wurden. Seit 1980 ist die panarabische Trikolore mit zwei grünen Sternen, welche die Verbundenheit mit Ägypten wiederspiegeln, in Gebrauch.

TADSCHIKISTAN

Offizieller Name:
Jumhurii Todhzikistan
(Republik Tadschikistan)

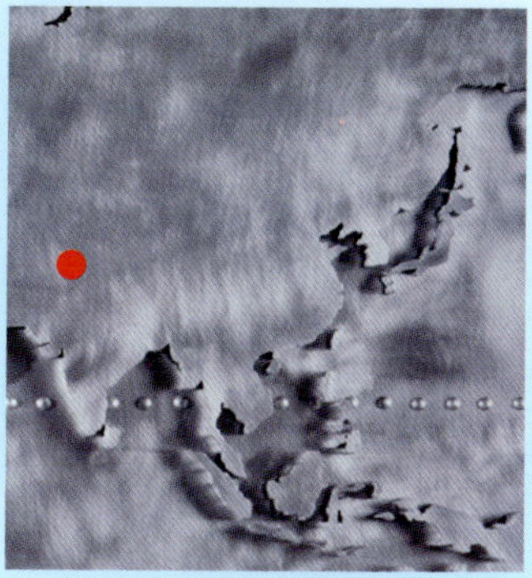

Hauptstadt:
Duschanbe

Lage:
Mittelasien

Währung:
1 Rubel = 100 Kopeken

Sprachen:
Tadschikisch, Usbekisch, Russisch

Religion:
Sunnitische Muslime

Flagge eingeführt:
24. November 1992

Schnitt:
1:2

Die Tadschiken, ein iranisches Volk, waren dem Perserreich untertan, bis im 8. Jahrhundert die Araber ihren Einfluss auf die Region ausdehnten. Im 13. Jahrhundert ergoss sich die Mongoleninvasion über Asien, und die Region wurde Teil des Reiches von Tamerlan (Timur) und seinen Nachfahren. Die Heimat der Tadschiken wurde 1860 vom zaristischen Russland erobert und 1920 von der sowjetischen Roten Armee besetzt. Zwar gab es ab 1922 immer wieder Revolten, aber 1929 wurden die tadschikischen (persisch sprechenden) Gebiete Buchara und Turkestan zu einer Unionsrepublik der UdSSR vereint.

Nach Beginn der Unabhängigkeit 1991 war Tadschikistan die letzte der früheren Sowjetrepubliken, die eine neue Flagge annahm. Die Farben sind die gleichen wie in der von 1953 bis 1992 verwendeten Flagge der Tadschikischen Sowjetrepublik. Der rote Streifen steht für den Sozialismus, der weiße für die Baumwolle, das wichtigste Landesprodukt, und der grüne Streifen für die übrigen landwirtschaftlichen Produkte. (Möglicherweise sind die Farben von der iranischen Flagge beeinflusst, denn die Tadschiken sind das einzige Volk einer früheren mittelasiatischen Sowjetrepublik, die eine dem Persischen verwandte Sprache sprechen.) Die stilisierte Krone in der Mitte des weißen Streifens soll die Souveränität Tadschikistans darstellen, aber die Bedeutung der sieben Sterne ist unbekannt.

TANSANIA

Offizieller Name:
Jumhuri ya Mwungano was Tanzania
(Vereinigte Republik Tansania)

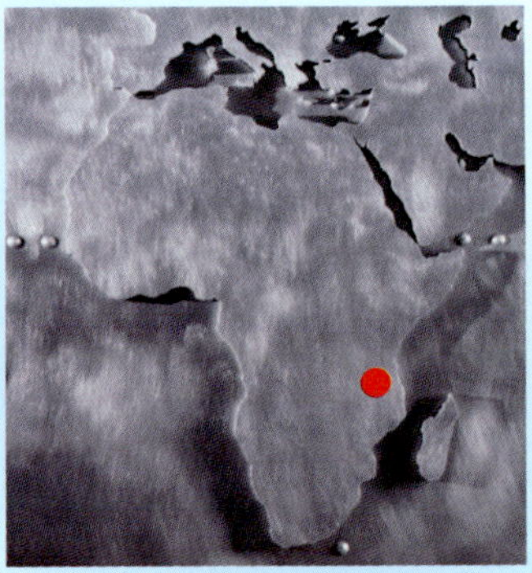

Nachdem Tansanias Küste im 8. Jahrhundert durch Araber erkundet worden war, leitete die Ankunft des Vasco da Gama im Jahre 1498 die Herrschaft der Portugiesen ein, die 1698 von omanischen Arabern vertrieben wurden. Ab 1884 Kolonie Deutsch-Ostafrika, wurde das tansanische Festland 1919 das britische Treuhandgebiet unter dem Namen Tanganjika und 1961 ein unabhängiger Staat. Das nahe gelegene, für seine Gewürze berühmte Sansibar, die größte Koralleninsel vor der Küste Afrikas, vereinte sich mit der benachbarten Insel Pemba. Beide wurden im späten 18. Jahrhundert ebenfalls omanischer Besitz und 1856 britisches Protektorat. 1963 wurde der Sultan von Sansibar gestürzt, und die Inseln wurden unabhängig. 1964 entstand aus Tanganjika und Sansibar eine Republik unter dem neuen Namen Tansania, der die Vereinigung widerspiegelt.

Auch die neue Flagge Tansanias vereint Elemente der Flaggen von Tanganjika und Sansibar. Grün und Schwarz, die Farben der dominierenden Partei, der Tanganjikanischen Afrikanischen Nationalunion, und das Grün, Schwarz und Blau der Afro-Shirazi-Partei, die den Sultan von Sansibar stürzte, wurden in diagonalen Streifen angeordnet, sodass sie alle gleichwertig sind. Der schwarze Streifen wurde gelb abgesetzt, um den Reichtum des Landes an Bodenschätzen, insbesondere Diamanten, Kohle und Eisen anzudeuten.

Hauptstadt:
Dodoma

Lage:
Ostafrika

Währung:
1 Tansanischer Schilling = 100 Cents

Sprachen:
Suaheli, Englisch (Amtssprachen); verschiedene Bantusprachen

Religionen:
Katholiken, Muslime, Naturreligionen

Flagge eingeführt:
30. Juni 1964

Schnitt:
2:3

Offizieller Name:
Prathet Thai
(Königreich Thailand)

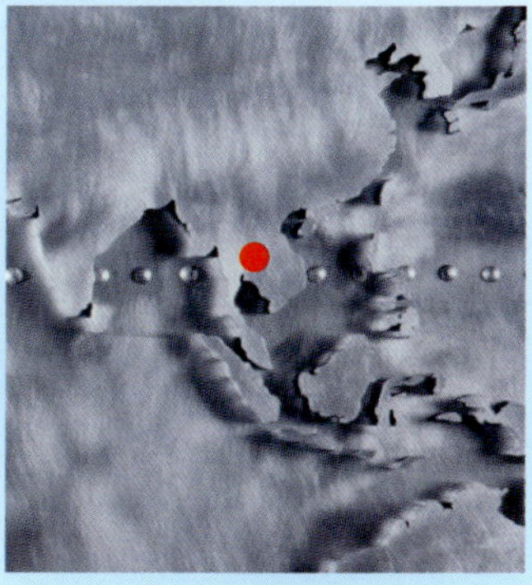

Hauptstadt:
Bangkok

Lage:
Südostasien

Währung:
1 Thai-Baht = 100 Satang

Sprachen:
Thai, Chinesisch, Malaiisch

Religionen:
Buddhisten, Muslime

Flagge eingeführt:
28. September 1917

Schnitt:
2:3

Das regional als Muang Thai, »Land der Freien«, bezeichnete Thailand hieß bis 1939 Siam. Die Thai waren aus Yunnan (China) nach Süden gezogen, nachdem ihre Hauptstadt Nanchao 1253 durch die Mongolen zerstört worden war. Sie nahmen 1350 Sukhotai, eine Stadt der Khmer ein, und machten sie zum Zentrum ihres neuen Königreiches. Die kluge Diplomatie seiner Herrscher bewahrte Thailand vor der Kolonisation durch Europäer. Das gegenwärtige Königshaus der Tschakri wurde 1782 von Rana I. gegründet, der die Hauptstadt nach Bangkok verlegte.

Im 19. Jahrhundert war eine einfarbig rote, mit einem weißen Elefanten belegte Flagge in Gebrauch, ein Hinweis auf den Beinamen des Landes, »Land des weißen Elefanten«. 1916, während des Ersten Weltkrieges, wurden über und unter dem Elefanten horizontale weiße Streifen eingefügt. Die gegenwärtige Flagge *Thong Chat Thai* wurde 1917 von König Vajiravudh-Rama VI. gestaltet, der den Elefanten entfernte und einen blauen Streifen in der Mitte einfügte und so eine Trikolore (*Trairong*) schuf. Es heißt, er habe das getan, um Siams Solidarität mit den Alliierten zu zeigen, aber nach allgemeiner Meinung symbolisiert der blaue Streifen die Monarchie. Die zwei roten Streifen sollen für das Land stehen, während die weißen Streifen den Glauben der Therevada-Buddhisten symbolisiert.

TIBET

Offizieller Name:
Xizang Zizhiqu
(Autonome Region Tibet)
FLAGGE UMSTRITTEN

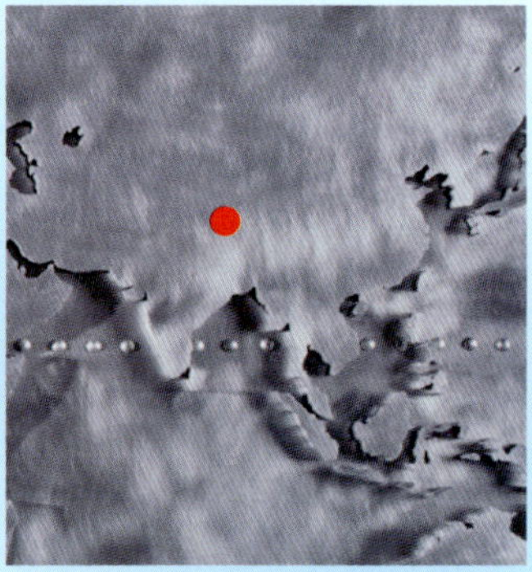

Hauptstadt:
Lhasa

Lage:
Asien

Währung:
1 Yuan = 10 Jiao = 100 Fen

Sprachen:
Tibetisch, Chinesisch

Religion:
Buddhisten

Tibet, seit dem 5. Jahrhundert ein unabhängiger Staat, war Jahrhunderte lang eine Theokratie (ein von religiösen Führern regierter Staat) unter der Führung von buddhistischen Mönchen oder Lamas. 1700 kam Tibet unter chinesische Herrschaft, erhielt aber 1912 nach einem Aufstand seine Unabhängigkeit zurück. 1951 brachte China Tibet wieder unter seine Kontrolle, und 1959 floh der Dalai Lama (das geistliche Oberhaupt des tibetischen Buddhismus und Staatsoberhaupt von Tibet) während eines Aufstandes gegen die chinesische Herrschaft zusammen mit über 9000 Tibetern nach Indien. China löste die tibetische Regierung auf, ersetzte sie durch einen ihm angenehmen Herrscher und machte Tibet zu einer autonomen Region Chinas.

Die hier abgebildete Flagge wird von der tibetischen Exilregierung sowie von tibetischen Organisationen in aller Welt verwendet. Ihr Gebrauch in Tibet ist verboten, und sie anderswo zu hissen gilt den chinesischen Behörden als Vergehen.

Offizieller Name:
République du Togo
(Republik Togo)

Hauptstadt:
Lomé

Lage:
Westafrika

Währung:
1 CFA-Franc = 100 Centimes

Sprachen:
Französisch, Ewe, Kabre

Religionen:
Christen, Muslime, Naturreligionen

Flagge eingeführt:
27. April 1960

Schnitt:
2:3

Togoland war bis 1914 deutsches Protektorat und wurde dann zwischen Frankreich und Großbritannien aufgeteilt. Sie regierten mit UN-Mandat gemeinsam bis 1956, als Britisch-Togoland für den Anschluss an Ghana stimmte und Französisch-Togoland sich entschied, eine autonome Republik innerhalb der französischen Union zu werden und 1960 als Republik Togo die volle Unabhängigkeit erhielt.

Die Regierung von Togo schrieb 1958 einen Wettbewerb für eine neue Flagge für das neue Land aus, den Ahyi Paul gewann. Wie viele andere Nationen, die um diese Zeit unabhängig wurden, hat auch Togo eine Flagge in den panafrikanischen Farben. Die fünf Streifen in Grün und Gelb, die für die fünf Regionen des Landes stehen (Régions Maritime, Plateaux, Centrale, de la Kara und des Savanes), erinnern auch an die fünf Finger einer Hand und symbolisieren so Aktion. Die gelben Streifen bezeichnen die nationale Einheit und die reichen Bodenschätze des Landes, das Grün steht für die Landwirtschaft, und das Rot im Obereck verweist auf das im Unabhängigkeitskampf vergossene Blut. Der fünfzackige Stern im roten Obereck symbolisiert die Freiheit, die mit der Unabhängigkeit errungen wurde, und seine weiße Farbe bedeutet Frieden und Weisheit.

TONGA

Offizieller Name:
Pule'anga Tonga
(Königreich Tonga)

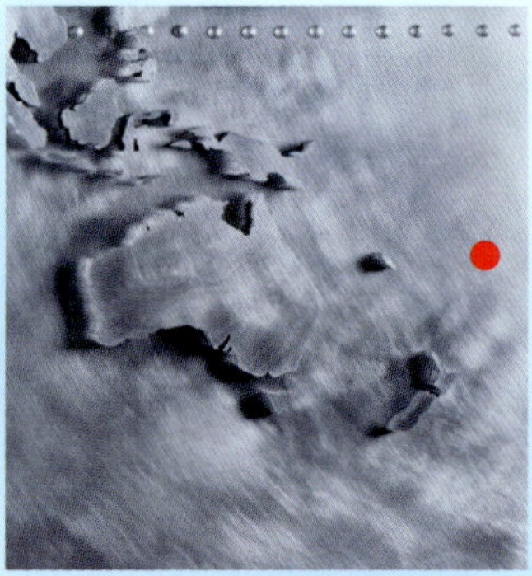

Hauptstadt:
Nuku'alofa

Lage:
Pazifischer Ozean

Währung:
1 Pa'anga = 100 Seniti

Sprachen:
Englisch, Tongaisch

Religionen:
Protestanten, Katholiken

Flagge eingeführt:
4. November 1875

Schnitt:
1:2

Tonga besteht aus über 150 Inseln, die über ca. 700 000 km^2 verstreut sind, aber nur 40 der Inseln sind bewohnt. Tonga wurde erstmals vor etwa 3500 Jahren durch Polynesier besiedelt, möglicherweise von den Fidschi-Inseln. Als der britische Entdeckungsreisende Kapitän James Cook 1773 Tonga besuchte, nannte er es aufgrund des herzlichen Empfanges, der ihm bereitet wurde, »Freundliche Inseln«. Nachdem im frühen 19. Jahrhundert methodistische Priester aus England gekommen waren, wurde der Oberhäuptling Taufa'ahau Tupou (bekannt geworden als König George Tupou I., der Gründer des jetzigen Königshauses von Tonga) 1831 zum Christentum bekehrt. Tonga wurde 1900 britisches Protektorat – aber nie Kolonie – und 1970 unabhängig.

1862 ließ König George Tupou I. eine Flagge hissen, die Tongas Bekehrung zum Christentum ausdrückte, aber als sich herausstellte, dass sie mit der Flagge des Roten Kreuzes identisch war, wurde sie geändert, um Verwechslungen zu vermeiden. Die ehemalige Flagge erscheint jetzt als Obereck in einer einfarbig roten Flagge. Das rote Kreuz steht für den christlichen Glauben der Tonganer, die rote Grundfläche für das Blut Christi. Die Gestaltung der neuen Flagge wird Prinz Uelingatoni Ngu Tupoumalohi und der Methodistenpredigerin Reverend Shirley Baker zugeschrieben, und die Verfassung Tongas aus dem Jahre 1875 schreibt fest, dass sie nie geändert werden darf.

TRINIDAD UND TOBAGO

Offizieller Name:
Republik Trinidad und Tobago

Hauptstadt:
Port of Spain

Lage:
Karibik

Währung:
1 Trinidad-Tobago-Dollar =
100 Cents

Sprachen:
Englisch, Spanisch, Hindi, Kreolisch

Religionen:
Katholiken, Protestanten, Hindus, Muslime

Flagge eingeführt:
31. August 1962

Schnitt:
3:5

Trinidad war von den Igneri bewohnt und die Vulkaninsel Tobago von den Kariben, als die benachbarten Inseln vor der Küste Venezuelas 1498 von Christoph Kolumbus entdeckt wurden. Tobago im Norden wurde von den Spaniern beansprucht, wurde dann aber nacheinander Besitz der Briten, Niederländer und Franzosen, bevor es 1814 wieder an die Briten fiel. Trinidad im Süden wurde von Niederländern und Franzosen besiedelt, aber 1802 an Großbritannien abgetreten. 1899 wurden beide Inseln zusammen eine Kolonie, die 1962 ihre volle Unabhängigkeit erreichte.

Die Flagge von Trinidad und Tobago, die im Jahr der Unabhängigkeit entstand, wurde aus Einsendungen aus der Öffentlichkeit ausgewählt. Das Rot, Weiß und Schwarz der Flagge sind höchst symbolische Farben. Rot bezeichnet die Vitalität des Landes und der Menschen sowie die Wärme und Energie der Sonne; Weiß steht für das Meer, das beide Inseln verbindet, und drückt auch die Reinheit der Hoffnungen des Volkes aus; die schwarze Diagonale symbolisiert Stärke, Einheit und Entschlossenheit der Menschen. Die Farben stehen auch für die drei Elemente Feuer (Rot), Erde (Schwarz) und Wasser (Weiß), die zusammen die Inseln bilden.

TSCHAD

Offizieller Name:
République du Tchad
(Republik Tschad)

Als die heute als Tschad bezeichnete Region im 7. Jahrhundert von den Arabern besiedelt wurde, hieß sie Kanem. Bei der Errichtung eines islamischen Staates im 13. Jahrhundert wurde sie in Bornu umbenannt. Die Gegend um den Tschadsee wurde im 19. Jahrhundert vom Sudan erobert und fiel später an die Franzosen, die bis 1916 das ganze Land unter ihre Kontrolle brachten. Als Teil von Französisch-Äquatorialafrika wurde Tschad 1958 innerhalb dieser Gemeinschaft autonom und errang 1960 die volle Unabhängigkeit.

Die 1959 angenommene Flagge des Tschad folgt der französischen Trikolore, aber an Stelle von deren Rot-Weiß-Blau wurde Blau-Gelb-Rot gewählt, womit zwei der französischen Nationalfarben und zwei der von Ghana popularisierten panafrikanischen Farben vertreten sind. Die offizielle Symbolik der Farben in der Flagge von Tschad ist: Blau für den Himmel, die Hoffnung, die Landwirtschaft und den südlichen Landesteil, Gelb für die Sonne und die Wüstengebiete im Norden und Rot für Gedeihen, Einheit und das im Unabhängigkeitskampf geflossene Blut. Zufällig gleicht die Flagge des Tschad der gegenwärtigen rumänischen Flagge.

Hauptstadt:
N'Djamena

Lage:
Westafrika

Währung:
1 CFA-Franc = 100 Centimes

Sprachen:
Französisch, Arabisch, Hausa, andere afrikanische Sprachen

Religionen:
Muslime, Christen, Naturreligionen

Flagge eingeführt:
6. November 1959

Schnitt:
2:3

TSCHECHISCHE REPUBLIK

Offizieller Name:
Ceská Republika
(Tschechische Republik)

Hauptstadt:
Prag

Lage:
Mitteleuropa

Währung:
1 Krone = 100 Heller

Sprachen:
Tschechisch, Slowakisch, Polnisch

Religionen:
Katholiken, Protestanten

Flagge eingeführt:
30. März 1920

Schnitt:
2:3

Nach der Zerschlagung Österreich-Ungarns am Ende des Ersten Weltkrieges wurde aus Böhmen und der Slowakei eine unabhängige Republik unter dem Namen Tschechoslowakei gebildet, deren erste Flagge die Einheit des neuen Landes ausdrücken sollte. Die rot-weiße Flagge Böhmens war die Grundlage, das am Liek eingefügte blaue Dreieck symbolisierte die Slowakei, und außerdem galten die drei verwendeten Farben als traditionelle slawische Farben. Als die Nationalsozialisten im Zweiten Weltkrieg die Tschechoslowakei besetzten, wurde die Verwendung dieser Flagge verboten, stattdessen wurde eine horizontale Trikolore in Weiß, Rot und Blau gehisst, bis 1945 mit der Befreiung des Landes die ursprüngliche Flagge wieder eingeführt wurde.

Als die Tschechen und Slowaken 1992 beschlossen, sich zu trennen, erlaubten die Abmachungen der so genannten »samtenen Scheidung« keinem der Nachfolgerstaaten, die nationalen Symbole der bisherigen Föderation zu verwenden. Weil aber die traditionelle rot-weiße tschechische (d. h. böhmische) Flagge der polnischen sehr ähnlich ist, beschloss die neue tschechische Republik im Widerspruch zu den vorhergegangenen Abmachungen, die dreifarbige Flagge beizubehalten.

TUNESIEN

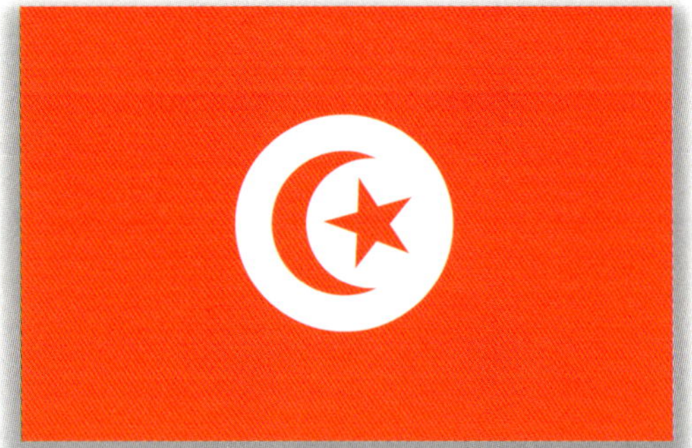

Offizieller Name:
Al Jumhriyah al-Tunisiyah
(Republik Tunesien)

Hauptstadt:
Tunis

Lage:
Nordafrika

Währung:
1 Tunesischer Dinar = 1000 Millimes

Sprachen:
Arabisch, Französisch

Religionen:
Muslime, Christen

Flagge eingeführt:
1835

Schnitt:
2:3

Die Phönizier gründeten im 8. Jahrhundert v. Chr. Karthago (nahe Tunis). Später, in den Punischen Kriegen, fiel das Reich der Karthager an Rom. Im Jahre 533 n. Chr. ging das Gebiet an das Byzantinische Reich über, doch 647, nach Invasionen der Araber, wurde Tunesien islamisch. Von 1574 bis 1881 war Tunesien Teil des Osmanischen Reiches und wurde dann französisches Protektorat, dessen nomineller Herrscher der bey (Monarch) blieb. Im 20. Jahrhundert nahmen jedoch die nationalistischen Stimmungen zu, und 1956 wurde schließlich die Unabhängigkeit errungen. Im folgenden Jahr wurde die Monarchie abgeschafft und die Republik Tunesien ausgerufen.

Die tunesische Flagge beruht auf der Flagge der früheren Herrscher, der Osmanen. Vom bey 1835 eingeführt und primär für militärische Zwecke verwendet, diente sie während der französischen Kolonialherrschaft als Marineflagge mit der französischen Trikolore im Obereck. Als Tunesien unabhängig wurde, erhielt die Flagge wieder ihre alte Form. Die weiße Scheibe in der Mitte der roten Grundfläche stellt die Sonne dar und enthält zwei islamische Symbole: einen roten, fünfzackigen Stern und einen roten türkischen Halbmond (osmanli). Mit arabischen Augen betrachtet, d. h. von rechts nach links, soll die Form der Mondsichel Glück bringen.

Offizieller Name:
Türkiye Cumhuriyeti
(Republik Türkei)

Hauptstadt:
Ankara

Lage:
Osteuropa/Westasien

Währung:
1 Türkische Lira = 100 Kurus

Sprache:
Türkisch

Religion:
Sunnitische Muslime

Flagge eingeführt:
Seit 1844 in Gebrauch, offiziell eingeführt am 5. Juni 1936

Schnitt:
2:3

Die Republik Türkei entstand 1923 aus den Resten des Osmanischen Reiches, das nach seiner Gründung durch Sultan Osman I. im Jahre 1299 Kleinasien, den Balkan, Nordafrika, Ägypten, Syrien, Arabien, Mesopotamien und bis 1550 den Großteil Ungarns erobert hatte. 1918 endete seine Herrschaft.

Rot ist über 700 Jahre lang die vorherrschende Farbe auf türkischen Flaggen gewesen, und viele Legenden erklären den Ursprung des Emblems aus Stern und Halbmond auf der Flagge. Eine besagt, dass die Mondsichel das Emblem der römischen Göttin Diana war, der Patronin von Byzantium (später Konstantinopel und heute Istanbul, vor dem Sieg der Osmanen Hauptstadt des Byzantinischen Reiches), und dass der römische Kaiser Konstantin, als er 330 n. Chr. die Stadt erneut der Jungfrau Maria weihte, ihr zu Ehren den Stern hinzugefügt habe. Wo auch ihr Ursprung liegen mag, Halbmond und Stern sind seit langem die Symbole des Islam und wurden auch nach Ausrufung der weltlichen Republik Türkei weiter verwendet. Die grundlegende Form der türkischen Flagge, die von den Türken als ay yildiz (Mond-Stern) bezeichnet wird, legte Sultan Selim III. im Jahre 1793 fest, als die grünen Schiffsflaggen durch rote ersetzt und ein Halbmond und ein achtzackiger Stern hinzugefügt wurden. Seit 1844 hat der Stern fünf Zacken, und diese Version wurde von Präsident Mustafa Kemal (Atatürk) 1923 beibehalten und 1936 ratifiziert.

TURKMENISTAN

Offizieller Name:
Turkmenostan Respublikasy
(Republik Turkmenistan)

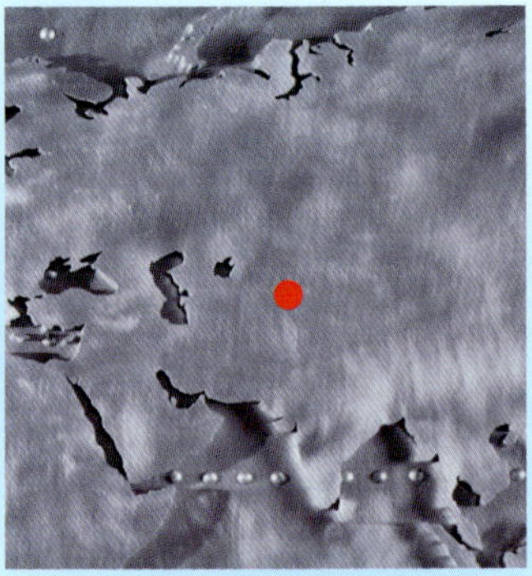

Hauptstadt:
Aschchabad

Lage:
Mittelasien

Währung:
1 Manat = 100 Tenge

Sprachen:
Turkmenisch, Russisch, Usbekisch

Religion:
Sunnitische Muslime

Flagge eingeführt:
30. Januar 1997

Schnitt:
1:2

In Turkmenistan leben mehrere Nomadenstämme unter anderem die Tekkes von Merw, Esari und Yomud. Sie alle sprechen Varianten einer Turksprache und sind Nachfahren jener Mongolen, die im 13. Jahrhundert durch Asien zogen. Vom 15. bis zum 17. Jahrhundert wurde der Südteil Turkmenistans durch die Perser beherrscht, während die Khanate von Chiwa und Buchara den Norden kontrollierten. Trotz ernst zu nehmenden Widerstandes der turkmenischen Stämme wurde das Gebiet zwischen 1877 und 1900 systematisch von den Truppen des zaristischen Russland erobert. Turkmenistan lehnte zwar nach der Russischen Revolution 1917 die kommunistische Herrschaft ab, wurde aber doch schon 1925 als Turkmenische Sozialistische Sowjetrepublik Teil der UdSSR.

Nach dem Zerfall der UdSSR erklärte Turkmenistan im Oktober 1991 seine Unabhängigkeit und nahm 1992 eine neue Nationalflagge an.

Am Liek der einfarbig grünen Flagge mit weißem Halbmond und Sternen (Symbolen des Islam) befindet sich ein roter Streifen mit fünf guls, traditionellen Teppichmustern. Turkmenistan ist berühmt für seine Teppiche, und jedes Muster steht für einen der turkmenischen Stämme. Nach der UN-Resolution von 1995, die Turkmenistan zu dauerhafter Neutralität verpflichtet, wurde am 29. Januar 1997 zu dem untersten Teppichmuster ein Olivenzweig gleich dem auf der UN-Flagge hinzugefügt, um den neuen Status Turkmenistans zu würdigen.

Offizieller Name:
Tuvalu

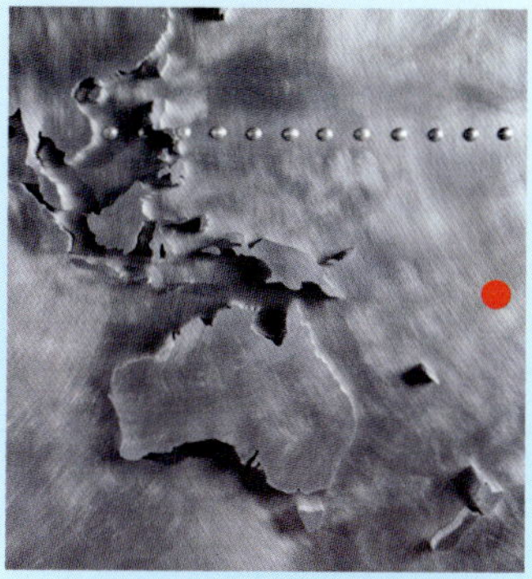

Hauptstadt:
Fongafale auf Funafuti

Lage:
Pazifischer Ozean

Währung:
1 Australischer Dollar = 100 Cents

Sprachen:
Tuvaluisch, Englisch

Religionen:
Protestanten, Ba'hai, Muslime

Flagge eingeführt:
1. Oktober 1978

Schnitt:
1:2

Die als Tuvalu bezeichnete Gruppe von neun Atollen war von 1915 bis 1975 Teil der britischen Kolonie Gilbert-and Ellice-Islands. Dann trennten sich die Ellice-Inseln von den Gilbertinseln (jetzt Kiribati) und nahmen den neuen Namen Tuvalu an. 1978 wurde Tuvalu unabhängig.

Seitdem hat Tuvalu zwei verschiedene Flaggen gehabt. Die erste war eine hellere Variante des britischen Blue Ensign, entsprechend den historischen Verbindungen Tuvalus mit Großbritannien. Das Hellblau der Grundfläche, das auch den umgebenden tropischen Ozean symbolisiert, wurde mit neun goldenen Sternen als Sinnbild für die neun Inseln belegt, aus denen Tuvalu besteht. (Der Name Tuvalu wurde angenommen, als nur acht der neun Inseln bewohnt waren, und bedeutet »Acht Inseln« oder »Acht stehen zusammen«.) Die Anordnung der neun Sterne im fliegenden Rand entspricht der Lage der Inseln zueinander. 1995 gab es starke gegen das Commonwealth gerichtete Stimmungen, und auf Beschluss der Regierung von Tuvalu wurde eine neue Flagge mit drei weiß abgesetzten Streifen in Rot-Blau-Rot eingeführt. Anstelle des Union Jack im Obereck erschien ein weißes Dreieck mit dem Wappen der Inseln im blauen Streifen am Liek. Die Zahl der Sterne wurde auf acht reduziert, entsprechend dem Namen der Inseln. 1997 beschloss eine neue Administration, die Flagge von 1978 wieder als Nationalflagge anzunehmen.

UGANDA

Offizieller Name:
Republik Uganda

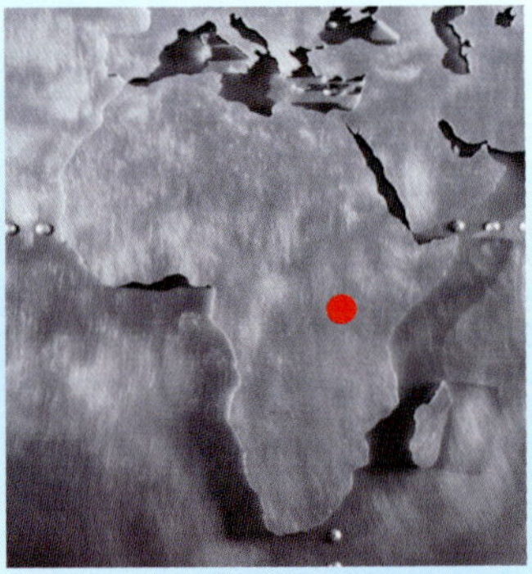

Hauptstadt:
Kampala

Lage:
Ostafrika

Währung:
1 Uganda-Schilling = 100 Cents

Sprachen:
Englisch, Luganda

Religionen:
Katholiken, Protestanten, Naturreligionen, Muslime

Flagge eingeführt:
9. Oktober 1962

Schnitt:
2:3

Zentrum des 1894 gegründeten britischen Protektorates Uganda war das mächtige afrikanische Königreich Buganda. Es wurde 1962 unabhängig und erklärte sich 1963 zur föderativen Republik. Erster Präsident der Republik wurde allerdings der regierende König (kabaka) von Buganda, Edward Mutesa II., der mithilfe eines Kabinetts regierte. In einem Putsch wurde er 1966 als Präsident abgesetzt, blieb aber König. Es folgten zwei Diktaturen, zuerst die des Milton Obote (1966–1971), der den föderativen Status des Landes beendete, und dann die des Idi Amin (1971–1978). Mitte der 1980er-Jahre wurden demokratische und wirtschaftliche Reformen eingeleitet.

Die Nationalflagge für das unabhängig gewordene Uganda wurde nach einem Vorschlag des Justizministers Grace Ibingira gestaltet. Die Streifen in Schwarz, Gelb und Rot sollten einerseits die afrikanischen Menschen (Schwarz), den Sonnenschein des Landes (Gelb) und die Brüderschaft der Menschen (Rot) symbolisieren, waren aber auch die Farben des Volkskongresses von Uganda (UPC), der führenden politischen Partei zurzeit der Unabhängigkeit. Die Flagge Ugandas ist eine adaptierte Form der Trikolore des UPC, in deren Mitte eine weiße Scheibe mit einem großen Kranich mit Schopf eingefügt wurde. Dieses Emblem führte Uganda, als es britische Kolonie war.

Offizieller Name:
Ukrayina
(Ukraine)

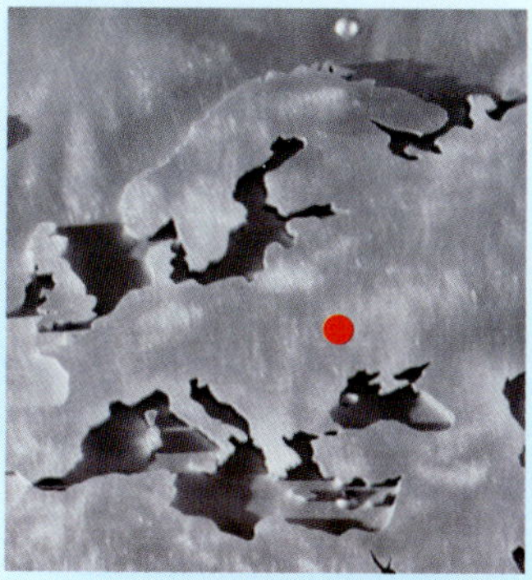

Hauptstadt:
Kiew

Lage:
Osteuropa

Währung:
1 Hrywnja = 100 Kopijki

Sprachen:
Ukrainisch, Russisch, Polnisch, Tatarisch

Religionen:
Ukrainisch-Orthodoxe, Ukrainisch-Katholische

Flagge eingeführt:
4. September 1991

Schnitt:
2:3

Die Ukraine, nach Russland das zweitgrößte Land Europas, war das Herz der im 9. Jahrhundert entstandenen Kiewer Rus. Nach ihrer Vereinigung mit den Russen (Moskowitern) und Weißrussen wurde sie allmählich zur führenden Macht in Osteuropa, bevor sie im 13. Jahrhundert von den Mongolen erobert wurde. Im 14. Jahrhundert kam sie unter polnische Herrschaft, bis 1648 ein Kosakenaufstand zur Errichtung eines Militärstaates führte. Im späten 18. Jahrhundert sicherte sich das zaristische Russland die Kontrolle über die Ukraine, aber 1918, im Jahr nach der Oktoberrevolution, wurde eine unabhängige Ukrainische Volksrepublik ausgerufen.

Die Ukrainische Volksrepublik nahm eine Flagge aus zwei gleich breiten horizontalen Streifen in Blau (oben) und Gelb (unten) an, den traditionellen Farben der Kiewer Rus, nicht in den panslawischen Farben wie die meisten anderen slawischen Staaten. Das Blau stand für den Himmel und das Gelb für die goldenen Kornfelder, die das Landschaftsbild der Ukraine bestimmen. 1921 marschierte die Sowjetarmee in die Ukraine ein, die 1922 eine Unionsrepublik der UdSSR wurde und von da an eine rote Flagge führte. Nach der Auflösung der UdSSR im Jahr 1991 erklärte die Ukraine erneut ihre Unabhängigkeit und nahm die 1918 erstmals gebrauchte blau-gelbe Flagge wieder an.

UNGARN

Offizieller Name:
Magyar Köztársaság
(Ungarische Republik)

Hauptstadt:
Budapest

Lage:
Mitteleuropa

Währung:
1 Forint = 100 Fillér

Sprache:
Ungarisch

Religionen:
Katholiken, Protestanten

Flagge eingeführt:
1. Oktober 1957

Schnitt:
2:3

Im 9. Jahrhundert gründeten die Magyaren in Ungarn eine Dynastie unter ihrem Führer Arpád, der eine einfarbig rote Flagge führte. Der später heilig gesprochene erste ungarische König Stephan I. errichtete 1001 ein Königreich und bekehrte die Bevölkerung zum Christentum, woraufhin eine Flagge mit einem Kreuz auf weißer Grundfläche eingeführt wurde. Ab 1396 mussten sich mehrere aufeinander folgende Herrscher gegen die Truppen des Osmanischen Reiches zur Wehr setzen. Zu dieser Zeit waren die Nationalfarben bereits Rot-Weiß-Grün. 1526, nach der Niederlage der Ungarn in der Schlacht bei Mohács, fielen der südliche und mittlere Teil des Landes an die Türken. Gegen Ende des 17. Jahrhunderts kam Ungarn unter österreichische Herrschaft, was 1815 zu einer nationalen Wiedergeburt unter Führung von Lajos Kossuth führte.

Nach der Revolution von 1848/49 wurde eine Republik ausgerufen, die bis 1918 Teil von Österreich-Ungarn blieb, und die heutige, horizontal gestreifte rot-weiß-grüne Trikolore eingeführt. In der Mitte der Flagge befand sich bis 1945 die Königskrone, die dann durch das Kossuth-Wappen ersetzt wurde. 1949 fiel Ungarn unter kommunistische Herrschaft, und das Wappen wurde gegen ein Sowjetemblem ausgetauscht. Nach dem Aufstand gegen die stalinistische Regierung und der darauf folgenden sowjetischen Invasion (1956) nahm Ungarn 1957 die einfache Trikolore als Nationalflagge an. Nach dem Fall des kommunistischen Regimes im Jahr 1990 wurde das Wappen des Königreichs wieder hergestellt, aber nicht in die Nationalflagge eingefügt.

URUGUAY

Offizieller Name:
República Oriental del Uruguay
(Östliche Republik Uruguay)

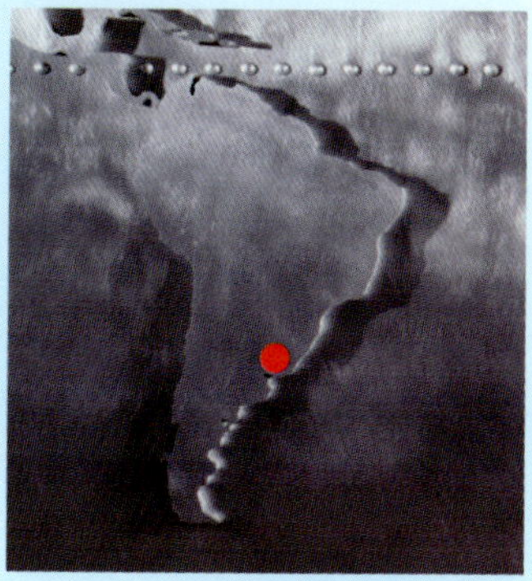

Hauptstadt:
Montevideo

Lage:
Südamerika

Währung:
1 Uruguayischer Peso =
100 Céntesimos

Sprache:
Spanisch

Religion:
Katholiken

Flagge eingeführt:
11. Juli 1830

Schnitt:
2:3

Uruguay wurde zwar von Spaniern (1624) und Portugiesen (1680) besiedelt, wurde aber im 18. Jahrhundert Teil des spanischen Kolonialreiches. Zwischen 1808 (Unabhängigkeit von Spanien erklärt) und 1830 (volle Unabhängigkeit erreicht) musste Uruguay um seinen unabhängigen Status kämpfen. Der Kampf wurde von dem Nationalhelden José Artigas geführt, dessen blau-weiß gestreifte Flagge einen diagonalen roten Streifen hatte und als Banda Oriental oder »East Bank« von Uruguay bezeichnet wird. Zwar wurde 1814 die spanische Herrschaft abgeschüttelt, aber 1820 wurde Artigas außer Landes getrieben, als brasilianische Truppen das Land annektierten. Sowohl Brasilien als auch Argentinien beanspruchten das Land, und beide unterstützten die verfeindeten politischen Gruppen, die nach der Herrschaft in der Region strebten.

Bis 1830, als nach internationaler Vermittlung der unabhängige Staat Uruguay gegründet wurde, waren Varianten von Artigas' Flagge in Gebrauch. Bei Beginn der Unabhängigkeit nahm Uruguay jedoch offiziell eine neue Nationalflagge mit neun Streifen in den Nationalfarben Blau und Weiß an, die für die neun ursprünglichen Provinzen stehen. Im weißen Obereck erscheint die »Maisonne«, seit 1815 das nationale Emblem Uruguays.

USBEKISTAN

Offizieller Name:
Uzbekiston Respublikasi
(Republik Usbekistan)

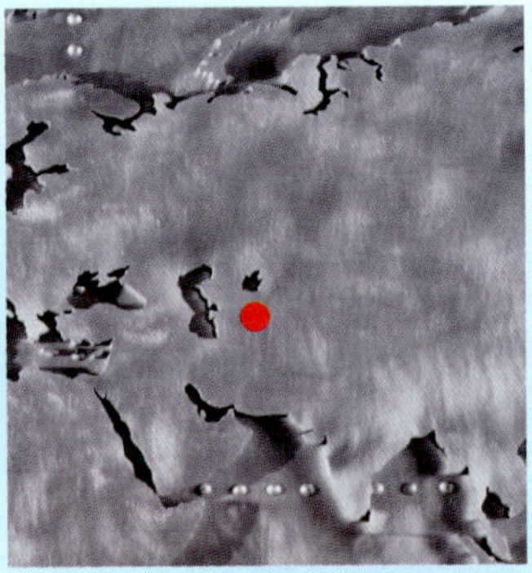

Hauptstadt:
Taschkent

Lage:
Mittelasien

Währung:
1 Som = 100 Tiyin

Sprachen:
Usbekisch, Russisch

Religion:
Sunnitische Muslime

Flagge eingeführt:
18. November 1991

Schnitt:
1:2

Das heutige Usbekistan wurde ab dem 8. Jahrhundert von Arabern beherrscht. Im 13. Jahrhundert drangen Mongolen ein, und Timur machte Samarkand zur Hauptstadt des Mongolenreiches. Die usbekischen Khanate Buchara und Chiwa wurden im 15. bzw. 16. Jahrhundert gegründet. Ein Teil der Region wurde im 18. Jahrhundert von Persien regiert, bevor sie 1876 teilweise vom zaristischen Russland erobert wurde. Nach der Oktoberrevolution von 1917 baute der Sowjet von Taschkent seine Macht allmählich aus und setzte schließlich die herrschenden Emire ab. Usbekistan, das 1925 eine Republik der UdSSR geworden war, erklärte nach dem Zusammenbruch der Sowjetunion 1991 als erster der mittelasiatischen Staaten seine Unabhängigkeit und nahm postkommunistische Nationalsymbole an.

Die Farben der blau-weiß-grün gestreiften usbekischen Nationalflagge sind symbolisch. Das Blau bedeutet Himmel und Wasser und war auch die Farbe von Timurs Flagge; das Weiß steht für Frieden und Reinheit; die roten Kanten symbolisieren die Lebenskraft des Volkes, und Grün ist die traditionelle Farbe des Islam, der Religion der Usbeken. Im oberen Liek sind ein weißer Halbmond und zwölf weiße Sterne angeordnet. Usbekistan ist zwar ein muslimisches Land und die Mondsichel ein muslimisches Symbol, im Kontext dieser Flagge soll sie aber die Wiedergeburt der Nation bedeuten, während die Sterne für die Tierkreiszeichen stehen.

VANUATU

Offizieller Name:
Ripablik blong Vanuatu
(Republik Vanuatu)

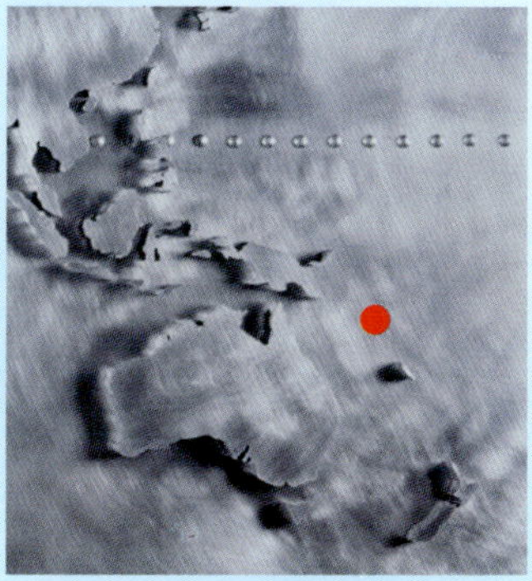

Hauptstadt:
Vila

Lage:
Pazifischer Ozean

Währung:
1 Vatu = 100 Centimes

Sprachen:
Bislama, Französisch und über 100 melanesische Sprachen

Religionen:
Protestanten, Katholiken

Flagge eingeführt:
18. Februar 1980

Schnitt:
3:5

Vanuatu besteht aus über 80 Inseln im Südwestpazifik, die wie ein »Y« angeordnet sind. Von 1906 bis zur Erreichung der Unabhängigkeit 1980 wurde Vanuatu von Großbritannien und Frankreich gemeinsam verwaltet. Es war damals unter dem Namen Neue Hebriden bekannt, den der britische Entdeckungsreisende James Cook den Inseln 1774 gegeben hatte.

Vor der Unabhängigkeit führte Vanuatu die französische Trikolore und den britischen Union Jack. 1980 wählte ein Komitee die Flagge des neuen Staates aus Entwürfen eines einheimischen Künstlers aus. Die Farben Gelb, Grün, Rot und Schwarz sind zwar die Farben der Englisch sprechenden Vanua'aka-Partei, die Vanuatu in die Unabhängigkeit geführt hat, doch haben sie auch ihre eigene Bedeutung. Das Gelb symbolisiert den Sonnenschein und das Christentum und ist in Y-Form wie die Inseln angeordnet; das Grün steht für die reiche Vegetation der Inseln, das Rot bedeutet Blut (insbesondere das des Ebers als Opfertier) und die Macht der Tradition, während das Schwarz für das Volk der Melanesier steht. Im schwarzen Dreieck befindet sich der spiralförmige Stoßzahn eines Ebers, ein Wohlstandssymbol, das auf den Inseln als Schmuckanhänger getragen wird (Schweine bedeuten auf den Inseln traditionell Wohlstand, und spiralförmige Stoßzähne haben nur handgefütterte Schweine). Der Stoßzahn umschließt zwei Wedel des heimischen Farnes namele, die Frieden versinnbildlichen und deren 39 Fieder den 39 Mitgliedern der Gesetzgebenden Versammlung von Vanuatu entsprechen.

VATIKANSTADT

Offizieller Name:
Stato della Cittá del Vaticano
(Stadtstaat Vatikan)

Hauptstadt:
Der Vatikan

Lage:
Souveränes Gebiet innerhalb von Rom, Italien

Währung:
1 Euro = 100 Cents

Sprachen:
Latein (Amtssprache), Italienisch

Religion:
Katholiken

Flagge eingeführt:
1825, offiziell seit 8. Juni 1929

Schnitt:
1 : 1

Der vatikanische Stadtstaat ist mit 44 Hektar souveränen Territoriums innerhalb der Stadt Rom das kleinste unabhängige Land der Welt. Nach der Proklamation des Königreiches Italien im Jahre 1861 zog Frankreich 1870 seine Truppen aus Rom ab, die es zum Schutz des Papstes während der italienischen Vereinigungskämpfe entsandt hatte. Daraufhin rückten italienische Truppen in die Stadt ein, die dann Hauptstadt Italiens wurde. Papst Pius IX (Regierungszeit 1846 bis 1878) protestierte gegen den Verlust seiner weltlichen Macht, indem er sich in den Vatikan zurückzog, der seit 1377 päpstliche Residenz war. Der Lateranvertrag von 1929 versöhnte schließlich die italienische Regierung mit der katholischen Kirche, und die Vatikanstadt wurde als unabhängiger Staat anerkannt.

Obwohl die päpstlichen Farben in der Vergangenheit Rot und Gold gewesen waren, wählte Papst Pius VII. (Regierungszeit 1800 bis 1823) 1808 Gelb (Gold) und Silber (Weiß) als neue Farben, die als Farben der Schlüssel Petri zur Himmelstür gelten. Von 1825 bis 1870 wurde eine quadratische, zweifarbige Flagge in Gelb und Weiß mit den Schlüsseln Petri und der Tiara im weißen fliegenden Rand verwendet. Die drei Stufen der päpstlichen Krone bezeichnen die drei Arten weltlicher Gewalt, die der Papst inne hat: Legislative, Exekutive und Judikative. Die Flagge wurde 1929 wieder eingeführt, als Italien dem Vatikan die Unabhängigkeit gewährte.

VENEZUELA

Offizieller Name:
República Bolivariana de Venezuela
(Bolivarische Republik Venezuela)

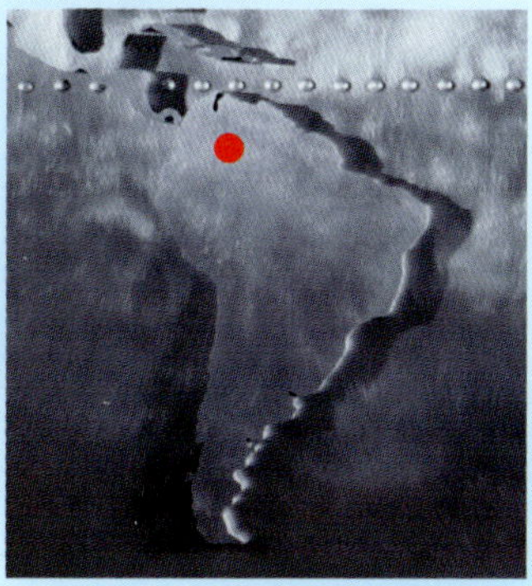

Hauptstadt:
Caracas

Lage:
Südamerika

Währung:
1 Bolivar = 100 Céntimos

Sprache:
Spanisch

Religion:
Katholiken

Flagge eingeführt:
20. April 1836

Schnitt:
2:3

Christoph Kolumbus kam 1498 nach Venezuela, 1520 wurde die erste spanische Siedlung dort errichtet, und über 300 Jahre lang blieb Venezuela spanische Kolonie. 1819 wurde das Land durch den südamerikanischen Nationalisten Simón Bolívar befreit und schloss sich mit Kolumbien, Ecuador und Panama zu dem neuen Staat Großkolumbien zusammen.

Wie die Flaggen von Kolumbien und Ecuador ist auch die von Venezuela von der Trikolore Francisco de Mirandas inspiriert, der 1806 den Aufstand der Provinz Neugranada gegen Spanien initiierte. Das war eine einfache Trikolore mit horizontalen Streifen in Gelb, Blau und Rot als Sinnbilder für den Ozean (mittlerer, blauer Streifen), der Amerika (rot) von den spanischer Herrschern (gelb) trennt. Als Teil Großkolumbiens führte Venezuela weiterhin eine gelb-blau-rote Trikolore, deren gelber Streifen allerdings doppelt breit war. Als Venezuela sich 1830 von Großkolumbien trennte und Republik wurde, bekam die Flagge wieder gleich breite Streifen, deren Farben nun den Reichtum der Region (Gelb), das Meer (Blau) und das im Unabhängigkeitskampf vergossene Blut der Patrioten (Rot) darstellen sollen. 1836 wurden in die Trikolore sieben Sterne eingefügt, die sieben Provinzen stehen, die sich dem Aufstand gegen Spanien angeschlossen hatten.

VEREINIGTE ARABISCHE EMIRATE

Offizieller Name:
Al-Imrata al-Arabiyyah al-Muttahida
(Vereinigte Arabische Emirate)

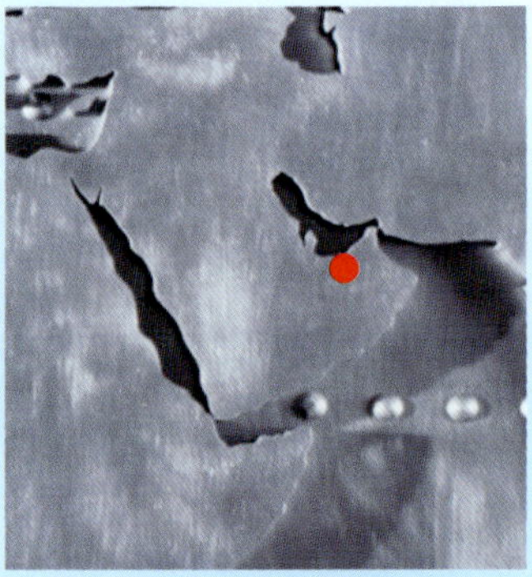

Ursprünglich als Vertragsstaaten bezeichnet, sind die Vereinigten Arabischen Emirate (VAE) eine Föderation unabhängiger Staaten auf der Arabischen Halbinsel. Sieben Emirate gehören dazu: Abu Dhabi (die Hauptstadt der VAE befindet sich im gleichnamigen Emirat), Ajman, Dubai, Fujaira, Ras al-Khaimah, Sharja und Umm al-Kaiwain. Wegen der strategischen Lage der Staaten am Handelsweg nach Indien unterzeichnete Großbritannien im 19. Jahrhundert eine Reihe von Verträgen mit den regierenden Emiren und machte die Vertragsstaaten zum britischen Schutzgebiet.

Zwar behielt jedes Emirat seine eigene Flagge im Rot der charidjitischen Muslime (in die 1820 auf britischen Wunsch Weiß eingefügt wurde, um sie von den Piratenflaggen unterscheiden zu können), doch 1968 wurde bei dem Versuch der Bildung einer Föderation Arabischer Emirate, wozu auch Bahrain und Kuwait gehören sollten, eine horizontal rot-weiß-rot gestreifte Flagge mit einem siebenzackigen grünen Stern in der Mitte angenommen. (Der geplante neunzackige Stern wurde verworfen, weil Kuwait und Bahrain der Föderation nicht beitraten.) Als die Vertragsstaaten 1971 als Vereinigte Arabische Emirate unabhängig wurden, nahmen sie eine Föderationsflagge in den panarabischen Farben Rot, Grün, Weiß und Schwarz an, die Einheit und Nationalismus der VAE ausdrücken soll. Regional verwendet jedoch jedes Emirat seine eigene Flagge und sein eigenes Wappen weiter, nur das Emirat Sharja hisst die Flagge der VAE.

Hauptstadt:
Abu Dhabi

Lage:
Südwestasien

Währung:
1 Dirham = 100 Fils

Sprache:
Arabisch

Religion:
Muslime

Flagge eingeführt:
2. Dezember 1971

Schnitt:
1:2

VEREINIGTE STAATEN VON AMERIKA

Offizieller Name:
United States of America
(Vereinigte Staaten
von Amerika)

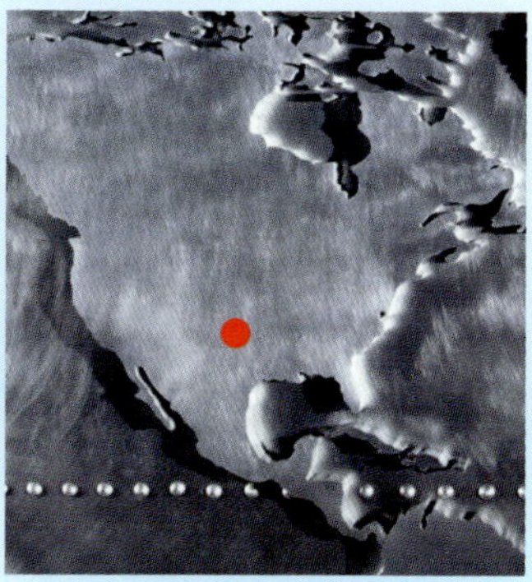

Hauptstadt:
Washington, D.C.

Lage:
Nordamerika

Währung:
1 US-Dollar = 100 Cents

Sprachen:
Englisch, Spanisch und andere Sprachen

Religionen:
Protestanten, Katholiken, Juden, Muslime und andere Religionen

Flagge eingeführt:
4. Juli 1960

Schnitt:
10:19

Die Geschichte der Vereinigten Staaten von Amerika, einer Bundesrepublik aus 50 Staaten, begann 1775, als sich 13 britische Kolonien in Nordamerika gegen die britische Regierung erhoben. Unter Führung von General George Washington besiegten sie während der Amerikanischen Revolution die Truppen von König George III. und erklärten am 4. Juli 1776 ihre Unabhängigkeit.

Die Flagge der USA beruhte auf der »Grand Union Flag«, die dreizehn Streifen in Rot und Weiß (für die 13 Kolonien) und im Obereck die damalige britische Flagge hatte. 1777, nach dem Eintritt in die Unabhängigkeit, wurde der Union Jack durch ein blaues Feld mit 13 Sternen für die 13 Staaten ersetzt. Nachdem 1795 zwei weitere Staaten beigetreten waren, wurde die Flagge (jetzt als »Starspangled Banner« bezeichnet) auf 15 Sterne und 15 Streifen geändert. Danach kamen weitere fünf Staaten hinzu, aber die Flagge blieb bis 1817 unverändert, als der Kongress beschloss, zu den 13 Streifen zurückzukehren, aber für jeden neuen Staat einen Stern hinzuzufügen. 1818 hatte die Flagge daher 13 Streifen und 20 Sterne. Die jüngsten Sterne kamen 1959 für Alaska und 1960 für Hawaii hinzu, womit die Zahl der Staaten, wie der Sterne auf den »Stars and Stripes«, auf 50 stieg. Jeder Staat und jedes Überseeterritorium der USA hat außerdem seine eigene Flagge.

VEREINIGTES KÖNIGREICH

Offizieller Name:
United Kingdom of Great Britain and Northern Ireland
(Vereinigtes Königreich von Großbritannien und Nordirland)

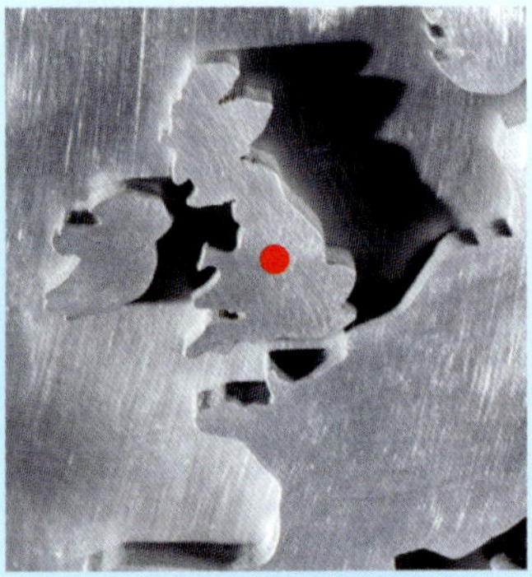

Hauptstadt: London

Lage: Westeuropa

Währung:
1 Pfund Sterling = 100 Pence

Sprachen:
Englisch, Walisisch, Schottisch-Gälisch, Irisch-Gälisch (alles Amtssprachen) und verschiedene andere Sprachen

Religionen:
Protestanten, Katholiken, Muslime, Hindus, Juden, Buddhisten und verschiedene andere Religionen

Flagge eingeführt:
1. Januar 1801

Schnitt:
1:2

Die britische Flagge wird zwar allgemein »Union Jack« genannt, ihr offizieller Name ist jedoch »Union Flag«, Unionsflagge. Obwohl sie von einem so kleinen Land geführt wird, ist sie eine der bekanntesten Flaggen in der Welt. Das hat viel mit der Rolle Großbritanniens in der Weltgeschichte zu tun, aber sicher auch mit ihrer ungewöhnlichen Gestaltung. Sie zeigt auf blauer Grundfläche ein versetztes rot-weißes Schrägkreuz (man beachte den Lagewechsel der roten Balken), über dem ein vertikales rotes Kreuz liegt.

Ihre erste Fassung entstand 1603, als König James VI. von Schottland als James I. den englischen Thron bestieg und beide Kronen auf sich vereinte. Zwar behielten beide Länder ihre eigenen Flaggen und haben sie noch heute, aber James wollte mit einer neuen Flagge die Union festigen und ordnete an, das rote Georgskreuz von England (Wales inbegriffen) und das Andreaskreuz von Schottland (weiß auf blauer Grundfläche) zu kombinieren. Als 1801 das Vereinigte Königreich von Großbritannien und Irland geschaffen wurde, kam die irische Flagge hinzu, das rote Schrägkreuz von St. Patrick auf weißer Grundfläche. Damit das Andreaskreuz nicht wie eine Einfassung für das Patrickskreuz erschien, wurde beschlossen, die Farben der beiden Schrägkreuze versetzt anzuordnen, wodurch sie gleichwertig sind. Es überrascht vielleicht, dass die Union Flag nie offiziell per Gesetz angenommen wurde. Genau genommen ist sie eine Königsflagge, die durch Gebrauch zur Nationalflagge geworden ist.

VIETNAM

Offizieller Name:
Công Hòa Xã Hôi Chu Nghia Viêt Nam
(Sozialistische Republik Vietnam)

Hauptstadt:
Hanoi

Lage:
Südostasien

Währung:
1 Dông = 10 Hao = 100 Xu

Sprachen:
Vietnamesisch, Chinesisch

Religionen:
Buddhisten, Katholiken

Flagge eingeführt:
30. November 1955

Schnitt:
2:3

Vietnam, 208 v. Chr. im Delta des Roten Flusses gegründet, blieb unter direkter chinesischer Herrschaft bis 939 n. Chr., als Tongkin und Annam sich befreiten und einen unabhängigen vietnamesischen Staat gründeten. Frankreich etablierte in den 1860er-Jahren ein Protektorat in der Region und bildete bis 1887 aus Vietnam, Laos und Kambodscha die Union Indochina. In den 1930er-Jahren begann sich Widerstand gegen die französische Herrschaft zu regen, und 1954 sicherten nationalistische Kräfte unter Ho Chi Minh nach achtjährigem Krieg Vietnam die Unabhängigkeit. Das Land war nun in zwei Zonen geteilt: das kommunistische Nordvietnam und das prowestliche Südvietnam. In den nächsten 20 Jahren führte Südvietnam, unterstützt von den USA, Krieg gegen Nordvietnam, das eine Vereinigung anstrebte. Nachdem die USA 1973 ihre Truppen abgezogen hatten, erlag Südvietnam 1975 der kommunistischen Offensive, und 1976 wurde die geeinte Sozialistische Republik Vietnam proklamiert.

Seit 1976 weht über dem ganzen Land die rote nordvietnamesische Flagge mit dem gelben Stern. Das Rot der Grundfläche steht für das vom vietnamesischen Volk in der Revolution vergossene Blut, während die fünf Zacken des Sterns die Arbeiter, Bauern, Denker, Jugendlichen und Soldaten symbolisieren, die in Vietnam den Sozialismus aufgebaut haben.

WEISSRUSSLAND (BELARUS)

Offizieller Name:
Respublika Belarus
(Republik Weißrussland)

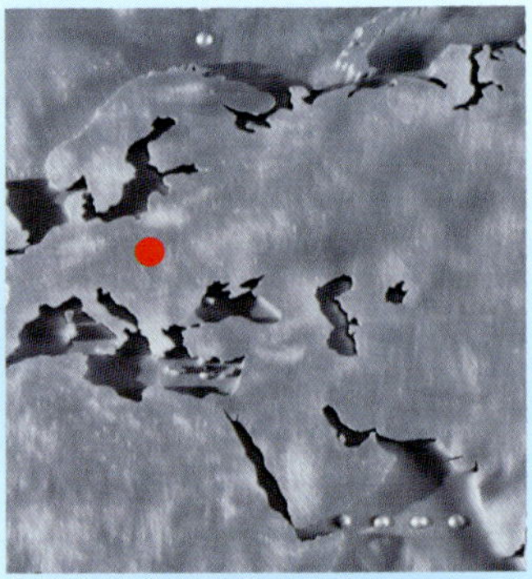

Hauptstadt:
Minsk

Lage:
Osteuropa

Währung:
1 Rubel = 100 Kopeken

Sprache:
Weißrussisch, Russisch, Polnisch

Religionen:
Katholiken,
Russisch-Orthodoxe

Flagge eingeführt:
6. Mai 1995

Schnitt:
1:2

Im Mittelalter bildete sich ein weißrussischer Staat, dessen Mittelpunkt die Stadt Polozk an der Düna war. Im 13. Jahrhundert wurde Weißrussland Teil des Großherzogtums Litauen, ehe es 1569 mit Polen vereint und im späten 18. Jahrhundert in das Russische Reich eingegliedert wurde. Ein wachsendes Nationalbewusstsein manifestierte sich im späten 19. Jahrhundert, und 1918, während der Oktoberrevolution, erklärte Weißrussland sich zur unabhängigen Republik, erlangte aber keine internationale Anerkennung. So wurde es 1919 als Belorussische Sozialistische Sowjetrepublik eine der vier Gründungsrepubliken der UdSSR. Nach dem Zerfall der UdSSR proklamierte Weißrussland am 25. August 1991 seine Unabhängigkeit, und im September desselben Jahres wurde der Landesname durch Abstimmung in »Republik Weißrussland« geändert.

Die 1991 angenommene Flagge hatte drei Streifen in der Reihenfolge Weiß-Rot-Weiß, den traditionellen Farben von Bjely Rus (Weißrussland). Am 14. Mai 1995 wurde ein Referendum zu der Frage durchgeführt, ob das Land die Beziehungen zu Russland stärken solle, und dabei wurde auch über einen Vorschlag für eine neue Flagge abgestimmt. Die vom Volk befürwortete neue Flagge erinnert an die weißrussische Flagge aus der Zeit, als Weißrussland Teil der UdSSR war, allerdings ohne das kommunistische Emblem aus Hammer, Sichel und Stern, und im Ornament am Liek, das ein traditionelles Gewebe darstellt, wurden die Farben Rot und Weiß vertauscht.

WESTSAHARA

Offizieller Name:
Al Yumhuriyah al'Arabiyah al Dimuqratiyah al Sahrawi
(Demokratische Arabische Republik Sahara)
FLAGGE UMSTRITTEN

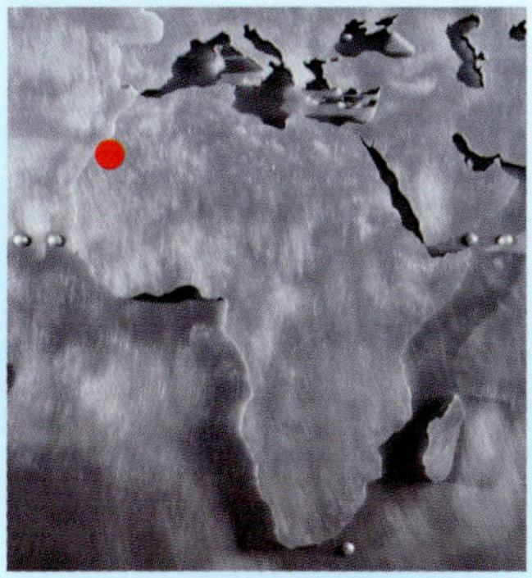

Hauptstadt:
Laayoune

Lage:
Nordwestafrika

Sprachen:
Arabisch, Spanisch

Westsahara, früher Spanisch-Sahara genannt, war von 1958 bis 1976 eine Überseeprovinz von Spanien und wurde dann zwischen Mauretanien und Marokko, das den größeren Teil erhielt, aufgeteilt. Aus Protest dagegen rief die Volksfront für die Befreiung Saguia el Hamra und Rio de Oro (der beiden Provinzen des Landes), oder POLISARIO, am 27. Februar 1976 eine unabhängige Republik aus. 1979 zog sich Mauretanien aus der Region zurück, woraufhin Marokko den frei gewordenen Sektor absorbierte.

POLISARIO führte den Guerilla-Feldzug gegen Marokko fort, das Westsahara mit einer 3 m hohen und 3200 km langen Mauer aus Sand und Steinen umbaute. 1988 begannen, von den Vereinten Nationen vermittelt, informelle Gespräche zwischen den Sahrawi (den Eingeborenen von Westsahara) und Marokko. Zwar wurden 1991 ein Waffenstillstand und ein Referendum über die Zukunft von Westsahara vereinbart, für beide wurde aber bis jetzt noch kein Datum festgelegt.

Wegen des strittigen Status des Territoriums ist die hier abgebildete Flagge inoffiziell. Sie repräsentiert jedoch Westsahara in der Organisation für Afrikanische Einheit (OAU), in die Westsahara 1982 aufgenommen wurde.

ZENTRALAFRIKANISCHE REPUBLIK

Offizieller Name:
République Centrafricaine
(Zentralafrikanische Republik)

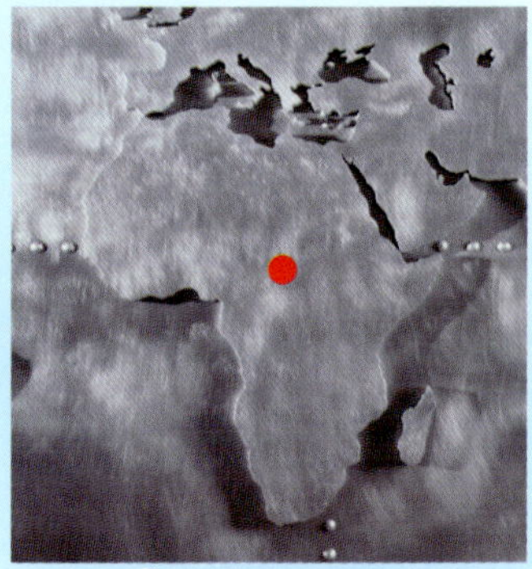

Hauptstadt:
Bangui

Lage:
Westafrika

Währung:
1 CFA-Franc = 100 Centimes

Sprachen:
Sango, Französisch, örtliche Dialekte und afrikanische Sprachen

Religionen:
Naturreligionen, Christen, Muslime

Flagge eingeführt:
1. Dezember 1958

Schnitt:
3:5

Das als Ubangi-Shari bezeichnete Gebiet wurde im späten 19. Jahrhundert französische Kolonie und erhielt 1958 die Selbstverwaltung innerhalb von Französisch-Äquatorialafrika. 1960 wurde es die Zentralafrikanische Republik.

Die Gestaltung der Nationalflagge ist ungewöhnlich, ja einmalig: Die panafrikanischen Farben Rot, Gelb und Grün werden zusammen mit den Landesfarben von Frankreich – Rot, Weiß und Blau – verwendet. Zusammen symbolisieren sie die Ideale der Nation: Freiheit (Blau), Gleichheit und Reinheit (Weiß), Hoffnung (Grün) und Toleranz (Gelb), während der rote Streifen, der die vier horizontalen Streifen vertikal kreuzt, das Blut darstellt, das bei Europäern und Afrikanern das gleiche ist, und die Notwendigkeit gegenseitiger Achtung symbolisiert. Der fünfzackige gelbe Stern im blauen Obereck soll den Wunsch nach der Einheit Afrikas ausdrücken. Die Flagge wurde 1958 in der Hoffnung angenommen, dass benachbarte französische Kolonien einer Föderation beitreten würden. Obwohl dieses Ziel nicht erreicht wurde, blieb die Gestaltung der Flagge unverändert.

Offizieller Name:
Kypriaki Dimokratia (griechisch)
Kibris Cumhuriyeti (türkisch)
(Republik Zypern)

Hauptstadt:
Nikosia

Lage:
Östliches Mittelmeer

Währung:
1 Zypern-Pfund = 100 Cents

Sprachen:
Griechisch, Türkisch, Englisch

Religionen:
Griechisch-Orthodoxe, Muslime

Flagge eingeführt:
16. August 1960

Schnitt:
3:5

Über Jahrhunderte war Zypern wegen seiner strategischen Lage zwischen Europa, dem Nahen Osten und Nordafrika eine begehrte Insel. Nachdem es von Assyrern, Babyloniern, Ägyptern und Persern beherrscht worden war, wurde es 58 v. Chr. von den Römern eingenommen, kam 359 n. Chr. zum Byzantinischen Reich und wurde 1191 während des dritten Kreuzzuges von den Engländern beansprucht. 1489 von Venedig annektiert, wurde die Insel 1571 Teil des Osmanischen Reiches und kam 1878 wieder unter britische Verwaltung. In den 1950er-Jahren strebten die griechischen Zyprioten nach enosis (Einheit) mit Griechenland, während die türkischen Zyprioten für eine Teilung waren. 1960 wurde Zypern eine unabhängige Republik, in der die beiden Volksgruppen sich die Macht teilten. Der Kompromiss zerbrach jedoch 1963, und UN-Truppen mussten zur Kontrolle der Insel eingesetzt werden. Nach einem Putsch im Jahr 1974 drangen türkische Truppen in Nordzypern ein, teilten das Land entlang einer Linie, die als »Attila-Linie« bekannt wurde, und bildeten einen inoffiziellen eigenen Staat, die Türkische Republik Nordzypern.

Die zypriotische Flagge, eine weiße Grundfläche mit kupferfarbener Silhouette der Insel in der Mitte über grünen Olivenzweigen (Friedenssymbolen) ist ein Versuch, eine neutrale Flagge zu gestalten, die auf Harmonie zwischen den beiden Volksgruppen deutet.

***Anmerkung** Obwohl es die Flagge des ganzen Landes ist, wird sie nur von der griechischen Volksgruppe südlich der Attila-Linie verwendet.*

INTERNATIONALE FLAGGEN

International anerkannte Flaggen politischer Gruppierungen und nicht-politischer Organisationen

ARABISCHE LIGA

Offizieller Name:
Liga Arabischer Staaten

Status:
Gruppierung

Sitz:
Kairo, Ägypten

Sprache:
Arabisch

Die Arabische Liga wurde 1945 zur Förderung wirtschaftlicher und kultureller Verbindungen und zur Minimierung von Konflikten zwischen arabischen Staaten gegründet.

Das Grün der Grundfläche gilt Grün als die Farbe des Propheten Mohammed und dient als Bekenntnis des Glaubens. Im Halbmond-Emblem ruht shadada, das islamische Glaubensbekenntnis, während die Kette und der Lorbeerkranz die friedlich vereinten arabischen Staaten symbolisieren.

COMMONWEALTH

Status:
Gruppierung

Sitz:
London, Vereinigtes Königreich

Sprachen:
Englisch, Französisch, Portugiesisch

Das Commonwealth ist eine informelle Gruppierung, der das Vereinigte Königreich und die Mehrheit seiner früheren Kolonien angehören. Es hat keine Charta oder Verfassung, aber die Regierungschefs der dazugehörigen Staaten treffen sich alle zwei Jahre. Das Commonwealth geht auf die Imperial Conference von 1926 zurück, welche die Dominions des British Empire als frei assoziierte Mitglieder des britischen Staatenbundes definierte.
Die Mitgliedsstaaten sind zwar in jeder Beziehung selbstständig, erkennen aber die britische Monarchin als Oberhaupt des Commonwealth an.

Auf der Flagge des Commonwealth ist ein stilisierter Globus dargestellt, umgeben von einem Strahlenkranz in Form des Buchstaben »C« (für Commonwealth). Ursprünglich sollte jeder Staat durch eine strahlenförmige Linie dargestellt werden, aber das erwies sich als nicht durchführbar.

EUROPÄISCHE UNION (EU)

Status:
Gruppierung

Sitz:
Brüssel, Belgien

Sprachen:
Englisch, Französisch, Deutsch, Griechisch

Die Europäische Union (EU) entstand aufgrund des Maastrichter Vertrages von 1991. Am 1. November 1993 gingen die frühere Europäische Gemeinschaft (EG), die aus der Europäischen Wirtschaftsgemeinschaft (EWG) entstanden war, und die 1957 gemäß dem Vertrag von Rom gebildete Europäische Atomgemeinschaft Euratom in der Europäischen Union auf. Der Vertrag von Maastricht definiert die EU als Ausdruck »einer noch engeren Verbundenheit zwischen den Völkern Europas«. Die Regierungen der 12 EG-Mitgliedsstaaten, die den Vertrag ratifiziert haben, vereinbarten eine Reihe gemeinsamer Ziele, einschließlich einer gemeinsamen Währung (dem Euro). Jeder Bürger eines EU-Mitgliedslandes ist auch Bürger der EU und hat das Recht, sich in einem EU-Land seiner Wahl niederzulassen, dort zu arbeiten, zu wählen und sich auf kommunaler und regionaler Ebene zur Wahl zu stellen.

Die zwölf Sterne auf der EU-Flagge stehen weniger für die tatsächliche Zahl der Mitglieder (zur Zeit 25), sondern für Ganzheit und Einheit. Wenn sie zusammen mit der Flagge eines Mitgliedsstaates gehisst wird, nimmt die EU-Flagge den Ehrenplatz ein. Die EU-Flagge gleicht der Flagge des Europarates, dem 25 Staaten angehören und dessen Ziel der Schutz des gemeinsamen europäischen Erbes und der Menschenrechte ist.

GEMEINSCHAFT UNABHÄNGIGER STAATEN (GUS)

Status:
Gruppierung

Sitz:
Minsk, Weißrussland

Sprache:
Russisch

Die 1992 offiziell gegründete Gemeinschaft Unabhängiger Staaten (GUS) ist eine Organisation einiger, aber nicht aller früheren Mitgliedsstaaten der UdSSR. Die Mitglieder der GUS sind selbstständig, räumen jedoch der GUS bestimmte Befugnisse bei der wirtschaftlichen, politischen und militärischen Koordination sowie im Umweltschutz und der Verbrechensbekämpfung ein.

Die Flagge der GUS, die einen kräftigen Baum darstellen soll, symbolisiert Kooperation. Die blaue Grundfläche bezeichnet den Himmel und die gelbe Scheibe die Sonne.

KARIBISCHE GEMEINSCHAFT (CARICOM)

Status:
Gruppierung

Die 1973 gegründete Karibische Gemeinschaft ist eine Organisation früherer britischer Kolonien in der Karibik, deren Ziel die wirtschaftliche, kulturelle und technologische Förderung sowie die Koordinierung der gemeinsamen Außenpolitik ist.

Das helle und das dunkle Blau der Flagge stehen für den Himmel und das Meer. Die gelbe Scheibe symbolisiert die Sonne, und die schwarzen Buchstaben sind die Initialen des Namens der Gruppierung.

NORDATLANTIKPAKT (NATO)

Status:
Gruppierung

Sitz:
Brüssel, Belgien (Sitz des internationalen Sekretariats), Chièvres bei Mons, Belgien (Oberkommando der Alliierten Streitkräfte in Europa, SHAPE, die militärische Zentrale)

Sprachen:
Englisch, Französisch

Die Nordatlantikpakt-Organisation (NATO) wurde 1949 für die gemeinsame Verteidigung der großen Staaten Europas und Nordamerikas gegen die damals als Bedrohung wahrgenommene UdSSR gegründet. Die Mitglieder sicherten einander Beistand für den Fall einer gegen sie gerichteten bewaffneten Aggression zu. Die ursprünglichen Mitglieder waren Belgien, Dänemark, Frankreich, Island, Italien, Kanada, Luxemburg, die Niederlande, Norwegen, Portugal, das Vereinigte Königreich und die USA. Griechenland, die Türkei, die BRD (1955 nur Westdeutschland) und Spanien traten später bei. Nach der Auflösung des Warschauer Paktes der osteuropäischen Staaten im Jahre 1991 wurde der mit der NATO verbundene Rat für Nordatlantische Kooperation gegründet, zu dem auch frühere Sowjetrepubliken und Ostblockstaaten gehören und dessen Ziel größere europäische Sicherheit ist.

Die blaue Grundfläche der NATO-Flagge stellt den Atlantischen Ozean dar. Die Windrose, die nach Norden, Süden, Osten und Westen zeigt, weist symbolisch auf die Mitgliedsstaaten zu beiden Seiten des Atlantik hin.

OLYMPISCHE BEWEGUNG

Offizieller Name:
Internationales Olympisches Komitee

Status:
Internationale Organisation

Sprachen:
Englisch, Französisch

Die Olympischen Spiele, das größte Fest im antiken Griechenland, fanden alle vier Jahre in Olympia auf der Ebene von Elis zu Ehren des Zeus, des höchsten Gottes der Griechen, statt. Der Gedanke eines internationalen Sportereignisses wurde im späten 19. Jahrhundert in Form der Olympischen Spiele der Neuzeit wieder belebt.

Die Olympische Flagge in der bekannten Gestaltung wurde 1913 angenommen, aber erst 1920 bei den Olympischen Spielen im belgischen Antwerpen wurde sie zum ersten Mal gehisst. Die fünf Ringe stehen für die harmonische Zusammenkunft der fünf Kontinente – Afrika, Amerika, Asien, Europa und Ozeanien. In jeder Nationalflagge der Welt kommt wenigstens eine der Farben der olympischen Ringe vor.

ORGANISATION DER AMERIKANISCHEN STAATEN (OAS)

Status:
Gruppierung

Sprachen:
Englisch, Französisch, Spanisch, Portugiesisch

1948 unterzeichneten Vertreter von 30 Staaten Nord-, Mittel- und Südamerikas die Gründungscharta der Organisation der Amerikanischen Staaten (OAS), deren Ziel die Erhaltung von Frieden und Einheit auf der westlichen Hemisphäre ist. Sie befasst sich auch mit der sozialen und wirtschaftlichen Entwicklung Lateinamerikas.

Das Motiv in der Mitte der Flagge setzt sich aus den Landesfarben aller Mitgliedsstaaten zusammen, deren es gegenwärtig 34 gibt.

ORGANISATION DER ERDÖL EXPORTIERENDEN LÄNDER (OPEC)

Status:
Gruppierung

Sitz:
Wien

Sprachen:
Englisch, Arabisch

Die Organisation der Erdöl Exportierenden Länder (OPEC) wurde 1960 gegründet, um die Preis- und Angebotspolitik der Öl produzierenden Staaten zu koordinieren und die Position der Länder der Dritten Welt zu verbessern, indem die reicheren Länder dazu gebracht werden, ihre Märkte für Produkt der Dritten Welt zu öffnen.

Die Farben der in den 1970er Jahren angenommene Flagge der OPEC ähneln denen der Vereinten Nationen. Das weiße Emblem in der Mitte besteht aus den stilisierten Initialen der Organisation.

ORGANISATION FÜR AFRIKANISCHE EINHEIT (OAU)

Status:
Gruppierung

Sitz:
Addis Abeba, Äthiopien

Sprachen:
Englisch, Französisch, Arabisch, Portugiesisch

Die Organisation für Afrikanische Einheit (OAU), eine Vereinigung afrikanischer Staaten, wurde 1963 gegründet, um den Kolonialismus zu überwinden und die wirtschaftliche, kulturelle und politische Kooperation zu fördern.

Die grünen Streifen der OAU-Flagge stehen für die Wälder und Steppen des Kontinents, während das Orange die Wüsten symbolisiert und der weiße Streifen Frieden und Zusammenarbeit bedeutet. Die Flagge trägt in der Mitte ein Emblem mit dem grün umrandeten Umriss Afrikas, umfasst von stilisierten Hörnern in Gelb, Grün und Rot.

PAZIFISCHE GEMEINSCHAFT

Status:
Gruppierung

Sitz:
Noumea, New Caledonia

Der Pazifischen Gemeinschaft gehören unabhängige Staaten in Ozeanien an, aber auch überseeische Schutzgebiete und Kolonien der Vereinigten Staaten von Amerika, des Vereinigten Königreiches, Australiens, Frankreichs und Neuseelands. Die Vereinigung ist für Schutz und Förderung von Wirtschaft, Kultur, Politik und Umwelt ihrer 27 Mitgliedsstaaten tätig.

VEREINIGUNG SÜDOSTASIATISCHER STAATEN (ASEAN)

Status:
Gruppierung

Die Vereinigung südostasiatischer Staaten wurde 1967 von Indonesien, Malaysia, Singapur, den Philippinen und Thailand zur gegenseitigen wirtschaftlichen Förderung gegründet.

Die blaue Grundfläche der Flagge symbolisiert Frieden und Stabilität; die rote Scheibe in der Mitte, die Tapferkeit und Dynamik bezeichnet, ist mit Weiß, der Farbe der Reinheit, abgesetzt. Das gelbe Motiv, ein Wohlstandssymbol, stellt eine Reisgarbe aus zehn Halmen dar, je einem für die gegenwärtig zehn Mitgliedsstaaten.

ROTES KREUZ UND ROTER HALBMOND

Das Internationale Komitee des Roten Kreuzes (ICRC), eine internationale Hilfsorganisation, wurde 1864 durch die Genfer Konvention auf Anregung des Schweizer Arztes Henry Dunant gegründet, um Kriegsgefangenen und Verwundeten Hilfe zu leisten.

Das vom ICRC angenommene Emblem war ein rotes Kreuz auf weißer Grundfläche, als »Rotes Kreuz« bekannt. Es ist die farbliche Umkehrung der Flagge der Schweiz, eines Landes, das seine Neutralität ununterbrochen gewahrt hat.

1876, während des Russisch-Türkischen Krieges, beschloss jedoch das muslimische Osmanische Reich, anstelle des christlichen Kreuzes einen roten Halbmond auf weißer Grundfläche zu verwenden. Auch Ägypten nahm den »Roten Halbmond« an, während Persien sich für einen roten Löwen und eine Sonne auf weißer Grundfläche entschied. Beide Embleme wurden offiziell in die Genfer Konvention von 1929 aufgenommen. Die Flagge mit Löwe und Sonne wird zwar seit 1980, als die Islamische Republik Iran (das frühere Persien) zum Roten Halbmond überging, nicht mehr verwendet, bleibt aber nach Genfer Konvention ein anerkanntes und geschütztes Zeichen, dessen Missbrauch als Kriegsverbrechen geächtet ist, ebenso wie der Missbrauch von Rotem Kreuz und Rotem Halbmond.

Weil das ICRC zunehmend Hilfe für die Opfer von Naturkatastrophen wie Überschwemmungen, Epidemien und Erdbeben, leisten muss, wird die Einführung eines neuen, kulturell neutralen Symbols, eines »Roten Winkels«, erwogen.

Offizieller Name:
Internationales Komitee des Roten Kreuzes (ICRC)

Status:
Internationale Organisation

Sitz:
Genf, Schweiz

VEREINTE NATIONEN (UN)

Status:
Gruppierung

Sitz:
New York, N.Y., USA

Sprachen:
Englisch, Französisch

Die Vereinten Nationen (UN) wurden 1945 in New York als Nachfolgeorganisation des 1920 im schweizerischen Genf gegründeten Völkerbundes ins Leben gerufen.

Der Name »Vereinte Nationen« wurde vom Präsidenten der USA, F. D. Roosevelt, geprägt, und die Gründungsmitglieder waren die Vereinigten Staaten, das Vereinigte Königreich und die UdSSR. Sie gaben den Vereinten Nationen drei Hauptaufgaben: Frieden und Sicherheit in der Welt zu erhalten, freundliche und gleichberechtigte Beziehungen zwischen den Völkern zu entwickeln und die internationale Zusammenarbeit bei der Lösung internationaler Probleme sozialer, kultureller oder humanitärer Art zu fördern. Die Vereinten Nationen sind auch mit der Vollmacht ausgestattet, Streitigkeiten zu erörtern und Empfehlungen zu ihrer Beilegung auszusprechen und gegebenenfalls friedenserzwingende Maßnahmen zu ergreifen. Wichtige Behörden der Vereinten Nationen sind der Internationale Gerichtshof in Den Haag in den Niederlanden, die Weltbank, der Internationale Währungsfonds (IMF) und die Weltgesundheitsorganisation (WHO).

Die blau-weiße Flagge der Vereinten Nationen – eine der am weitesten bekannten internationalen Flaggen – stellt die Erde nach Art einer Karte dar, bei der der Nordpol in der Mitte liegt, und sie ist von einem uralten Friedenssymbol umgeben, einem Kranz aus Zweigen des Ölbaumes.

FLAGGEN DER US-BUNDESSTAATEN

ALABAMA

Hauptstadt: Montgomery **Beitritt zur Union: 1819** **Flagge angenommen: 1895**

Das rote Schrägkreuz auf weißer Grundfläche erinnert an die Feldflagge der Konföderierten Staaten (1861). Alabama, der 22. Staat der Union, war einer der sieben ersten Staaten, die im Februar 1861 die Union verließen und die rebellierenden Konföderierten Staaten von Amerika bildeten.

ALASKA

Hauptstadt: Juneau **Beitritt zur Union: 1959** **Flagge angenommen: 1926**

Die Flagge Alaskas, des 49. Bundesstaates der USA, wurde entworfen, als Alaska noch ein Territorium war. Die goldenen Sterne auf blauer Grundfläche stellen den Großen Wagen und den Nordpolarstern dar.

ARIZONA

Hauptstadt: Phoenix **Beitritt zur Union: 1912** **Flagge angenommen: 1927**

Der kupferfarbene Stern in der Mitte steht für die reichen Bodenschätze Arizonas, während die roten und gelben Streifen an Sonnenstrahlen, aber auch an die Zeit der spanischen Herrschaft über den 48. Bundesstaat erinnern.

ARKANSAS

Hauptstadt: Little Rock **Beitritt zur Union: 1836** **Flagge angenommen: 1913**

In Abwandlung der »Flagge des Südens« stehen die drei blauen Sterne unter dem Namen des Staates für die früheren Kolonialmächte, während der obere Stern die Konföderation symbolisiert, der Arkansas 1891 beitrat.

CALIFORNIA

Hauptstadt: Sacramento Beitritt zur Union: 1850 Flagge angenommen: 1911

Die kalifornische Flagge, auf der ein Grizzlybär und der Freiheitsstern dargestellt sind, beruht auf der Flagge der Republik Kalifornien, die 1846 ihre Unabhängigkeit von Mexiko erklärte.

COLORADO

Hauptstadt: Denver Beitritt zur Union: 1876 Flagge angenommen: 1911

Colorado trat der Union als 38. Staat bei. Das rote »C« für Colorado, das eine goldene Scheibe umfasst, erinnert an das spanische Erbe der Region und bezieht sich auf die Bodenschätze des Staates.

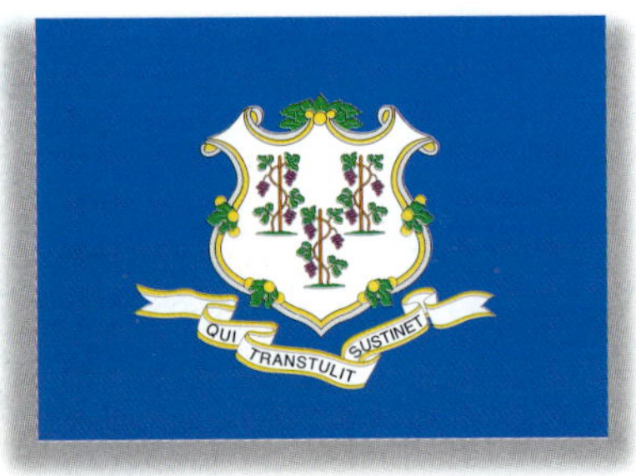

CONNECTICUT

Hauptstadt: Hartford Beitritt zur Union: 1788 Flagge angenommen: 1897

Die Flagge von Connecticut trägt das Staatswappen, das auf ein Siegel aus dem Jahre 1784 zurückgeht. Die blaue Grundfläche der Flagge, eine Farbe der Union, stammt aus dem Bürgerkrieg 1861 bis 1885.

DELAWARE

Hauptstadt: Dover Beitritt zur Union: 1787 Flagge angenommen: 1913

Die Flagge von Delaware trägt das Staatswappen, das auf das Jahr 1777 zurückgeht sowie das Datum des Beitritts zur Union. Die Farben der Flagge erinnern auch an die in der amerikanischen Revolution getragenen Uniformen.

FEDERAL DISTRICT OF COLUMBIA

Beitritt zur Union: 1791 Flagge angenommen: 1938

Der District of Columbia ist Bundesgebiet und deckungsgleich mit der Bundeshauptstadt Washington. Er wird vom Kongress regiert. Die Flagge beruht auf einem 1592 entstandenen Banner der Familie des ersten Präsidenten der Vereinigten Staaten, George Washington.

FLORIDA

Hauptstadt: Tallahassee Beitritt zur Union: 1845 Flagge angenommen: 1900

Die 1868 angenommene Flagge des 27. Bundesstaates trug nur das Großsiegel. Das rote Schrägkreuz, das an die »Flagge des Südens« und Floridas Mitgliedschaft in der Konföderation erinnert, kam 1900 hinzu.

GEORGIA

Hauptstadt: Atlanta Beitritt zur Union: 1788 Flagge angenommen: 2001

Georgia hat im Laufe seiner Geschichte viele Flaggen geführt, darunter die »Stars and Bars« der Konföderation und die Kriegsflagge »Kreuz des Südens«, wie die gegenwärtige Flagge zeigt. Das Staatssiegel trägt die Jahreszahl 1776, das Jahr der Unabhängigkeitserklärung, und es stellt einen Soldaten mit gezogenem Schwert dar, bereit, die Nation und ihre Prinzipien zu verteidigen.

HAWAII

Hauptstadt: Honolulu Beitritt zur Union: 1959 Flagge angenommen: 1845

Bis 1893 unabhängiges Königreich, wurde Hawaii 1894 Republik, trat sich selbst 1898 an die Vereinigten Staaten ab, wurde 1900 US-Territorium und 1959 der 50. Staat der Union. Die acht Streifen stehen für die acht Hauptinseln Nihau, Kauai, Oahu, Molokai, Lanai, Maui, Kahoolawe und Hawaii. Der Union Jack im Obereck erinnert an die Flagge, die der König von Hawaii 1793 von einem Offizier der britischen Armee erhielt.

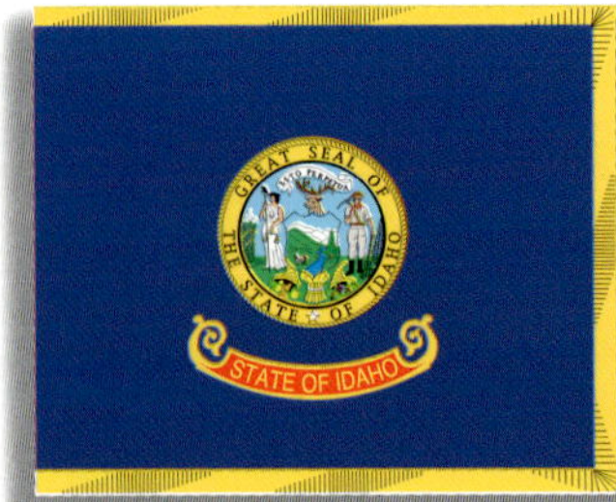

IDAHO

Hauptstadt: Boise Beitritt zur Union: 1890 Flagge angenommen: 1927

Die Flagge Idahos, des 43. Staates der Union, war ursprünglich ein militärisches Banner. Heute trägt sie das Großsiegel des Bundesstaates, in dem ein Bauer und ein Soldat dargestellt sind, und darunter ein gerolltes Band mit dem Namen des Staates.

ILLINOIS

Hauptstadt: Springfield Beitritt zur Union: 1818 Flagge angenommen: 1970

Die Flagge von Illinois, dem 21. Staat der Union, wurde 1915 entworfen und trägt als Emblem einen Weißkopf-Seeadler mit einem Schild mit den Starts and Stripes aus dem Staatssiegel. 1970 wurde der Name des Staates in die Flagge eingefügt.

INDIANA

Hauptstadt: Indianapolis Beitritt zur Union: 1816 Flagge angenommen: 1917

Die Flagge von Indiana war der Siegerentwurf in einem Wettbewerb des Jahres 1916. Eine brennende Fackel in der Mitte, mit dem Namen des Staates darüber, ist von 19 goldenen Sternen umgeben, einem für jeden der Staaten, die der Union 1816, zum Zeitpunkt des Beitritts von Indiana, angehörten.

IOWA

Hauptstadt: Des Moines Beitritt zur Union: 1846 Flagge angenommen: 1921

Iowa, der 29. Staat der Union, war einst Teil von Französisch-Louisiana, und das Rot, Weiß und Blau der Flagge erinnert an die Geschichte des Staates. Im weißen Mittelstreifen trägt ein Weißkopf-Seeadler ein Schriftband mit dem Wahlspruch des Staates: »Unsere Freiheiten schätzen wir, und unsere Rechte wahren wir«. Die Staatsflagge von Iowa stammt aus dem Jahre 1921.

KANSAS

Hauptstadt: Topeka Beitritt zur Union: 1861 Flagge angenommen: 1963

Kansas trat der Union als 34. Staat bei. Seine ursprüngliche Flagge entstand 1925 und trug das Staatssiegel, auf dem ein Farmer beim Pflügen vor einem Gehöft abgebildet war, sowie eine Sonnenblume, die heute über dem Siegel erscheint. 1963 wurde der Name des Staates in die Flagge eingefügt.

KENTUCKY

Hauptstadt: Frankfort Beitritt zur Union: 1792 Flagge angenommen: 1918

Kentucky war der 15. Staat der Union, und seine Flagge trägt, wie die Flaggen vieler anderer Bundesstaaten, das Siegel und den Namen des Staates. Das Siegel stellt zwei Menschen dar, die von den Worten »United we stand, divided we fall« (Vereint stehen wir, geteilt gehen wir unter) sowie einem Kranz aus Goldrute, der Symbolblume des Staates, umgeben sind.

LOUISIANA

Hauptstadt: Baton Rouge Beitritt zur Union: 1812 Flagge angenommen: 1912

Im Jahre 1803 erwarben die Vereinigten Staaten für 15 Mio. Dollar von Frankreich ein Territorium, das sich vom Mississippi bis zu den Rocky Mountains und vom Golf von Mexiko bis Kanada erstreckte. Ein Teil dieses Landes wurde der 18. Staat der Union, Louisiana. Sein Emblem ist der Pelikan, von dem es heißt, er reiße seine Brust auf, damit der Nachwuchs gedeihen kann.

MAINE

Hauptstadt: Augusta Beitritt zur Union: 1820 Flagge angenommen: 1909

Als Maine 1820 als 23. Staat der Union beitrat, war es der am nördlichsten gelegene Staat, worauf der leuchtende Nordpolarstern und der Wahlspruch »Dirigo« (lat. für »Ich lenke«) in der Flagge Bezug nimmt. Ein Bauer und ein Seemann, sie verkörpern die wichtigsten Interessen des Staates, halten einen Schild mit einem Elch unter einer Kiefer. 1909 wurde dieser Schild auf blauer Grundfläche zur Staatsflagge.

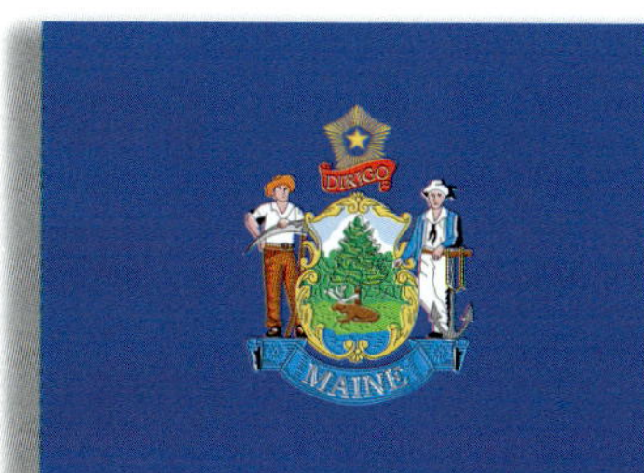

MARYLAND

Hauptstadt: Annapolis **Beitritt zur Union:** 1788 **Flagge angenommen:** 1904

Maryland hat eine Flagge, die sich von den Flaggen aller anderen Bundesstaaten unterscheidet. Mit dem Wappen von Sir George Calvert, dem ersten Baron Baltimore, ist sie das einzige heraldische Banner. Calvert, ein englischer Politiker, gründete die Kolonie Maryland, und seine Nachkommen waren bis zum Amerikanischen Unabhängigkeitskrieg die Kolonialherren.

MASSACHUSETTS

Hauptstadt: Boston **Beitritt zur Union:** 1788 **Flagge angenommen:** 1971

Das Wappen von Massachusetts stammt aus dem Jahre 1780 und stellt einen Indianer mit einem Bogen in der Hand dar. Das Wappen wurde 1971 anstelle einer seit 1908 dort befindlichen Kiefer auf beiden Seiten in die Flagge eingefügt.

MICHIGAN

Hauptstadt: Lansing **Beitritt zur Union:** 1837 **Flagge angenommen:** 1911

Das Wappen Michigans, des 26. Staates der Union, erscheint auf einfarbig blauer Grundfläche und wurde 1832 eingeführt. Unter dem Schild steht der Wahlspruch »Wenn du eine freundliche Halbinsel suchst, schau dich um«. Eine Gestalt mit einem Gewehr steht am Rande eines großen Sees, darüber ist der Wahlspruch zu lesen: »Ich verteidige.«

MINNESOTA

Hauptstadt: St. Paul **Beitritt zur Union:** 1858 **Flagge angenommen:** 1893

Beim Beitritt zur Union als 32. Staat im Jahre 1858 war Minnesota zugleich der nördlichste Staat, was sich in dem Wahlspruch auf der Staatsflagge, »L'Etoile du Nord« (Nordstern), widerspiegelt.

MISSISSIPPI

Hauptstadt: Jackson **Beitritt zur Union: 1817** **Flagge angenommen: 1894**

Die Flagge von Mississippi, dem 20. Staat der Union, erinnert an die Historie des Staates im Amerikanischen Bürgerkrieg. Sie vereint die »Stars and Bars« der Konföderation (wenn auch mit vertauschter Anordnung von Rot und Blau) mit der »Battle Flag of the South« im Obereck.

MISSOURI

Hauptstadt: Jefferson City **Beitritt zur Union: 1821** **Flagge angenommen: 1913**

Missouri trat als 24. Staat der Union bei, und diese Tatsache wird in der Staatsflagge durch 24 Sterne betont, die das Siegel umgeben, in dem die gleiche Anzahl Sterne abgebildet ist. Vorher war Missouri französisches Gebiet; dieser Teil seiner Geschichte widerspiegelt sich im Rot-Weiß-Blau der Grundfläche.

MONTANA

Hauptstadt: Helena **Beitritt zur Union: 1889** **Flagge angenommen: 1905**

Dieses Territorium wurde einst von Spanien beansprucht, daher erscheint der Wahlspruch des Staates, »Gold und Silber«, in spanischer Sprache. Das Emblem stellt eine Bergbauszene an einem Fluss dar. Durch den 41. Staat der Union fließen zwei mächtige Flüsse – der Yellowstone und der Missouri. 1981 wurde auch der Name des Staates in die Flagge aufgenommen.

NEBRASKA

Hauptstadt: Lincoln **Beitritt zur Union: 1867** **Flagge angenommen: 1925**

Auch Nebraska, das als 37. Staat der Union beitrat, hat eine Flagge mit dem Großsiegel des Staates. Es wurde 1867 eingeführt und stellt einen Schmied mit Hammer und Amboss bei der Arbeit vor dem Hintergrund einer bäuerlichen Landschaft dar. Der Wahlspruch lautet »Gleichheit vor dem Land«.

NEVADA

Hauptstadt: Carson City Beitritt zur Union: 1864 Flagge angenommen: 1929

Beifuß und Stern sind die Embleme des 36. Staates der Union, und diese waren Teil des Siegerentwurfes in dem 1929 gehaltenen Flaggenwettbewerb. Der Wahlspruch lautet stolz »In der Schlacht geboren«, und 1991 wurde der Name des Staates eingefügt.

NEW HAMPSHIRE

Hauptstadt: Concord Beitritt zur Union: 1788 Flagge angenommen: 1909

Die Gestaltung der Flagge von New Hampshire beruht auf dem Großsiegel von 1776. Das Siegel stellt den Bau der Fregatte Raleigh während des Amerikanischen Unabhängigkeitskriegs in Portsmouth an der Atlantikküste dar.

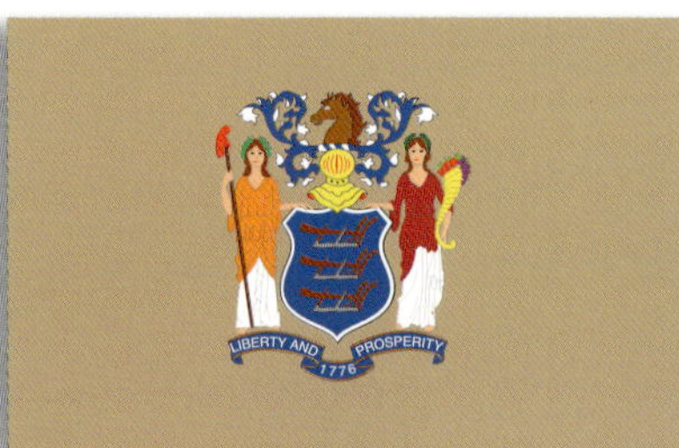

NEW JERSEY

Hauptstadt: Trenton Beitritt zur Union: 1787 Flagge angenommen: 1896

Das Wappen von New Jersey enthält einen Schild mit drei Pflugscharen. Schildhalter sind zwei Jungfrauen, eine mit Stab und die andere mit einem Füllhorn. Über dem Schild ist ein Helm. Die Lederfarbe der Grundfläche erinnert an die Farbe der während des Amerikanischen Unabhängigkeitskriegs getragenen Uniformen.

NEW MEXICO

Hauptstadt: Santa Fé Beitritt zur Union: 1912 Flagge angenommen: 1925

New Mexico trat der Union als 47. Staat bei, und seine markante Flagge mit dem Sonnensymbol der Zia-Pueblos widerspiegelt die indianische Kultur der Region.

NEW YORK

Hauptstadt: Albany   Beitritt zur Union: 1788   Flagge angenommen: 1901

Die Flagge von New York beruht auf Formen, die während des Amerikanischen Unabhängigkeitskriegs gebraucht wurden, und vor 1901 war die Grundfläche lederfarben wie die Uniformen der Revolutionsarmee. Die beiden Frauengestalten symbolisieren die Freiheit (mit Mütze und Stab) und die Gerechtigkeit (mit Augenbinde und Waage). Auf dem Schild sind zwei segelnde Schiffe – ein Handels- und ein Ausflugsschiff – auf dem Hudson River vor dem Hintergrund der Catskill Mountains zu sehen.

NORTH CAROLINA

Hauptstadt: Raleigh   Beitritt zur Union: 1789   Flagge angenommen: 1885

Die ursprüngliche Flagge von North Carolina entstand beim Ausbruch des Amerikanischen Bürgerkrieges im Jahre 1861. Die gegenwärtige Form, eine Variante der »Stars and Bars« der Konföderation, stammt von 1885 und ist mit den Initialen des Bundesstaates versehen.

NORTH DAKOTA

Hauptstadt: Bismarck   Beitritt zur Union: 1889   Flagge angenommen: 1911

North Dakota, als 39. Staat der Union, hat eine ungewöhnliche, quadratische Flagge, ursprünglich das von der Miliz, der North Dakota Infantry geführte Banner. In der Mitte der Flagge befindet sich eine abgewandelte Form des Nationalwappens der Vereinigten Staaten von Amerika.

OHIO

Hauptstadt: Columbus   Beitritt zur Union: 1803   Flagge angenommen: 1803

Die wimpelförmige Staatsflagge von Ohio hat ihren Ursprung in einer Signalflagge (guidon) der Kavallerie im Bürgerkrieg. Die Tatsache, dass Ohio der 17. Staat der Union war, wird auf der Flagge durch 17 Sterne betont, die das »O«, den Anfangsbuchstaben des Staatsnamens, umgeben.

OKLAHOMA

Hauptstadt: Oklahoma City Beitritt zur Union: 1907 Flagge angenommen: 1941

Oklahoma trat der Union als 46. Staat bei, und seine Flagge erinnert an seine Geschichte und seinen früheren Namen »Indian Territory«. Als Ergebnis eines Wettbewerbs im Jahre 1925 wurde die Flagge 1941 mit den indianischen Friedenssymbolen in der Mitte und dem Namen darunter gestaltet.

OREGON

Hauptstadt: Salem Beitritt zur Union: 1859 Flagge angenommen: 1925

Das Besondere an der Flagge von Oregon ist, dass sie als einzige auf dem Revers anders gestaltet ist. Auf dem Avers (Vorderseite) trägt sie das Siegel und den Namen des Staates, und 33 Sterne erinnern daran, dass Oregon 1859 als 33. Staat der Union beitrat. Auf der Rückseite ist das Symboltier des Staates, der Biber, abgebildet.

PENNSYLVANIA

Hauptstadt: Harrisberg Beitritt zur Union: 1787 Flagge angenommen: 1907

Die Flagge von Pennsylvania trägt das 1777 eingeführte Staatswappen. Ein Schild, auf dem ein amerikanischer Adler thront, wird von zwei schwarzen Pferden gehalten, deren Hufe auf einem Schriftband mit der Devise »Tugend, Freiheit und Unabhängigkeit« stehen. In Philadelphia, Pennsylvania, wurde am 4. Juli 1776 die Unabhängigkeitserklärung unterzeichnet.

RHODE ISLAND

Hauptstadt: Providence Beitritt zur Union: 1790 Flagge angenommen: 1877

Rhode Island, der kleinste Staat der Union, gehörte zu den 13 Kolonien, die sich gegen die britische Herrschaft erhoben und unabhängig erklärten. Seine quadratische Flagge beruht auf einer Revolutionsstandarte und ist mit dem Zeichen der Hoffnung, einem Anker, belegt.

SOUTH CAROLINA

Hauptstadt: Columbia Beitritt zur Union: 1788 Flagge angenommen: 1861

Die Flagge von South Carolina enthält Embleme, die während des Amerikanischen Unabhängigkeitskriegs verwendet wurden, die Flagge selbst jedoch wurde zu Beginn des Krieges angenommen. Der Baum in der Mitte hat dazu geführt, dass der Staat scherzhaft als »Palmetto State« bezeichnet wird.

SOUTH DAKOTA

Hauptstadt: Pierre Beitritt zur Union: 1889 Flagge angenommen: 1863

South Dakota, der 40. Staat der Union, wurde als »Sunshine State« (Der Staat mit dem Sonnenschein) bezeichnet, und dieser Name erschien bis 1992 auch als Umschrift um das Staatssiegel auf der Flagge. Er wurde dann durch die Bezeichnung »The Mount Rushmore State« ersetzt.

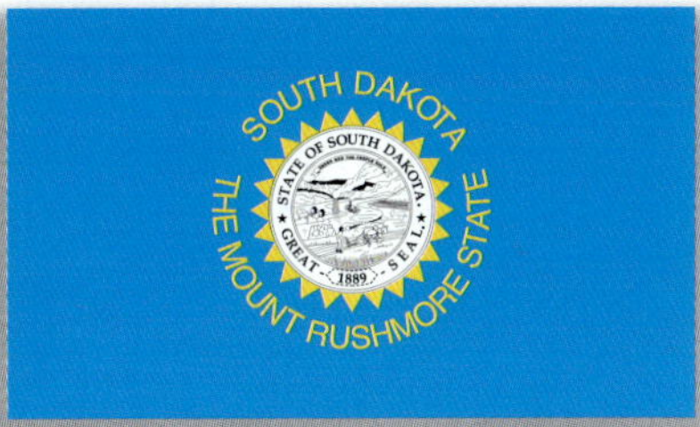

TENNESSEE

Hauptstadt: Nashville Beitritt zur Union: 1796 Flagge angenommen: 1905

Nachdem die 13 Kolonien ihre Unabhängigkeit von Großbritannien erklärt hatten, trat Tennessee als dritter Staat der Union bei, wofür die drei Sterne in der Staatsflagge stehen. Durch ihren Bezug auf die »Stars and Bars« erinnert die Flagge auch daran, dass Tennessee zu den 10 Staaten gehörte, die sich 1862 von der Union trennten.

TEXAS

Hauptstadt: Austin Beitritt zur Union: 1845 Flagge angenommen: 1839

Texas führte seine Staatsflagge etwa sechs Jahre vor seinem Beitritt zur Union im Jahre 1845 ein. Der 28. Bundesstaat verwendet die Farben der »Stars and Stripes«, aber nur einen Stern – daher die scherzhafte Bezeichnung »The Lone Star State« (Der Staat mit dem einen Stern). Einen einzelnen Stern auf blauer Grundfläche führte auch die von 1836 bis 1845 bestehende Republik Texas.

UTAH

Hauptstadt: Salt Lake City Beitritt zur Union: 1896 Flagge angenommen: 1911

Als Utah 1896 der 45. Bundesstaat wurde, nahm es ein Staatssiegel mit einem Bienenkorb als Emblem und der Jahreszahl 1847 an. Beides erinnert an die Besiedlung der Region durch die Mormonen und die Gründung des Mormonenstaates Deseret in Utah.

VERMONT

Hauptstadt: Montpelier Beitritt zur Union: 1791 Flagge angenommen: 1923

Vermont war von 1777 bis 1791 unabhängig und trat dann als 14. Staat der Union bei. Der als »Lone Pine State« bezeichnete Staat hat eine einzelne Kiefer im Staatswappen, das auch auf der Staatsflagge erscheint. Unter dem Schild befindet sich ein Schriftband mit dem Namen des Staates.

VIRGINIA

Hauptstadt: Richmond Beitritt zur Union: 1788 Flagge angenommen: 1861

Virginia, eine der aufständischen Kolonien, die die Vereinigten Staaten von Amerika gründeten, gehörte auch zu den zehn Staaten, die sich 1861, zu Beginn des Bürgerkrieges, von der Union trennten. Das Staatssiegel mit einem kühnen Krieger und dem Namen des Staates wird seit 1861 auf blauer Grundfläche als Staatsflagge verwendet.

WASHINGTON

Hauptstadt: Olympia Beitritt zur Union: 1889 Flagge angenommen: 1923

Der »Evergreen State« Washington trat der Union als 42. Staat bei und hat als einziger eine grüne Flagge. Das Staatssiegel mit der Porträtbüste des ersten Präsidenten der USA, George Washington (1732–99) stammt von 1889 und wurde 1923 in die Flagge eingefügt.

WEST VIRGINIA

Hauptstadt: Charleston Beitritt zur Union: 1863 Flagge angenommen: 1923

West Virginia trennte sich 1863 von Virginia ab (das sich der Konförderation angeschlossen hatte) und trat als 35. Staat der Union bei. Die 1929 angenommene Staatsflagge zeigt das Staatssiegel mit den Gestalten eines Farmers und eines Soldaten. Den Schild umgibt ein Kranz aus Rhododendren, den Symbolblumen des Staates.

WISCONSIN

Hauptstadt: Madison Beitritt zur Union: 1848 Flagge angenommen: 1980

Die Flagge des 30. Bundesstaates trägt das Staatssiegel als Wappen. Der gevierte Schild ist mit Emblemen von Industrie, Landwirtschaft und Seefahrt belegt und wird von einem Seemann und einem Bergmann gehalten. 1980 wurden der Name Wisconsin und das Beitrittsjahr in den Farben der Milizen der Union von 1863 eingefügt.

WYOMING

Hauptstadt: Cheyenne Beitritt zur Union: 1890 Flagge angenommen: 1917

Wyomings Staatsflagge in Rot, Weiß und Blau, den Farben der Nationalflagge, war das Ergebnis eines Wettbewerbs im Jahre 1917. Seither wurde die Gestaltung modifiziert: Es gab eine Zeit, da der Umriss des Bisons mit dem Großsiegel des Staates dem fliegenden Rand zugewendet war.

REGISTER

REGISTER